中华人民共和国国家旅游局信息中心 编著

2012～2013 中国旅游信息化发展报告

中国旅游出版社

《2012~2013中国旅游信息化发展报告》编写委员会

主　任： 祝善忠

副主任： 侯振刚

委　员：（按姓氏笔画排序）

王　粤　王文宝　王松平　王树茂　文淑琼
吕　力　朱红炜　刘之明　李　兵　杨劲松
吴　勉　吴科峰　何立强　何效祖　余晓明
应中元　辛建伟　陈　雷　陈　波　林　天
林上福　周保建　郑　旭　郑维荣　赵大勇
信宏业　秦定波　贾玉成　徐　勇　徐小平
郭丽萍　梁文生　詹庚庆

主　编： 侯振刚

副主编： 信宏业

编写组：（按姓氏笔画排序）

卜广盈　马旭怀　王长青　王玉容　王利印
尹为民　卢　川　卢振弋　朱　锋　朱广明
刘　艳　刘　康　刘维凯　闫向军　孙　静
孙朝辉　羽　欣　李　芳　李　曦　李小山
李文彬　李兆金　杨正友　汪成设　张　丹
张　静　张之军　陆术华　陈守君　陈孟嶙
范分良　周晓平　赵　琳　郝战军　胡　斌
段莉琼　祝凤娟　凌　懿　黄林武　梁广宇
蒋　骏　蔡　建　熊新春

序

信息科技与旅游产业有天然的耦合性，旅游业本质上就是信息密集型和信息依托型产业，在第三次信息化浪潮的大背景下，信息技术革命深刻影响着旅游消费方式并重构了旅游产业链。由此，依托旅游信息化的新兴业态不断涌现，旅游产业发展与竞争格局剧烈变化，全球范围内出现了如 Expidea、Tripadvisor、Priceline 等一大批极具影响力的信息科技 + 旅游服务的在线旅游企业。我国在线旅游企业同样成长迅速，携程、去哪儿、艺龙、芒果、同程、欣欣等成为创新中坚。除了庞大的旅游网站群体、旅游垂直搜索引擎，旅游网店、社会网络、微博等在线旅游营销模式也得到了飞速发展。

2011 年 7 月，国家旅游局邵琪伟局长在全国旅游局长研讨班上指出：国务院为我国旅游业发展提出两大战略目标，把旅游业培育成国民经济的战略性支柱产业更多体现“量”的目标，把旅游业发展成为人民群众更加满意的现代服务业侧重体现“质”的要求。要实现战略目标，一个阶段性任务就是要争取用 10 年左右的时间显著提高信息技术在旅游业应用的广度和深度，使旅游企业的经营活动全面信息化，使在线旅游业务在旅游产业中的比重明显提升，使旅游行业管理和旅游公共服务信息化水平明显提高。

加快推进旅游业与信息产业的融合发展，充分利用信息技术促进、引导和便利旅游消费，提升旅游产业运行素质，是传统旅游业走向现代服务业的关键。旅游业需要积极提升旅游信息化总体水平，发挥信息化对旅游产业发展的支撑和引领作用，以市场需求为导向，深化现代科技特别是信息技术在旅游业发展中的运用。在这一过程中，旅游目的地和旅游企业是旅游信息化的重要载体，基于产业层面的旅游电子商务和基于政府层面的旅游公共信息服务是旅游信息化的两大抓手。

一是要积极推动电子商务，在旅游消费全过程推广融合信息技术。首先是充分利用电子信息、电子金融、电子签证和电子票务等服务，为旅游消费提供便利；其次是要在旅游生产经营过程中鼓励旅游企业应用计算机技术和通信技术推动业务流程再造，实现数字化管理和数字化经营，全面提高服务效率和管理水平。同时，要在旅游服务管理过程中广泛使用信息技术，凭借信息技术实现旅游业的适时管理、动态管理、精确管理。

二是要提升旅游公共信息服务水平。加强开展目的地旅游综合信息服务示范建设，丰富旅游信息服务内容，以信息技术支撑旅游产品的多样化和个性化发展，全面推动旅游目的地信息服务创新模式建设。同时借助信息化手段提高新兴市场的规范和监管能力，推广、规范旅游运行监测系统，进一步提升旅游行业管理信息化水平，优化旅游发展大环境。

全新的产业格局为旅游行政监管和旅游企业发展提出了极具挑战性的命题，本书在总结实践的基础上，探索、解答运用信息技术改变产业形态，建设全产业链的现代旅游业所面临的现实问题，对推动我国旅游信息化事业的发展有现实的意义。

二〇一三年二月

编写说明

《2012~2013 中国旅游信息化发展报告》通过现场访谈、问卷调查、文献收集等方式收集了大量一手资料，并根据成熟的咨询方法论形成相关结论，通过数据、案例等方式展现中国旅游信息化的建设成果，为行业、国内、国际提供一份认识、了解、把握我国旅游信息化发展状况的政府蓝皮书。

本报告紧密结合我国促进旅游业发展的政策以及十八大报告中关于旅游业和信息化发展相关文件精神，力求对中国旅游信息化发展现状，发展面临的机遇、挑战和风险，发展趋势等做较为全面和系统的分析。

本报告编写过程中，得到地方旅游信息化管理部门的大力支持，提供了大量翔实的资料和案例。同时编写组采纳了旅游信息化专家及地方旅游信息化管理者提供的宝贵意见，大大充实了报告内容。

本报告主要从旅游信息化管理工作者的角度看旅游业信息化的建设和发展情况，针对旅游企业信息化的篇幅较少，建议读者更多地参考这些细分行业的专项信息化发展方面的资料。

尽管编写组力求本报告内容全面、翔实，但因调研的数据与样本还不够广泛，内容涵盖得不够全面，故有些领域还存在比较大的疏漏，错误和不足在所难免，希望社会各界不吝赐教，我们将在今后的再次编撰时予以纠正。

本报告未包括港澳台的旅游信息化建设内容。

本报告中对相关法律、法规和政策的阐释以及相关数据，仅供读者参考。

编著者

前　言

近年来，以移动互联网及物联网为代表的信息技术发展迅猛，层出不穷的新技术进入了人们的日常生活，并不断地改变着人们的消费观念。受此影响，作为我国大众消费重要的组成部分，旅游的运营形态和人民群众的消费观念也发生了很大变化，越来越多的人开始注重旅游过程的享受和旅游服务的体验。这一社会发展趋势也促使我国旅游业不断拓展和深入信息技术的应用，并以此加快旅游业的快速转型升级。对此，政府管理者和学术界都普遍认为信息技术是我国现代旅游业发展与提高竞争力的一个决定性因素，更是实现旅游发展战略、经营方式和产业格局全面变革的重要原动力。

在此背景下，旅游信息化作为围绕旅游产业结构、积极利用信息技术、以整合各类旅游信息资源为基本导向推动旅游产业转型升级和创新发展的核心生产力，在整个旅游产业发展过程中得到全国广大旅游管理者、旅游经营者和旅游消费者的高度重视、积极实践和热情参与。一系列以“利用智能技术建设即时感知、准确判断和精确执行的信息系统”、“整合旅游产品、资讯服务和管理知识的信息服务网络”、“依托云计算，以云架构为基础，聚合海量旅游基础数据的云计算服务”、“在线服务、网络营销、网络预订和网上支付等服务功能环境下的旅游经营平台”等为代表的创新性思想及举措为旅游信息化的建设和发展赋予了全新内涵。就当前我国旅游信息化的发展内容来看，主要集中在以下五个方面：一是以先进通信技术为支撑的骨干网、城域网、接入网为建设主体，建设多种应用信息系统的信息化设施。二是坚持政府主导，通过电子政务和行业监管系统应用，以实现旅游产业运行和公共安全的可视化，提升以预警应急和调度能力为目标的旅游业运行与行业管理信息化。三是面向旅游公众进行信息发布、资讯传播、咨询互动以及融入旅游行业监测、数据管理等旅游公共信息服务。四是广泛借助互联网、移动互联网对旅游产品和服务进行在线交易或营销推广的旅游电子商务。五是面向各类旅游经营企业，实行企业内部信息化系统管理和网络化组织运营，以其促进企业内部管理效率的优化和经营服务水平的提升。

旅游信息化内涵的丰富化，既是信息技术引领旅游产业实现产业链和过程形态发展转变的必然产物，也是引导和规划旅游产业要素合理配置和融合、推动多层次旅游产业服务圈形成的智慧要求。也就是说，旅游信息化在对旅游产业链进行深层次重构，即对旅游产业链的组成要素进行重新分配、组合、加工、传播、销售，以促进传统旅游业向现代旅游业的转化，加快旅游业发展速度的过程中，以其不断更新、完善、升级、整合的方式所推进的网络技术环境、信息系统构建、业务数据共享，就是“智慧旅游”发展的首要基础；而“智慧旅游”所要表现的“旅游管理平台化”、“旅游服务人性化”、“旅游体验高端化”也是信息技术在旅游行业发展不断应用深入的服务目标。因此，旅游信息化是“智慧旅游”的发展基础，它是推动我国“智慧旅游”系统发展、科学实施的业务基石，也是我国“智慧旅游”这一旅游新形态的应用体现。根据“我国将争取用10年左右时间，使旅游企业经营活动全面信息化，基本把旅游业发展成为高信息含量、知识密集的现代服务业，在我们这个新兴的世界旅游大国初步实现基于信息技术的‘智慧旅游’”的战略发展要求。当前及今后一段时期内，旅游信息化始终是我国旅游业乃至各级旅游管理机构、旅游行业参与者的重要任务之一。

《中国旅游业“十二五”发展规划纲要》提出：“十二五”期间，我国旅游产业面临着更快变化的市场、更新的科学技术和商业模式，还有更大的环境保护和社会责任压力，旅游业发展必须转变发展方式，提升产业素质。基本思路是：强化科技支撑，提升文化内涵，形成持续创新旅游产业要素体系的两大基础支撑与产业发展方式转变的内在驱动力。促进旅游产业与其他产业的融合发展，从产品、要素、管理、市场等方面的融合与共享方面大力培育旅游新业态，形成产业素质提升的新领域，并延展产业链条。转变旅游发展方式，优化旅游产业结构，构建现代旅游产业新格局，不断推进旅游产业转型升级。这一文件精神，充分肯定了信息化在旅游业发展过程中所发挥的作用。当前，在我国各省（自治区、直辖市）地方政府关于旅游业“十二五”发展规划所制定的任务目标中，都将发展旅游信息化作为未来几年促进旅游服务水平提升、区域旅游联动发展、旅游产品功能集聚、资讯传播渠道优化，进而实现旅游业转型升级、实现旅游强省的重要工作方向。

本报告就是在我国积极引用信息技术推动旅游产业转型、加快落实旅游产业“十二五”发展规划这一关键时期所做的研究性报告，承载了我国30多年旅游信息化的主要发展成果，也凝聚了全体工作人员的集体智慧和得到了全国各省（自治区、直辖市）旅游信息化管理部门的大力支持。报告共分三部分，分别从中国旅游信息化发展概述、旅游信息化重点领域发展及旅游信息化发展趋势三个角度研究分析和总结了我国推动旅游信息化发展以来所形成的实践经验，以回顾过去、剖析当下、展望未来的精神阐述了我国旅游信息化的发展环境、发展成就和发展任务，旨在为我国旅游信息化未来几年的建设和发展提供积极的借鉴和指导。

编著者

目　录
CONTENTS

第一部分　中国旅游信息化发展概述

第二部分 旅游信息化重点领域发展分析

第三部分　旅游信息化发展趋势

第一部分

中国旅游信息化发展概述

第一章　中国旅游信息化发展的基本情况

第一节　中国旅游业发展的基本情况

一、旅游业成为提振内需的核心产业

旅游业是服务业的重要组成部分，旅游消费作为新兴的消费热点，发展空间较大，不仅能够有效为经济增长增量，同时对改善和调整国民经济结构具有重要作用。2001年中国加入WTO以后，旅游业发展进入了“快车道”。2011年，我国居民休闲消费中最核心部分约为2.86万亿元的规模，相当于社会消费品零售总额的15.53%，或GDP的6.05%（《2012年中国休闲发展报告》）。据国家旅游局统计，中国出境旅游市场持续高速发展。2011年，国内出境旅游已达到7025万人次；入境旅游市场则保持平稳增长的态势，达到1.35亿人次。

近几年，外需不振、投资拉动乏力造成中国整体经济增长趋缓，因此有效扩大内需、创造新的消费增长点具有重要的现实意义。在汽车、家电、房地产等消费增长乏力的情况下，以旅游为代表的服务业的重复消费需求将在拉动内需、调整国民经济结构方面发挥战略性作用。

二、宏观政策和经济环境有利于旅游业发展

十八大报告指出：“要牢牢把握扩大内需这一战略基点，加快建立扩大消费需求长效机制，扩大国内市场规模。牢牢把握发展实体经济这一坚实基础，实行更加有利于实体经济发展的政策措施，推动战略性新兴产业、先进制造业健康发展，加快传统产业转型升级，推动服务业特别是现代服务业发展壮大。”这既是党中央在领导中国经济转型发展过程中的新思路，也体现了近年来党和国家在有关社会经济发展战略领域的指导思想的一致性和连续性。

《国务院关于加快发展旅游业的意见》以及各省（自治区、直辖市）据此出台的加快旅游业发展的政策性文件，为“十二五”期间中国旅游业健康快速发展营造了前所未有的良好环境，也为中国旅游信息化发展提供了坚实的政策保障。同时，在高速交通快速发展、居民收入稳定提升、城乡差距逐渐缩小以及假日制度逐步完善等利好因素的促进下，国内旅游市场将出现发展更加快速、消费规模持续扩大的态势，大众旅游的阶段性特征更加凸显。客源市场的逐渐增大以及游客消费需求的多样化增长，更为

“十二五”期间中国旅游行业的智慧化升级、技术性转型提供了巨大的发展动力。

三、城镇化发展推动旅游经济的发展

城镇化发展和人口结构成熟将贯穿未来十年，旅游业将迎来黄金发展期，未来十年投资泡沫将得到抑制，调结构、扩内需将成为主题真正凸显出来，而城镇化将作为未来发展经济的最主要的线索。服务业是内需潜力最大的产业，旅游行业具有关联度高、带动性强的特点，是内需中潜力最大的综合服务型产业，将得到政策的倾斜支持。从社会经济条件来看，城镇化一直是旅游业发展的一大动力，将为旅游业提供经济条件；从人口年龄结构看，中国年龄中位数持续走高，旅游适龄人口和年轻空巢家庭持续增长将为旅游业创造充分发展的社会条件。

四、文化旅游开始繁荣

2011 年 11 月，国家旅游局发布了《关于进一步加快发展旅游业 促进社会主义文化大发展大繁荣的指导意见》，要求提升旅游业的文化内涵，努力配合国家文化体制改革的新要求；并提出了旅游文化建设的基础研究、产品建设、产业融合、人员培训等重点工作。该指导意见的出台符合政府、游客、企业多方需要，加速了旅游行业“文化复兴”。文化旅游在新的旅游发展时期将发挥积极作用，通过推进文化与旅游深度融合，促进旅游业加快转型升级；通过推进文化旅游与城市建设有机融合，树立具有显著特色的旅游品牌；通过推进文化旅游与其他产业紧密融合，延长旅游产业链，促进发展各类丰富的旅游产品。

第二节　中国旅游信息化的发展历程

旅游信息化起步于改革开放初期，在管理理念和服务理念引进的同时，一大批涉外饭店作为旅游企业信息化的先行者，将先进的计算机信息技术与饭店业务管理相结合，成为当时企业管理和企业信息化的典范。随着与国际旅游业的接轨，一些旅行社、饭店加入了全球预订系统（Global Distribution System，GDS，），参与国际营销。

1992 年，国家旅游局与国家信息中心联合，启动了中国旅游资源库的建设，并取得良好的效果。随后，国家旅游局陆续启动了办公自动化系统、全国旅游财务管理系统、全国旅游统计管理系统和多语种自动语音系统等多项工程建设，为行业信息化做了积极尝试，并打下了应用基础。

1995 年，中编办批复国家旅游局成立信息中心，使旅游信息化建设有了体制保证。以此为契机，各省也陆续启动了信息中心的建设。

1997 年，为响应政府上网工程的倡议，国家旅游局信息中心开通了中国旅游网，内容含食、住、行、游、购、娱各要素，分中文、英文两个版本，中文版内容有 400 万字和 2000 余张图片，对中国的旅游须知和旅游资源进行了全方位的宣传，成为国家部

委中率先开通政府网站的单位之一。

2000 年 12 月 24 日，国家旅游局发出《关于建设“金旅”工程，推进旅游业信息化工作上水平的意见》；2001 年 1 月 11 日，在全国旅游工作会议上，正式宣布启动“金旅”工程建设。将“金旅”工程具体化，就是建设“三网一库”，即全国旅游行政办公网、旅游行业管理业务网、公众信息网和旅游综合数据库。其中公众信息网包括旅游电子商务网和政府网。各级旅游行政管理部门和旅游企业积极支持并参与“金旅”工程的建设，旅游业界的信息化应用能力逐步提高。国家旅游局信息中心主持开发的“假日旅游预报系统”、“导游员网络管理系统”、“旅游投资招商信息系统”、“旅行社年检网上填报管理系统”、中国旅游网和目的地营销系统等一批全国性应用网络系统或平台得到推广应用，推进了行政办公、行业管理和公众宣传的电子化。

2004 年起，连续举办了两届国内、国际旅游网上博览会，用快捷、形象、可交互和低成本的网络营销模式，丰富和提高了旅游宣传营销的手段和水平。2005 年中国国际旅游网上博览会首次实现了传统旅展和网络宣传营销的有机结合。参加网络博览会的商家超过 2000 个，吸引了德国、法国、瑞士、芬兰等 24 个国家和中国香港、澳门、台湾等地区的 200 多家旅游机构参展。

2008 年，国家旅游局信息中心组织完成了《旅游电子商务网站标准》等旅游信息化领域国家标准的编撰工作；配合奥运宣传对国家旅游局官方网站进行了改版；开通了 12301 旅游服务热线。同时，配合国家科技部“十一五”科技支撑计划课题《黄山数字旅游现代服务业建设》，拟定了旅游地理信息规范、旅游遥感信息规范、旅游卫星定位信息规范等多项行业规范。

2010 年，在山东济南举办的全国旅游信息化工作会议上，来自全国省区市、计划单列市和副省级城市主管旅游信息化规划、建设和管理的部门领导和信息中心主任参加了会议，会议对信息化建设的经验和教训进行了交流，并对今后的工作进行了部署和协调。此次会议标志着全国基本实现了省级信息化机构的建设，信息化工作已成为旅游产业发展的重要内容。

2011 年，国家旅游局信息中心编制完成了《中国旅游信息化“十二五”发展规划》，这是我国第一个全国性五年期旅游信息化发展规划。作为《中国旅游业“十二五”发展规划》下五个专项规划之一，它第一次将旅游信息化纳入旅游业发展的整体目标中，标志着旅游信息化在旅游业发展中的作用得到了充分的肯定。随后，多个省（区、市）“十二五”旅游信息化发展规划陆续出台。

第三节　中国旅游信息化的发展现状

中国旅游信息化推进工作已取得了巨大成就，并呈现良好的发展态势和巨大的发展潜力。国家、省、市三级旅游信息化管理体系初步建立，旅游信息化规划、管理和组织工作有效推进，全国行业管理数据体系基本形成，旅游信息化管理正逐步由办公自动化和面向行政管理的职能逐步发展成为向整个旅游行业和游客提供服务的社会化体系。

一、旅游信息化发展环境日趋成熟

2011 年中国旅游业国际地位显著提升，旅游大国特征日益凸显。国内游已经成为世界上数量最大、潜力最强的国内旅游市场。国际入境游客规模从 1990 年的第 12 位跃升至全球第 3 位，成为继法国、美国之后世界第三大旅游目的地国家。2011 年中国出境规模跃居全球第 3 位。同时中国旅游业体系培育日趋多元，旅游市场开拓逐渐有序深化。

中国旅游信息化标准建设、规范制定、电子政务以及旅游公共信息建设都得到了长足发展，奠定了旅游信息化发展的坚实基础。同时，中国互联网应用在旅游资讯服务领域的广泛深入，使得在线旅游市场快速崛起，有效促进了中国旅游信息化的发展环境进一步优化。

二、旅游信息化基础管理工作初见成效

国家、省、市三级旅游信息化管理体系初步建立，旅游信息化规划、管理和组织工作有效推进，全国行业管理数据体系基本形成，旅游信息化管理由办公自动化和面向行政管理的职能逐步发展为整个旅游行业的信息化。《旅游电子商务网站建设国家标准》等标准制定和推广逐步展开，旅游地理信息、旅游遥感信息、旅游卫星定位信息等多项行业标准陆续出台。旅游信息化基础理论及应用研究工作稳步推进，国家 863 重点科研项目《基于高可信网络的数字旅游服务开发及示范系统》顺利完成并通过验收，应用示范效果获得一致好评。《旅游目的地信息系统信息分类与描述标准》通过验收。承接的“十二五”科技支撑计划项目《旅游电子商务服务技术研发及应用示范》进展顺利。

图 1–1 《中国旅游信息化“十二五”发展规划》

三、旅游电子政务稳步推进

以内部办公网络和业务管理系统为代表的信息化应用得到迅速普及与推广，各级旅游行政管理部门内部信息发布、公文处理等功能基本实现，办公效率显著提升，行政成本有效降低；旅行社监管系统、导游管理系统、景区管理系统、饭店统计管理系统、统计与财务系统、假日旅游预报系统等多个行业管理系统稳步运转，管理体系逐步规范，行政管理能力逐步加强；各级旅游政务网陆续开通，政务公开、办事指南和在线服务功能进一步完善，服务型政府形象不断深化。

四、旅游公共信息服务建设取得阶段性成果

以目的地资讯网站、旅游服务热线、旅游咨询中心、多媒体信息查询终端等为代表的旅游公共信息服务基础设施建设普遍展开，信息服务渠道日益丰富。目的地网站功能由简单的信息发布向集信息查询、投诉受理、产品推介于一体的旅游综合信息服务转变，信息涵盖内容和表现形式更为多样；12301 旅游服务热线工程的基础性建设工作转入完善和运营阶段，以统一接入号码、规范化流程为广大游客提供旅游问询、旅游提示、旅游投诉等服务。

五、旅游电子商务蓬勃发展

（一）政府积极引领

旅游经济在全国发展不均衡，加之旅游电子商务具有建设周期长、起效慢的特点，需要政府发挥规范和引领作用。北京旅游网的电子商务页面已经是网站访问量最大的页面，页面访问深度达到 8~10 页，成效显著。福建省发行“八闽智旅卡”，通过整合电子票务、电子金融等功能，建立旅游商家诚信评价体系，推动地区电子商务的发展。四川省旅游局与淘宝网合作，建立淘宝四川馆，700 多家旅游企业在淘宝上开展电子商务业务。

（二）在线旅游服务市场快速崛起

2011 年，中国在线旅游市场交易规模占整体旅游交易规模的比将升至 7.6%，而美国市场已达到 70% 以上的渗透率。中国在线旅游市场尚处于发展的初期，未来发展空间巨大。在线旅游渗透率将随着中国互联网渗透率和旅游企业线上服务的标准化程度的提高而上升。到 2014 年，在线旅游渗透率有望升至 15% 以上。携程、艺龙旅行网、淘宝旅行、同程网、QQ 旅游等在线旅游网站业务发展较成熟，传统的机票、酒店的预订已经占据稳定的市场份额，旅游线路、票务的预订初步启动，但增长速度很快。伴随旅游业的发展，中国的旅游出行方式将发生重大变化，从过去的团队游和观光游向自由行和休闲游转变，催生更多的旅游电子商务业态，如根据旅游消费的不同环节，按照线路预订、资讯提供、旅游点评、行程规划、分享社区、定制服务等细分领域的 APP，满足旅游者不同的需求。

（三）技术进步推动旅游移动电子商务发展

1. 网民人数

据中国互联网络信息中心（CNNIC）2012 年 7 月发布的《第 30 次中国互联网络发展状况统计报告》显示：截至 2012 年 6 月底，中国网民人数达到 5.38 亿，互联网普及率为 39.9%。2012 年上半年，网民增量为 2450 万，普及率提升 1.6 个百分点。

2. 3G 网络

随着全球 3G 进入快速成长期，中国也开始了 3G 产业的大规模建设。2009 年年初，国家工业和信息化部为中国移动、中国电信和中国联通发放 3 张 3G 牌照。中国移动使用中国具有自主知识产权的 3G 标准 TD-SCDMA，中国电信获得 CDMA2000 牌照，中国联通获得 WCDMA 牌照。2009 年成为中国 3G 正式商用元年。

2009 年以来，中国 3G 网络发展非常迅速。三种 3G 网络技术在网络建设、用户发展、投资拉动、终端完善、业务市场培育等方面都取得了明显的成效。截至 2011 年年底，中国 3G 用户已达 1.28 亿，其中 TD 用户 5121 万，在 3G 用户中的占比约为 40%；中国电信和中国联通的 3G 用户分别达到 3719 万和 4002 万。

3. 智能手机

增速加快：智能手机逐渐普及，成为越来越重要的获取信息和参与互动的工具。中国移动互联网第三方数据研究与营销服务机构艾媒咨询《2012Q2 中国智能手机市场季度监测报告》显示，截至 2012 年，Q2 中国智能手机用户数达到 2.90 亿，环比增长 15.1%，网民中用手机接入互联网的用户占比由上年底的 69.3% 提升至 72.2%。

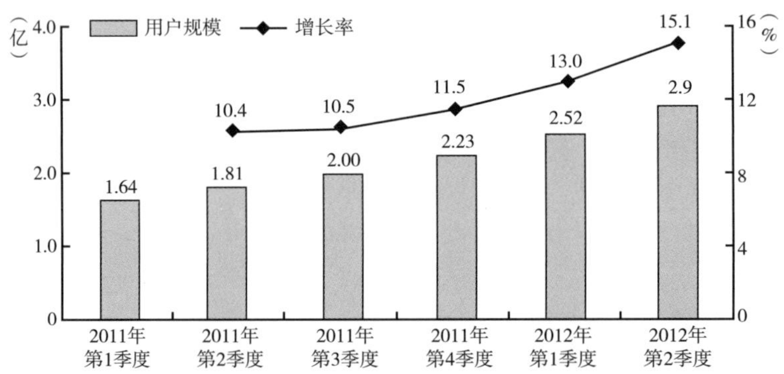

图 1-2　2012Q2 中国智能手机用户数发展状况（数据来源于艾媒咨询）

价格下降：苹果、三星、HTC 等换代机型的价格下调，以及逐步唱主角的国产智能机为了争夺市场，备战暑期档和消费群体的进一步下沉战略是导致中低等价位手机成主力的主要原因。进入 2012 年，千元智能手机大量推出，中国手机市场将进入智能手机时代。

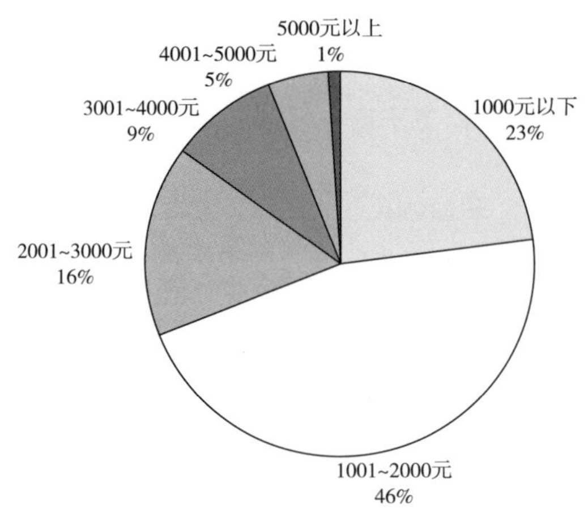

图 1-3　2012Q2 中国智能手机市场不同价位的手机销售状况（数据来源于艾媒咨询）

旅游手机应用逐渐丰富：随着大量的技术提供商和专业服务商在信息技术和旅游行业的结合上进行有效的尝试，景区电子票务系统、在线客房预订系统、点餐服务系统、旅游商品导购服务、手机自助导览及语音讲解、全景虚拟体验、旅游交通导引系统等一大批与智慧旅游相关的应用案例已经在中国出现，并产生了相对成熟的技术成果。

图 1–4　南京旅游助手首页界面

第四节　信息化对旅游业的影响

信息技术发展对旅游业发展具有重大的影响，利用信息科技优化旅游业结构具有重要的现实意义。从相关的理论出发，分析信息化促进旅游业发展模式转变，提升旅游业竞争力，优化旅游发展环境等机理；探讨信息化对旅游业发展影响的主要表现；针对旅游信息化发展中存在的问题可提出强化旅游信息化技术创新、完善旅游信息化基础建设、提升旅游信息化服务能力、完善旅游信息化相关制度建设等对策。

信息化是旅游业现代化的重要标志，有助于旅游业为游客提供更便捷、周到和个性化的服务，是提升中国旅游业整体竞争力的必然需求。

在线旅游市场产业链不断演变，航空公司、酒店、旅行社等产业链上游供应商积极利用网站开展在线直销业务，并寻求第三方电子商务平台等途径加大直销力度；各大在线代理商的市场角色日益分化，企业在品牌定位、业务方向和盈利模式上的差异化发展趋势逐渐呈现；网络媒介更加丰富，媒体价值得到有效释放，网络口碑传播对于旅游营销的影响日益显现，旅游网络营销平台呈现蓬勃发展态势，垂直搜索类网站、旅游点评网站等新生业态不断涌现，在线服务市场进入高速发展时期。

世界旅游组织商务理事会（WTOBC）预计，今后几年世界主要旅游客源地约 1/4 的旅游产品订购都将通过互联网进行。信息化推动了旅游业发展模式的改变，提升了旅游企业的竞争力，也是旅游业体制创新、机制创新和市场创新的有效保障。

一、信息化转变旅游业发展模式

旅游业是信息密集型产业，信息是其得以生存和运转的根本基础，贯穿了旅游活动的全过程，既影响旅游者选择目的地的决策又影响其对旅游体验的满意度。信息化与旅游业的结合可提高旅游业的运行水平，优化旅游业体系，增强旅游业的竞争力，推动旅游业发展方式的转变。

（一）提升旅游业发展的可持续性

粗放式的旅游开发模式，特别是重开发、轻保护等掠夺式的旅游资源开发模式已经不能适应经济发展的需要。信息技术在旅游业中的应用，可增加旅游经济中的知识含量、科技含量，实现旅游业从依赖大量投入物质资源的粗放式发展，到提高投入要素使用效率的集约式发展方式的转变，更好地实现产业的可持续发展。

（二）提升旅游业形象

信息技术因其传播速度快、辐射范围广，在一定程度上可弥补旅游时空的限制，并利于旅游业的内联外引，扩大旅游市场，从而提升旅游业整体形象。以信息化为依托，构建全国性的旅游公共信息服务平台，构成立体化、网络化的旅游信息服务体系，不仅是旅游业保持活力的动力源泉，且有助于提升旅游业的形象和地位。

（三）优化旅游业交易过程

旅游业社会化程度高、关联性强、依托和带动作用明显，信息技术的应用可优化旅游产品生产过程，提高旅游产业链中不同主体之间信息沟通的质量和效率，从而使旅游业的运行走向更高的层次和水平。信息化扩展了旅游消费传播渠道，改变了旅游者的旅游交易方式，促进了潜在旅游者数量的增加，促使旅游市场在交易成本的变化、不同交易渠道成本的对比和各种力量的此消彼长中演化和发展；信息化创造了虚拟市场空间，为旅游业开拓了发展空间，有利于形成规模适度、竞争有序的旅游市场。

（四）优化旅游业体系

以信息技术为推力，可大大改善旅游业各相关要素效能的发挥，优化旅游业体系结构，提高旅游业运行的效率。信息技术可为以信息流为主导的旅游业及其运行体系提供完整的解决方案，是对旅游业结构的优化和系统的升级。旅游业构成的多元性、旅游业体系的复杂性，使得旅游业体系的优化有赖于信息技术所带来的流程优化和系统创新。

（五）增强旅游业竞争力

信息化将极大地提高旅游业的服务水平、经营水平和管理水平，增强旅游业的竞争力。旅游信息化弥补了传统价值链中灵活性差、效率低下的不足，使价值链上的各环节间联系更加通畅，促进了价值链向动态的、虚拟的、全球化、网络化的方向发展，并且能够使一连串的相关企业更好地了解客户，为客户提供个性化的产品和服务，提高整个产业竞争力，为旅游价值链注入新的活力。

二、信息化提升旅游企业竞争力

从旅游企业的角度来看，信息化与旅游业的结合催生了旅游企业的新产品、新管理和新流程，必将提升旅游企业的核心竞争能力。

（一）优化旅游产品结构

信息技术可为客户提供量身定制的个性化产品与服务，可满足旅游企业建立强大应用系统的需求，使企业在以追求快速、新颖、持久性、虚拟性和低成本为主体的竞争环境中，建立新的竞争优势。信息技术能针对每个旅游者的要求提供特殊的、有差别的产品，通过把旅游产品拆包，让旅游者加入一切个人需求要素，信息通信技术能使企业把市场细分到每一个顾客，让旅游者能结合自己的需求重新组合产品；信息化能使企业个性化的一对一服务模式得以真正实现，改变传统旅游服务的方式，改变旅游服务的增值方向。

（二）提升企业管理效率

信息技术的发展使旅游管理理念、手段和方式都发生了根本性的变化，不仅可以提高劳动效率，还使管理工作迅速、准确，是实现旅游管理最优化的重要途径，使企业可更有效地控制信息资源。由于传统的旅行社顾客资源一般都掌握在优秀的经理人手里，为避免辞职事件而带走顾客，各种旅行社的管理软件应运而生，同程网的“六合一”就是其中的代表。信息化使旅游饭店之间可结成营销预订联盟共享顾客数据，实施优惠组合和消费累积计划，并联合开发网络预订平台，实现高效的信息化旅游管理服务。如分时度假利用的网络分时度假交换系统具有网络外部性，其拥有的度假村或度假饭店资源越多，旅游者的参与越广，整个系统的价值就越大，从而提高企业的效益。

（三）提高经营效益

旅游信息化在旅游信息收集、处理和使用的时间性上优势明显，信息化能使旅游企业有效控制成本，特别是分销和促销成本。信息化促使企业流程重新设计，减少了重复劳动，从而压缩了人力成本，提高了效率。旅游相关企业通过网上交易或电子中介，大大减少了中介佣金成本。信息化能使旅游企业的功能发生根本性的变化，结算方式将更简便快速，如为游客预订客房、机票、车票、船票等工作都可在网上实现，既可以提高工作效率，又可以节省人力、物力和财力投入，从而降低经营成本，提高旅游企业效益。

（四）提升旅游目的地形象

信息化的广泛运用可整合旅游目的地信息的收集、存储、加工和传递，丰富完善旅游企业营销模式，打造现代化的旅游目的地形象；可实现网络营销和信息的即时传播，使旅游者出行前能了解目的地信息；出行中能通过旅游信息中心、公共场所的触摸屏和移动网络通信等方便地获取信息；行程后能收集到游客的意见和反馈。利用网络进行旅游业的促销，是信息时代旅游宣传促销的新课题和新选择，不但成本低廉且营销形式多样，可有效地通过对数据的监测掌控应用效益。

三、信息化优化旅游业发展环境

旅游信息化是一项系统工程，涉及旅游行业的各个层面，需要各级旅游行政管理部门的通力合作。从目前旅游信息化的发展形势来看，以智慧旅游为标志的现代化、智能化、网络化、数字化管理的全新旅游信息化建设格局在各级旅游部门已经全面开展，为旅游业的信息化开展提供了重要的外部发展环境。

天津在2012年启动天津智慧旅游“1369”工程，具体为：“1”个智慧旅游综合数据中心；“3”个数字平台，即行业智能管理平台、公共信息服务平台、目的地营销体验平台；“6”个载体，即互联网、移动互联网、12301旅游服务热线、旅游一卡通、遍布全市的电

图1–5　天津城市旅游地理信息系统主要界面

子触摸屏和人工咨询服务网点；“9”个智能系统，即智能 OA 管理系统、旅游景区智能管理系统、旅行社智能管理系统、饭店智能管理系统、旅游超市系统、智能行程规划系统、智能信息管理系统、旅游目的地展示营销系统、旅游产品分销系统。天津市各相关部门、科研院所、通信运营商和科技公司等为智慧旅游建设群策群力，形成了产、学、研共同建设智慧旅游的良好局面。

第五节　旅游信息化的主要表现及特征

旅游信息化通过对信息技术的运用来改变传统的旅游生产、分配和消费机制，以信息化的技术应用来优化旅游经济的运作，实现旅游经济的快速增长。信息技术注入旅游业可以大大改善旅游业各相关要素效能的发挥，推动旅游业结构升级优化，提高旅游业运行的质量和效率。旅游业是信息密集型和信息依托型产业，旅游业信息化的结果是以更低的成本吸引更多的交易主体进入市场，扩大市场需求，壮大旅游业；旅游业的信息化，将极大地提高旅游业的服务水平、经营水平和管理水平，增强旅游业的竞争力。从产业角度来看，旅游业信息化包括旅游企业信息化、旅游公共信息服务、旅游电子商务、旅游整合营销、旅游电子政务等方面。

一、旅游信息化业务的普遍应用

我国旅游信息化快速发展，旅游信息化应用逐步普及，旅游信息管理手段和服务模式得到了有效提升，旅游电子商务在发展、创新、壮大。其中旅游企业是旅游信息内容的主要创造者和维护者，旅游企业的信息化是整个旅游信息化工作的根本。信息技术能提高旅游产品的差异化，其关键因素在于旅游业和产品在客户价值链中的角色，如浙江酒店业推出的信息化服务——“酒店完美联盟”。至 2012 年，浙江已有 800 余家酒店推出“长话免费打”服务项目，近 2000 家酒店、30000 余间客房开通“数码 e 房”；数十个风景区安装景区全球眼，在线景区监控点达到 150 多个。

二、旅游公共信息服务的有效提供

优质高效的旅游信息服务是旅游信息化工作中的关键。旅游业是信息密集型行业，旅游信息贯穿整个旅游的各个环节，旅游者从产生旅游需求到完成旅游行程，都离不开对旅游信息的依赖。信息技术改变了旅游者的旅游信息获取方式，随着信息技术的发展，通过网络获取旅游信息服务的途径更加广泛。旅游类网站有关资料显示，将上网查询作为了解旅游信息主要渠道的网民比例已达 66.7%。现在的移动旅游电子商务可以随时随地把顾客、旅游中间商和旅游服务企业联系在一起，预订的结果、航班的延迟等信息皆可随时通知旅游者，使旅游信息服务功能更加完善，应用更加普及。

三、旅游电子商务的整体推进

旅游电子商务是旅游信息化的途径，在欧美发达国家，旅游电子商务的应用已经非常普遍，旅游电子商务所产生的价值占整个旅游市场总份额的60%以上。旅游电子商务是旅游信息化工作的重要组成部分，是旅游业应用信息化技术实现盈利的重要途径。随着3G技术的推广，移动商务成为旅游业新的切入点，结合智能网络技术，可真正实现以人为中心的旅游电子商务。旅游业对信息化技术的掌握可提高企业在在线旅游市场中的份额，并最终获得可观的利润。如黄山市引导各类旅游企业把“旅游专卖店”搬上网络，将旅游整体促销“大篷车”驶入互联网，实现了良好的经济效益。

四、网络整合营销的全面开展

旅游网络营销的渠道主要可以通过搜索引擎、在线社区、门户类网站、专业旅游网站，向旅游者经常访问的生活消费类网站购买流量，新媒体和无线互联网兴起，让微博、视频、SNS网站、手机APP逐渐成为旅游网络营销的主要宣传工具。如有“荔枝之乡”之称的广州增城区当地特产和有特色的旅游景点以MLOGO为媒介向游客进行介绍，让更多的人了解荔枝知识及增城荔枝的特色，效益显著，销量明显增加。不少地区还结合旅游目的地营销系统开展网络营销，如黄山市采取“点面结合、虚实结合”的营销策略，组织力量制作网上推介黄山旅游的文字、图片、音频、视频，以城市大型社区、集团企业为突破口，将旅游营销覆盖面扩大到国外、社区网站、网络虚拟社区等领域。

第二章　中国旅游信息化建设概况

为配合此次发展报告编写，在全国进行了问卷调研和现场调研，调研地点包括：东北区域（包括辽宁、黑龙江和吉林）、北部沿海区域（包括北京、天津、河北和山东）、南部沿海（包括广东、福建、海南）、中部区域（包括河南、湖北、山西、湖南、江西、安徽）；西南区（包括广西、云南、贵州、重庆、四川）；大西北地区（包括陕西、甘肃、宁夏、内蒙古、青海、西藏、新疆、新疆建设兵团）；东部沿海区域（包括上海、浙江和江苏）。从调研数据分析来看，各地旅游信息化建设主要存在以下问题。

第一节　旅游信息化管理机构建设情况

全国基本建立了省级旅游信息化行政管理机构，但如果统计到地市级旅游管理部门就会发现，全国只有不到半数的地区设有专职的旅游信息化管理部门，一方面是和地市级城市的旅游资源有一定关系，旅游资源偏少的城市基本没有信息化机构设置；另一方面也可以看出，一些地市级旅游行政管理部门还没有真正重视旅游信息化建设，信息化机构不健全，信息化职能没有得到充分发挥。

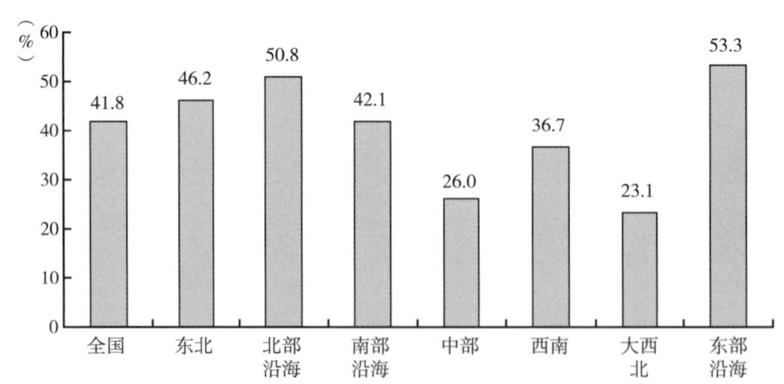

图 2-1　2012 年中国各地区地市级以上旅游管理部门信息化部门设立情况

通过此次问卷数据分析，全国 97.8% 的信息化管理部门的人员编制在 10 人以内，人员编制少限制了信息化管理部门的业务拓展，只能满足日常行政管理和基础运营工作，难以承担电子商务和全面的公共信息服务工作。还有一个问题也非常突出，即管理部门的人员现在大部分还是事业编制或企业编制，这造成旅游信息化管理部门话语权较弱。

第二节　旅游信息化建设规划编制情况

2010 年，国家旅游局信息中心发布了《中国旅游信息化“十二五”发展规划》，以此提升旅游信息化水平，加快旅游业信息化进程，为旅游业发展成为现代服务业提供有力支持。

全国已经有 11 个省级旅游信息化管理部门根据国家的整体规划，结合自身情况编写了专项信息化规划报告；北京和江苏结合智慧旅游的发展要求，编制了智慧旅游相关的发展规划；山西、青海、湖北、河北等部分省区准备在 2013 年落实编写 3 ~ 5 年的信息化发展规划。通过规划的编制可以有效地引导辖内地区的旅游信息化的发展。

表 2-1　全国旅游管理部门规划编制情况

省 / 自治区 / 直辖市	信息化规划编制情况
北　京	《北京“十二五”旅游信息化规划》 《北京智慧旅游行动计划纲要（2012~2015）》
天　津	《天津旅游信息化“十二五”发展规划》
江　苏	《江苏省“十二五”智慧旅游发展规划》
安　徽	《安徽省旅游信息化发展规划（2013~2015）》
福　建	《福建省旅游信息化“十二五”规划》
湖　南	《湖南省旅游信息化建设规划纲要（2012~2016）》
河　南	《河南旅游业信息化发展策略》
广　西	《广西旅游信息化“十二五”发展规划》
四　川	《四川省“十二五”旅游信息化发展纲要（2012~2015）》
贵　州	《贵州省旅游信息化“十二五”规划》
云　南	《“十二五”云南旅游信息化发展规划》
西　藏	《“十二五”规划信息化建设项目意见报告书》
宁　夏	《宁夏旅游“十二五”信息化规划》
新　疆	《新疆旅游“十二五”信息化规划》

第三节　旅游信息化资金投入情况

全国旅游信息化管理部门的资金预算普遍紧张，2012 年 86.3% 的旅游信息化管理部门预算在 50 万元之内，资金只能维持机构的日常运营开支，无法支持规划编制、标准制定以及前瞻性课题研究的工作。北部地区的北京、天津和山东，南部沿海的海南和广东，中部的湖北，西北地区的青海湖景区保护利用管理局，东部沿海的浙江、上海和江苏、西南的四川等地方管理部门 2012 年旅游信息化投入都在 500 万元以上。从实际情况看，这些地区的旅游信息化建设确实取得显著的效果。

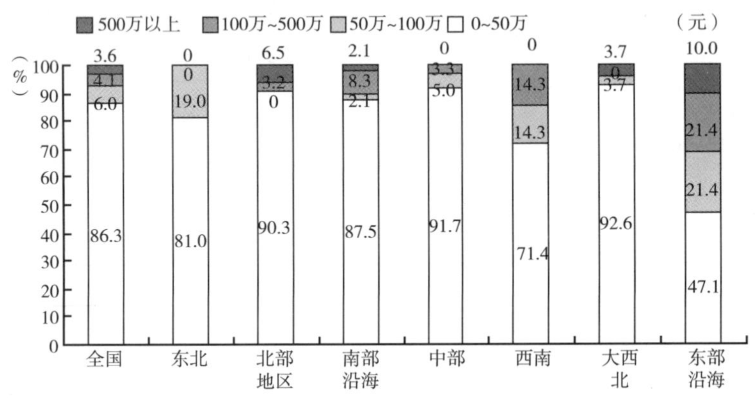

图 2-2　2012 年中国各地区政府旅游信息化投入情况

旅游信息化的资金投入本身除了管理部门的资金投入外，更需要社会资金的积极参与。根据投入资金的性质可分为三类：财政预算资金、专项发展资金和社会投资资金。

第一，财政预算资金主要是维持机构和人员的基本成本以及维持好电子政务以及部分公益性的公共旅游公共信息服务。

第二，专项发展资金主要涉及旅游信息化新技术、新应用的课题资金，以及新的信息化应用体系的规划资金等。我们认为，涉及旅游信息化产业引导的资金也应属于专项发展资金范畴。

第三，社会投资资金主要是社会法人和自然人参与旅游信息化建设所投入的资金，旅游企业自身建设投资也属于该资金范围。

旅游信息化主管部门现在还没有统一的口径去统计辖区内社会资金投资旅游信息化的数据，所以本报告只统计财政预算资金和专项发展资金在旅游信息化的投入情况。

第四节　旅游信息化基础设施建设情况

此次收集的问卷显示，全国地市级以上旅游信息化管理部门数据中心及机房建设普遍落后，只有 21.8% 的单位建立数据中心或机房，东部沿海地区情况算是比较好的地区，但也只有 33.3% 的单位建立数据中心和机房。

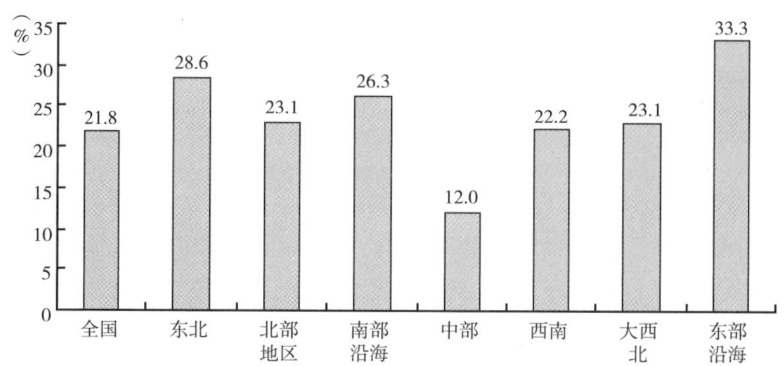

图 2-3 2012 年中国地市级以上旅游管理部门数据中心或机房建设情况

全国旅游信息化管理部门基本没有部署专网，48.9% 的带宽在 5M 以下，网络使用环境不佳，东部沿海在网络上的投入较好，53.9% 的单位带宽在 20M 或以上，体现出对旅游信息化的高度重视。

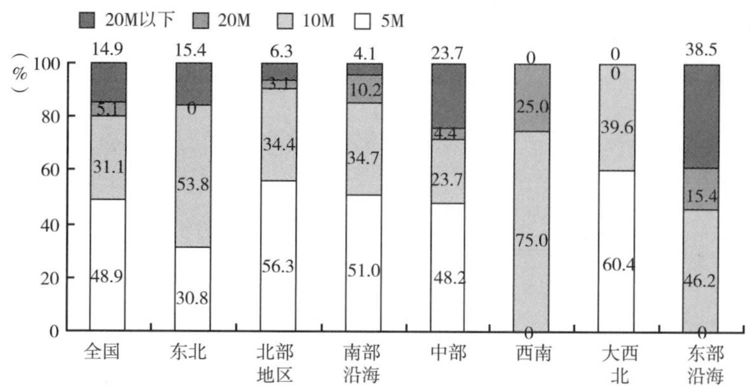

图 2-4 2012 年全国旅游管理部门网络建设情况

通过现场访谈以及问卷调查的情况来分析，造成旅游基础设施薄弱的原因主要有以下几方面：

一是信息化建设投入少，资金缺口大，无法形成完整的平台系统；

二是上级政府的基础建设设施缓慢，造成原定使用政府的基础设施的计划落空；

三是部分省市在旅游信息化管理上认为现有的旅游信息数据量少，且信息保密性要求低，无须专业基础设施支撑；

四是信息化管理权限小，政策引导能力弱，造成已经规划的基础设施建设计划难以执行。

只有通过“构建平台、整合资源”，才能改变基础设施建设落后的局面。要通过整合推进各类旅游信息化试点工程，将旅游信息化纳入行政区域信息化的重要组成部分，加大对旅游信息化建设的资源投放力度。正如《中国旅游信息化“十二五”发展规划》所提出的，以重点示范工程带动旅游信息化的整体发展。示范重点包括：

第一，以云计算等技术平台为核心，实现旅游信息化资源的集约建设、按需服务。聚合 IT 资源与存储、计算能力，形成区域范围内的虚拟资源池，结合供应链、企业资源管理、在线营销、在线预订等专业化服务系统。

第二，为旅游企业提供基于网络共享的软硬件环境和按需使用的应用服务，有效降低中小型旅游企业利用信息化手段开展经营活动的资源和技术壁垒，提升旅游信息化应用的研发与服务效率。

第三，以高可信网络的数字旅游服务系统为基础，以旅游一卡通、智能移动设备为服务终端节点，支撑跨行业、跨部门、跨企业间的信息共享与业务协同，实现旅游资源网上营销、旅游产品代理分销、电子支付与认证、资讯导游服务提供和投诉建议受理反馈的一体化服务体系。

第四，结合物联网、3G 和虚拟现实技术，为游客提供虚拟旅游、位置服务、智能导览等现代科技旅游服务体验，带动娱乐、交通运输、房地产、文化体育等行业发展，推动旅游小城镇和新农村建设。

整合旅游信息化基础设施资源要从效益上做文章，真正做到降低成本，做到资源的高效运用，参与的部门和企业在此基础上能够获得资源的价值，由此，平台系统的推广自然就水到渠成。

第五节　旅游信息化建设情况

一、国家旅游局信息化建设进展

（一）《中国旅游信息化“十二五”发展规划》

“十二五”时期是深入贯彻落实科学发展观，将旅游业“培育成国民经济战略性支柱产业和人民群众更加满意的现代服务业”的关键时期。在此背景下，国家旅游局信息中心成立旅游信息化规划编制组，通过实地走访、召开座谈会等多种形式进行了广泛调研，编制完成了我国第一个旅游信息化发展规划。这是《关于贯彻落实〈国务院关于加快发展旅游业的意见〉的通知》下发后，针对旅游信息化发展制定的第一个纲领性文件，充分表明了信息化支撑现代服务业的重要作用，具有鲜明的时代特征。规划明确提出了新时期旅游信息化未来五年的发展思路、目标和重点，具有前瞻性、指导性和实效性，将使我国的旅游信息化建设提升到规划先行的战略层面。另外，作为《中国旅游业“十二五”发展规划》下五个专项规划之一，它第一次将旅游信息化纳入旅游业发展的整体目标中，标志着旅游信息化在旅游业发展中的作用得到了充分的肯定。

（二）“基于高可信网络的数字旅游服务系统开发及示范”课题

国家旅游局信息中心承担的国家高技术研究发展计划（863 计划项目）——“基于

高可信网络的数字旅游服务系统开发及示范”课题，于2012年4月在黄山通过科技部组织的技术验收，随后按照流程进行了成果审核和财务验收，同年11月收到科技部正式课题验收结论书。验收结论书对课题成果进行了充分肯定，并在最终结论中使用了较少出现的“圆满完成合同要求的目标和主要指标”的评价，给历时两年有余的课题画上了一个圆满的句号。

该课题是“十一五”国家863计划信息技术领域重大项目“新一代高可信网络”所属课题。该课题由国家旅游局信息中心承担，北京盈通创新数字技术有限公司、山东省旅游局信息中心、黄山市信息资源中心和金色世纪商旅网作为参与单位或技术支撑单位共同实施。863计划是国家高技术研究发展计划，也是国家最高级别的科研发展项目。两年来，课题的引领作用逐步显现。山东省旅游局承担课题省级示范落地任务，以此为契机，山东省在完成课题任务的同时，完善数据采集渠道，整合资源，推动全省旅游信息化跨上一个新台阶。黄山市承担课题市级示范任务，课题的实施推动了黄山旅游资源的整合和创新模式的形成。同时，课题的实施还凝聚了一批跨行业专家学者，为今后旅游信息化发展研究打开了一个好的局面。

（三）“旅游电子商务技术研究开发与应用示范”项目

2011年10月，国家旅游局成功申报了旅游业第一个“十二五”国家科技支撑计划项目“旅游电子商务技术研究开发与应用示范”。该项目所研究开发的旅游电子商务服务技术与应用，属于现代服务业重点专项电子商务方向；属于《国家中长期科学和技术发展规划纲要（2006~2020年）》“重点领域及其优先主题”下的“现代服务业信息支撑技术及大型应用软件”领域。

项目包含8个子课题，分别是“旅游电子商务市场基础信息规范管理与公共服务平台研发与应用”、“旅游目的地营销服务平台研发及示范应用”、“基于移动互联网的旅游服务平台研发及示范应用”、“基于智能信息分析的个性化旅游服务平台研发及应用”、“区域旅游全程服务平台研发及示范应用”、“面向旅游集散中心的跨区域在线旅游服务平台研发及示范应用”、“跨境旅游服务平台研发及应用”和“红色旅游服务平台研发及应用”。国家高科技课题对凝聚行业信息化力量，获取国家专业部门的认同和支持，对推动旅游信息化的发展，将起到积极作用。

（四）旅游目的地信息系统信息分类与描述标准

2012年8月23日，国家旅游局信息中心牵头并联合山东省旅游信息中心和四川省旅游信息中心联合编制的行业标准《旅游目的地信息系统信息分类与描述标准》专家咨询会在北京召开。该标准是旅游信息组织、发布和共享的基础标准之一。该标准面向我国现有的旅游目的地信息系统，从面向游客的旅游信息服务和信息持续更新的需求出发，基于既能够实现旅游目的地信息分类和描述的统一，又便于和原有旅游目的地信息进行整合的原则，规定了旅游目的地信息分类和描述规则。

该标准主要包括：旅游目的地信息系统的数据分类、数据信息属性传递关系、旅游目的地信息系统中所应用的信息属性及属性分类。

（五）全国旅游基础数据库建设

全国旅游基础数据库建设从2011年开始分三期建设：一期主要启动前期调研和可行性研究等准备工作，并制定了全国旅游基础数据标准草稿，编制展示平台的可行性研究报告等。二期主要完成搭建全国旅游基础数据库展示平台，对包括硬件平台增建和完善、系统软件和开发平台搭建、应用系统开发、数据规范处理、数据采集和更新渠道的建立、多模式应用等多个部分，进行实用化的完善和建设。三期主要是整合各省、市旅游数据资源，逐步形成信息齐全、现势性强、覆盖全国的旅游基础数据库，并努力把旅游基础数据库展示平台打造成旅游形象宣传的第一平台，更好地树立政府形象、完善服务手段、强化宣传力度，推动旅游服务水平的全面提升；三期也将完成在两个省的推广应用工作。

（六）全国重点景区游客流量监测和服务系统

全国重点景区游客流量监测和服务系统，是基于运营商等公众基础数据进行应用分析，建立国家级的全国重点景区动态信息平台，实现对景区流量、游客来源等信息的采集与分析计算，为流量控制、游客分流、景区交通疏导、景区安全管理提供数据依据，同时提供信息服务、游客投诉及建议收集等短 / 彩信服务手段，为改善景区经营及接待能力、制定景区经营策略等景区管理工作提供科学的信息化服务平台。全国重点景区游客流量监测和服务系统设计接入中国移动、中国联通、中国电信三家运营商的数据，一期建设主要考虑中国移动的接入。

（七）12301 旅游服务热线

国家旅游局在 2007 年 4 月得到工信部批复，将全国公益特服号码 12301 用于旅游公益咨询服务。同年 11 月，国家旅游局正式下文在全国范围内启动 12301 旅游资讯公益服务工程，按每省（自治区、直辖市）（包括兵团）平均 100 万，共计 3200 万的扶持费用，支持工程实施。并按照统一开发、分散部署的原则，在各省（自治区、直辖市）建立省级呼叫平台。12301 旅游服务热线包括旅游咨询、旅游投诉、旅游救援和旅游提示四大功能。

项目启动以来，各省（自治区、直辖市）旅游局积极响应国家旅游局的要求，认真落实项目开通条件，为建立全国公共服务体系、提升游客服务满意度做了大量行之有效的工作。各地普遍将 12301 项目作为旅游信息化建设的重要抓手，排除重重困难，从机构、人员、配套经费等方面给予大力支持，为 12301 项目在全国 31 个省（自治区、直辖市）的顺利开通付出了巨大的努力。如天津市旅游局成立了全额拨款的事业单位——天津市旅游热线服务中心；吉林省旅游信息中心成立了 12301 的专门机构；北京、山东、上海均由全额拨款的部门负责 12301 的运营和维护。

全国已有 31 个省（自治区、直辖市）全部完成软硬件设备安装，各省（自治区、直辖市）积累了一定的建设经验和应用基础，开始由建设向运营转变，全国 12301 旅游信息基础数据库已初步形成。随着 12301 的发展，很多城市提出了建立 12301 市级呼叫平台的要求。目前已有郑州、洛阳、青岛、苏州、韶关、大连、咸宁及山东省 17 个地市开通市级平台。各地纷纷探索 12301 持续运营的新模式，共同为中国旅游业构建一个新的公共服务平台和信息服务渠道而努力。

（八）国家旅游局官方网站

国家旅游局官方网站自 1997 年建立以来，历经多次改版，目前已形成以政务公开、新闻资讯、公共服务、网上政务四大类内容为主的政府信息公开平台和窗口。2012 年年初，国家旅游局网站历经 2008 年改版后再次改版，在总结以往工作经验、借鉴中国政府网改版方案及国内外旅游部门政府网站，认真分析新形势、新需求和新技术的基础上，提出了网站改版草案，并经多次讨论修改后定稿。改版后的网站已于2013年2月正式推出。届时，将推出旅游美图、省级页面等新的板块内容，同时，新网站还打通了微博等社会化媒体渠道，为网站注入新的活力。

（九）新媒体推广工作

国家旅游局信息中心目前在新浪网、腾讯网、央视网、新华网等四大平台上开设微博。2012年中国国际旅游交易会期间，与新华网、央视网、腾讯网及其微博平台合作，以“发现中国之美”为主题，通过视频直播、图文直播、微博上墙等多媒体呈现方式，在新华网、央视网、腾讯网首页及各自微博新媒体平台首页进行推送，同时制作旅交会专题进行主题宣传。据统计，旅交会期间，新华网共进行局长访谈37场，发布稿件53篇，图片300余张；专题UV达到928473，PV达到2608262。央视网进行视频专访19次，发布重要稿件7篇，图片200余张；央视微博开设“中国旅游发布厅”，专题UV达到716313。腾讯网专门为旅交会制作“中国旅游专属勋章”，截至旅交会结束时，累积超过5万网友领取该勋章；腾讯微博“中国国际旅游交易会微博开放日”专题总UV达到1500万，总PV达到3600万；发布微博2500余条，用户参与人数20万次，转播曝光率超过5000万。

2011年4月2日，国家旅游局官方微博@中国旅游在新浪正式注册，成为国家部委中第一个注册微博的政府机构。截至2013年3月13日，“中国旅游”微博共有粉丝348万，累计发布微博数4571条，日均发博7条。在最新的新浪微博“政府人气榜”中，“中国旅游”位列第九。

2012年12月2日，人民网舆情监测室联合新浪网发布了《2012年新浪政务微博报告》，@中国旅游位列全国旅游类微博之首。该报告指出：“@中国旅游所发微博原创比例极高，内容多为食、住、行、游的相关攻略，且所发微博均有配图，符合旅游信息的传播特点，更具吸引力。所推荐的攻略或图片时常来自网友，与网友互动率很高，实用性很强”。

二、各省旅游信息化建设成果

各省根据各自旅游信息化的需求和现状，在电子政务、公共服务、电子商务等领域，完成了许多有旅游特色和地域特色的信息系统建设并进行应用。

电子政务向深入方向发展，57.9%的旅游管理部门建立了独立的OA办公系统，45.2%的管理部门建立了独立的财务管理系统，其他管理部门基本采用上级单位已经建成的相关系统。对于专项电子政务系统，全国普及程度并不高，只有6.2%的管理部门有资源管理系统，6.5%的管理部门建立了网络营销系统，9.3%的管理部门有部署人力资源的管理系统。我们同时看到，部分地区在电子政务建设方面有很多积极大胆的探索，北京、上海、山西已经建立了旅游产业监测系统，动态监控区域旅游的整体情况；山东已经开始对旅游企业进行电子认证工作；四川建立了假日旅游监控预报系统、在线旅游培训平台。电子政务网建设还是全国旅游信息化建设的重点，全国有31个省级单位建立了相应的政务网，切实做到旅游政务公开，网上便捷办事。但在调研中发现部分政务网维护比较差，时有服务器宕机的情况。

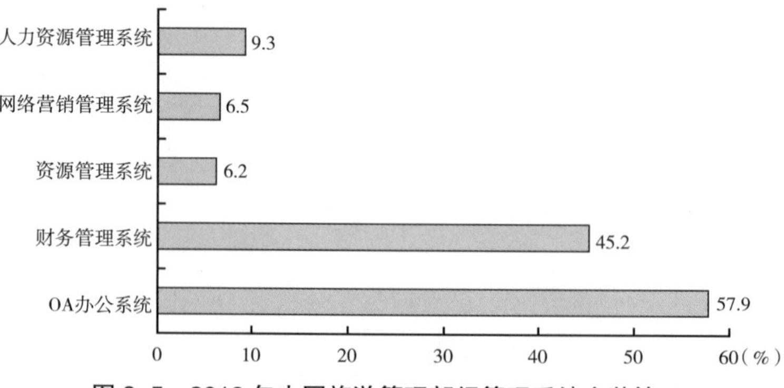

图 2-5　2012 年中国旅游管理部门管理系统安装情况

各地积极建设旅游电子政务网站。统计发现，72.2% 的管理部门已经设立了旅游电子政务网站，43% 的管理部门建立了旅游资讯网站，39% 的管理部门建立了导游统计上报系统。电子商务平台、旅游目的地营销平台、旅游安防监控系统、旅游团队管理系统、导游管理系统等平台属于按部就班地开展，手机导游导览系统刚刚起步，只有 2% 的部门建立了此类系统。

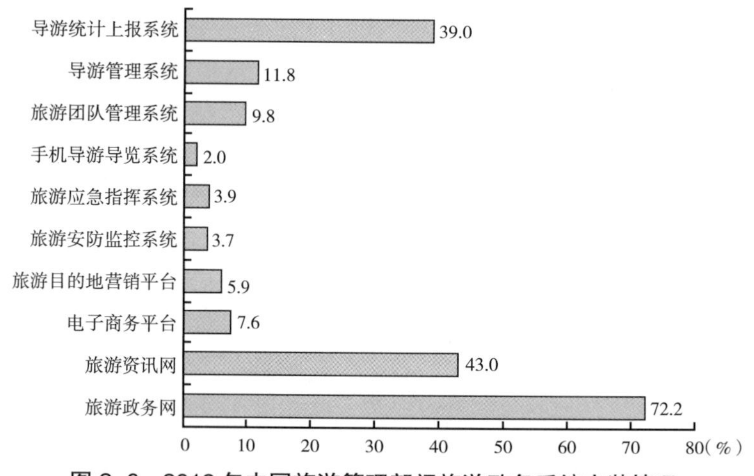

图 2-6　2012 年中国旅游管理部门旅游政务系统安装情况

在公共服务方面，提高了游客的满意度。上海、海南等地已全面推行电子合同或电子行程单，山西太原是国内首个推行电子合同的试点城市；智慧旅游全面启动，大大带动了旅游公共服务的提升，北京、天津、江苏、海南已经开始做智慧旅游的整体规划部署，试点项目正逐步推广；云南省以智慧旅游查询服务平台为切入口加强公共服务能力；安徽的“智慧黄山”成为国内首家智慧景区示范工程；四川相继建成“智慧九寨沟”和“青城山—都江堰景区数据处理和智能指挥”、“峨眉山智慧景区”三家示范景区。四川在全省推广智慧旅游查询服务终端，提高了公众信息服务能力。湖北推出智慧旅游“一卡玩遍、一机玩转、一键敲定、一厅全看”的“四个一”项目，大力提升了旅游公共服务水平。

在电子商务和旅游营销建设方面，各省旅游局已逐步展开。浙江省联合阿里巴巴开办通过社会资源联合区域旅游资源发展起有本地特色的电子商务模式；北京、天津和河北联合推出“京津冀旅游一卡通”，实现区域大旅游的协调发展；山东省信息中心成立了全省统一的营销中心，通过资源整合以及资金奖励引导，推动旅游收入的连续增长。

表 2–2　各省（自治区、直辖市）旅游信息化建设主要项目统计表

省 / 自治区 / 直辖市	信息化建设主要项目
北　京	北京智慧旅游整体方案（附录二 案例十） “北京旅游”资讯网（附录二 案例一） 首都旅游产业动态监测系统 北京旅游手机报
上　海	旅游信息公共服务体系建设方案（附录二 案例十一） 旅游一卡通 旅游动态监管系统 旅游电子合同
天　津	天津旅游云数据中心（附录二 案例八） 天津旅游网站集群 京津翼旅游一卡通 天津旅游智能终端软件 天津旅游官方微博 天津旅游行业管理系统 天津城市旅游地理信息系统 天津旅游目的地公共服务平台（附录二 案例十二）
山　东	《山东省旅游信息化示范企业建设规范》 《国家旅游局目的地信息系统信息描述标准》（该项目是山东为国家旅游局所作） 旅游企业综合排名系统（附录二 案例四） 山东省内旅游资讯网集群 旅游企业电子认证系统建设 山东全省旅游营销中心 山东旅游电子报 山东景区监控系统
河　南	河南旅游网站群 河南旅游影视中心 河南旅游十二星座旅游微电影 《关于加快推进河南省旅游信息化建设和发展的意见》 《河南省乡村旅游经营单位等级评定与管理规范》 高可信目的地数字旅游信息服务系统 旅游信息资源库 河南云计算公共信息服务平台（附录二 案例十三）

续表

省 / 自治区 / 直辖市	信息化建设主要项目
江　苏	《江苏省"十二五"智慧旅游发展规划》 江苏旅游三级电子政务平台建设项目 《江苏省智慧旅游企业技术标准》 12301 呼叫中心平台优化项目 江苏省导游人员在线培训考核平台 江苏乡村旅游网
浙　江	《浙江省旅游信息化"十二五"规划》 浙江旅游智慧门户（附录二 案例二十） 浙江旅游电子商务网 杭州无线旅游城市（附录二 案例十五） 温州网络旅游节 浙江旅游手机报 浙江省导游考试网上报名系统
湖　南	旅游诚信管理系统 惠民旅游卡 湖南旅游监管（一诚通）系统（附录二 案例二） 湖南旅游网站集群 旅游家庭宾馆评定系统
安　徽	安徽旅游资讯网 安徽旅游诚信网（附录二 案例五） 三维实景展示及虚拟体验 安徽旅游手机报 "智慧黄山"示范应用项目 安徽旅游一卡通 安徽省导游考试网上报名系统
广　东	《广东省旅行社信息化建设情况调查分析报告》 《广东省旅游网络媒体调查分析报告》 《广东省旅游信息化建设情况调研报告》 广东旅游公众服务网（优游旅行网） 旅讯通旅游移动手机应用 翼之旅电子护照自驾游
福　建	海峡旅游网上超市（附录二 案例二十一） 八闽智旅预付卡（附录二 案例二十六） 《福建省旅游信息化"十二五"规划》 福建智能旅游规划（顶层设计） 福建省智能旅游企业规范及评定细则 福建省 12301 旅游热线省内分布式服务平台 福建省旅游智能微博营销管理系统 福建省智能酒店多媒体服务平台

续表

省/自治区/直辖市	信息化建设主要项目
海　南	《海南国际旅游岛建设发展规划纲要（2010-2020）》 《海南国际旅游岛门户网站项目可行性研究报告》阳光海南网 海南 12301 旅游热线 海南旅游电子行程单管理系统（附录二 案例十四） 24 小时为游客提供 8 种语言即时语音同步翻译系统 海南旅游电子商务网
贵　州	《贵州省旅游信息化“十二五”规划》 旅游专项服务电子政务网骨干传输网建设方案 景区电子门票建设方案 银联卡景区旅游消费一卡通项目 黄果树智慧景区试点建设 智慧荔波景区建设 “醉美贵州”旅游电子指南手机应用 贵州旅游电子商务平台建设 旅游公益信息短信服务平台建设 导游考试模拟现场视频系统 贵州文化旅游规划和招商管理系统（附录二 案例三）
四　川	《四川省“十二五”旅游信息化发展纲要（2012-2015）》 《四川省旅游基本信息资源规范》（地方标准） 四川旅游网站集群（附录二 案例六） 四川旅游运行调度和安全应急管理联动指挥平台 基于北斗兼容系统的户外应急救援平台 全球旅游网络营运商合作交流会 《爱，在四川》系列微电影（附录二 案例十八） 四川旅游网络营销联盟 旅游移动终端客户端应用
云　南	旅游电子护照电子支付卡 《“十二五”云南旅游信息化发展规划》 云南智慧旅游查询服务平台建设方案 云南旅游新浪发布厅建设方案（附录二 案例十九）
广　西	广西旅游政务网和资讯网网站集群 广西旅游咨询服务中心体系 12301 广西旅游服务热线 广西旅游行业监督管理平台 广西数字旅游全景地图系统 《广西旅游信息化“十二五”发展规划》 广西旅游微博 广西无线数字导游项目 《柳州市智慧旅游城市发展规划》
山　西	太原市旅游电子合同管理系统 旅游企业服务质量监督报告报送系统 山西旅游体验网建设方案

续表

省 / 自治区 / 直辖市	信息化建设主要项目
重　庆	重庆旅游政务大厅建设方案 重庆旅游资讯网建设方案
河　北	河北旅游一卡通建设方案 河北旅游虚拟体验网 旅游项目库管理系统建设方案 河北乡村旅游管理系统建设方案
辽　宁	辽宁旅游电子政务大厅建设方案 辽宁旅游城市形象宣传片策划方案
吉　林	吉林滑雪网建设方案 吉林旅游资讯网建设方案 畅游吉林特惠卡建设方案
黑 龙 江	黑龙江旅游资讯网
湖　北	环丹江口智慧旅游区建设示范（附录二 案例二十二） 湖北旅游资讯网 湖北旅游电子商务网 湖北智慧旅游“四个一”（附录二 案例七） 湖北旅游数字体验厅 湖北旅游网（英文、日文） 武汉智慧旅游试点
江　西	智慧旅游网 红色旅游博览会
陕　西	乡村旅游信息化建设（附录二 案例十六） 陕西旅游官方微博 陕西旅游海外宣传 陕西旅游资讯网（含外文版）
西　藏	西藏自治区旅游局“十二五”规划信息化建设项目意见报告书 西藏旅游ＧＰＳ车载安防系统建设方案
青　海	青海旅游政务网 青海旅游资讯网
宁　夏	宁夏旅游“十二五”信息化规划
新　疆	新疆旅游“十二五”信息化规划
内 蒙 古	内蒙古旅游资讯网

第六节　旅游信息化管理部门在建设中的一些关键问题

在向管理部门征求意见时，发现现阶段人才是旅游信息管理上最核心的关键问题，尤其是旅游信息化建设和投入刚刚起步的管理部门对人才的渴望程度最高。在旅游信息化管理上，培养懂得信息化又熟悉旅游业的复合人才是旅游信息化建设的长期工作。

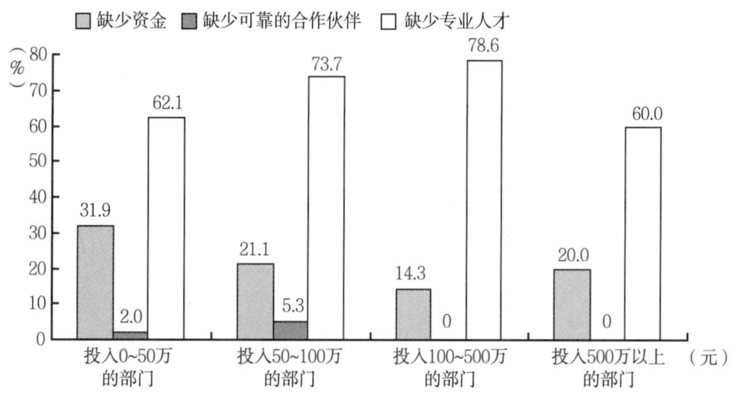

图 2-7　旅游管理部门在信息化建设方面碰到的难题

通过调研政府在旅游信息化建设中的作用，发现旅游管理部门普遍希望得到资金方面的支持，这一方面反映了旅游信息化需求和政府有限财力之间的矛盾，另一方面反映了政府对旅游信息化建设的重视程度依然不够。值得注意的是，存在对政府信息平台的应用度不高问题，特别是一些资金有保障的管理部门，这从侧面反映了旅游信息化管理部门在建设时存在一定的盲目性，缺乏与其他部门的融合，导致信息化系统实际作用不大，甚至出现投资浪费。

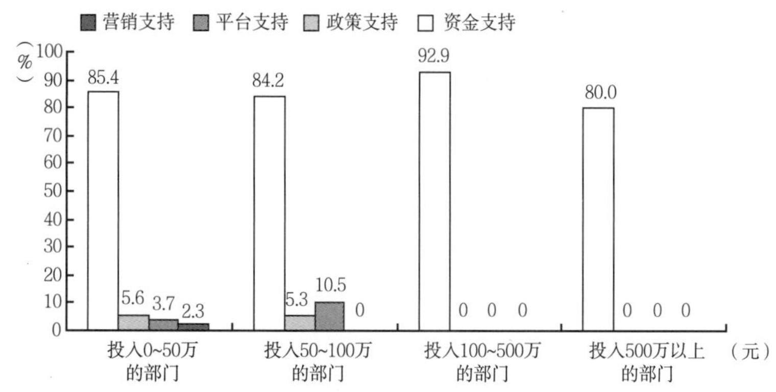

图 2-8　旅游管理部门期望政府在旅游信息化建设方面提供的指导与支持

通过对未来三年的信息化建设重点的调研，发现旅游信息化管理部门大多重视系统优化和基础网络的建设，对新系统的建设需求不高，这和政策环境所要求的旅游转型升级需求是不相符的。这一方面说明旅游信息化管理部门现阶段还处于弱势，缺钱缺人无法积极开展创新型工作；另一方面也表明管理部门本身缺乏主动的开拓意识，“等机会、靠政策、拿资金”的思想依然存在。此外，旅游信息化的资金来源还是要坚持“政府主导、企业参与、市场化运作”的基本方针，引导社会投资进入旅游信息化建设，实现体制创新。

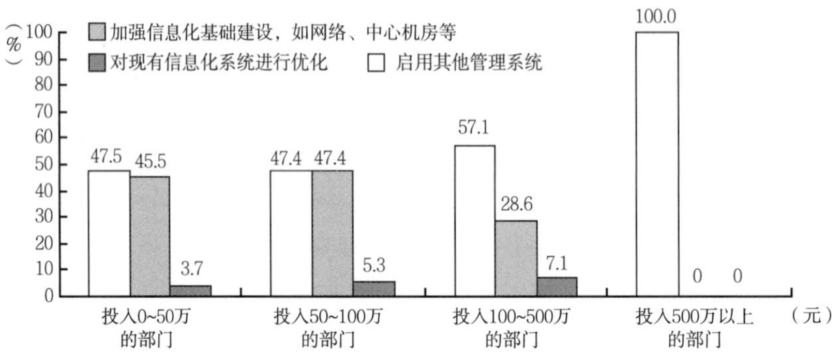

图 2-9　旅游管理部门未来三年的信息化建设重点

第三章　公众需求调研

第一节　调查公众的基本情况

编制本发展报告期间，在新浪、搜狐、和讯网展开网上调查活动，历时12天，收回问卷1045份，经过算法筛选剔除无效问卷后剩余有效问卷835份。同时在国内12个城市开展线下的随机抽样访谈，收回有效问卷503份，总共有效问卷数据为1338份，受访人群集中在一、二线城市，缺少三四线及乡村居民数据，所以此次公众问卷分析结果更多的是反映一、二线城市居民旅游行为情况。具体分析如下：

一、受访公众男女比例

此次访问主要通过网络和街访方式完成，接受访问的人群男女比例为41∶59。

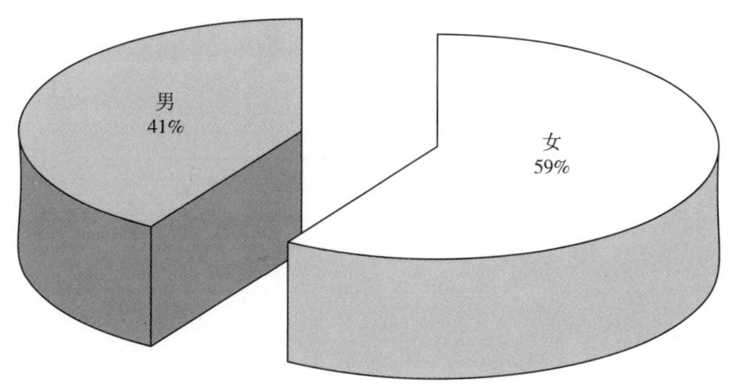

图3-1　受访公众男女比例

二、受访公众年龄分布

由于此次调研方式主要以网络为主，接受调研的人群年龄分布主要在20~40岁，占全部人数的97.79%，对于高龄及低龄公众的访谈深度不够，所以此次报告分析结果主要针对20~40岁人群。由于此年龄段的人群属于社会主力消费人群，所以调研结果虽然有偏差，但可以接受。

表 3-1　受访公众年龄分布

选　　项	小　计	比　　例
20岁以下	11	0.79%
20~30岁	744	55.59%
30~40岁	565	42.2%
50~60岁	17	1.26%
60岁以上	2	0.16%
本题有效填写人次	1338	

三、受访公众就业状态

此次调研采用网络和街访方式，街访地点多为都市商业中心，所以造成军人和无业人员的样本偏少，由于旅游消费属于普通大众型消费，部分样本的缺失并不影响整体报告的真实可靠性。

表 3-2　受访公众就业状态比例

选　　项	小　计	比　　例
学生	133	9.92%
单位 / 企业中高层管理人员	358	26.77%
普通职员	535	40%
公务员	88	6.61%
自由职业者	51	3.78%
中高级专业者（如律师、医生、教授、科学家）	124	9.29%
个体商户	39	2.83%
军人	2	0.16%
无业、待业、下岗、失业	8	0.63%
本题有效填写人次	1338	

第二节　公众旅游方式

一、公众出游次数

此次调研的大部分公众对旅游的定义属于狭义上的旅游概念，基本排除了因公务、探亲、医疗、宗教等原因而出游的次数，因而调研样本反映的出游数据肯定偏小，但准确地反映公众因观光、休闲等旅游需求而出游的情况。根据样本分析，84.88% 的人群一年出行 2 次及以上，反映出全民旅行时代已经来临，中国已经是世界旅游大国。

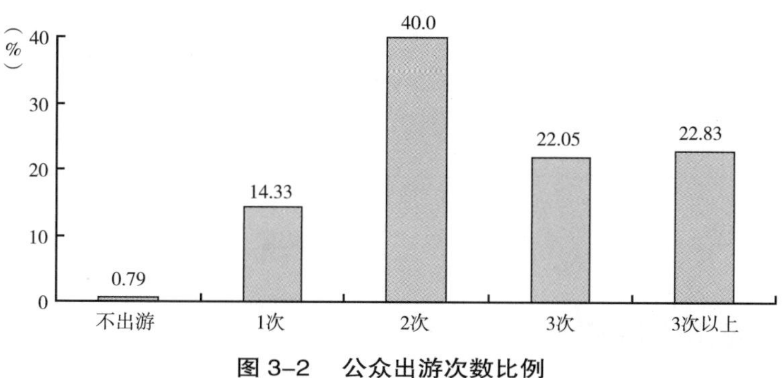

图 3–2　公众出游次数比例

二、公众出游方式

此次问卷显示：78.27% 的受访公众在一年中有观光旅游的行为；93.23% 的公众有休闲旅游行为，休闲旅游已经超过观光游的比例；探险和驴行等个性旅游的合计比例也达到 34.17%，接近观光游的 50%。以上数据说明公众旅游出行已经进入个性化时代，休闲度假是旅游的主要方式，探险、驴行等个性旅游方式上升速度非常快，未来也有取代观光游的可能。

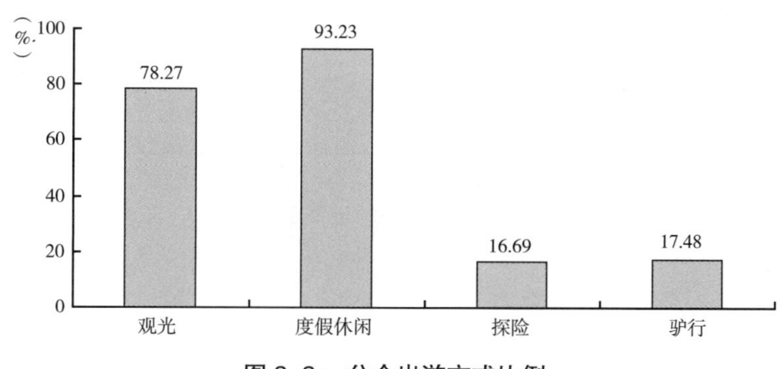

图 3–3　公众出游方式比例

三、公众出游渠道

专业旅游网站、旅行社和政府旅游资讯网是旅游者选择出游的核心渠道，从中也可以看出，选择旅行社出游的数据为 75.43%，与公众选择出游方式中的观光游比例 78.27% 高度吻合，可以判读为观光旅游的主渠道还是旅行社，但其他旅游方式出游时更多的是通过专业旅游网站或政府旅游资讯网站获取数据来安排出行。

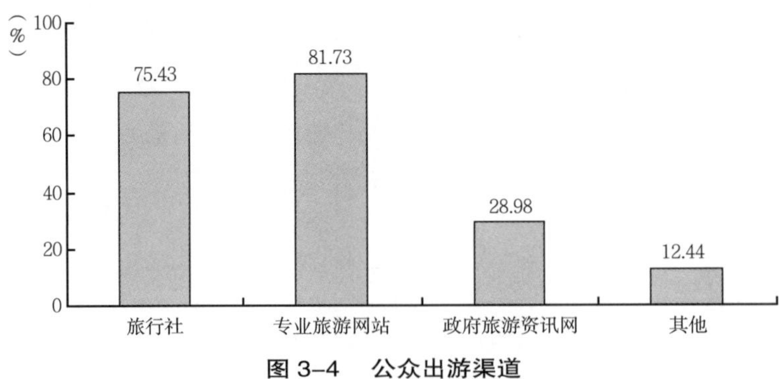

图 3-4 公众出游渠道

四、目的地资讯获取方式

旅游者了解目的地资讯的方式，以互联网和移动互联网为代表的网络媒体全面超越传统的报纸和电视，成为旅游者使用最多的媒体。同时可以看到，近 59% 的旅游者通过手机了解目的地资讯。随着智能手机和 3G 的进一步普及，未来移动互联网和互联网的比例将会趋同。

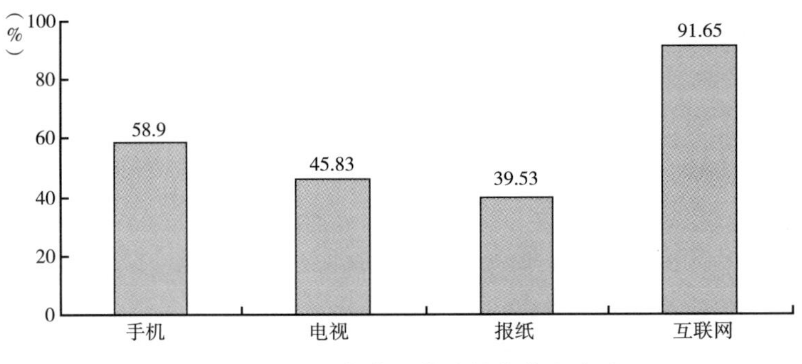

图 3-5 公众出游目的地信息获取方式

第三节 公众对旅游信息服务需求

一、目的地公共服务需求

旅游者对目的地公共服务需求主要集中在路标指引、集散中心咨询服务以及电子触摸屏方面，该数据受到受访公众样本影响，在一、二线城市电子触摸屏和旅游集散中心已经深入社区，为人们所熟悉，受到旅游者广泛欢迎。

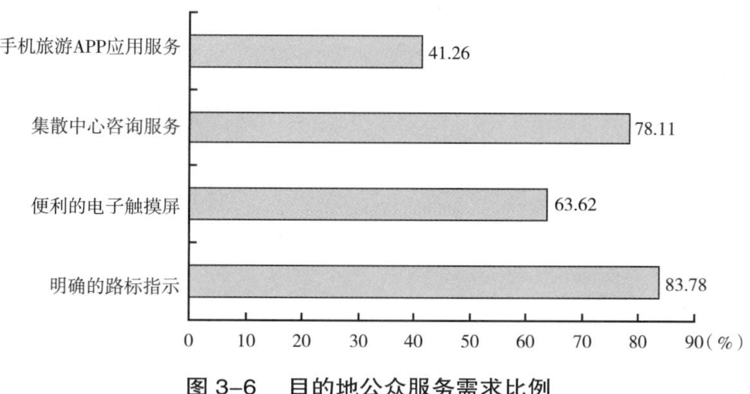

图 3–6　目的地公众服务需求比例

二、景区服务需求

旅游者在景区主要的服务要求是安全和便利，服务因素也占 50%，说明旅游者对景区的要求本身是全方位的，需要景区建设时考虑周全。

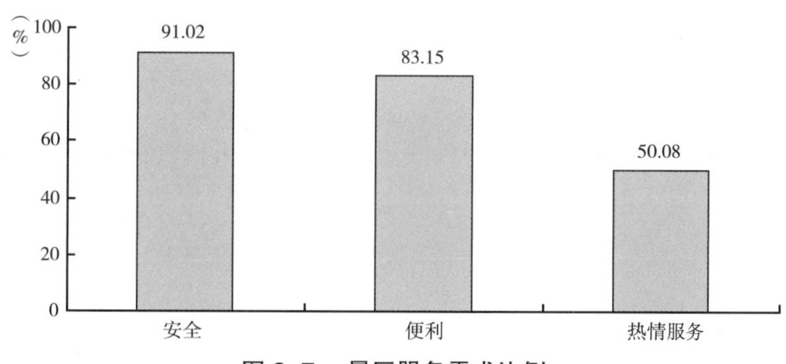

图 3–7　景区服务需求比例

从景区具体的服务内容看，也体现了上面的数据情况，安全应急服务是需求最高的服务，占比 79.21%；咨询 / 投诉服务其次，占比 70.55%；接下来是便民餐饮服务，占比 68.98%。从中可以看出，现在的旅游者在旅游保障方面的需求最为迫切；从另一个角度看，说明现在的旅游景点在此方面存在着不足。

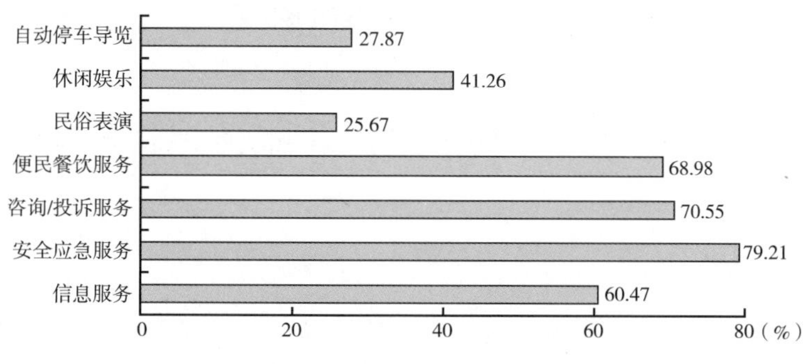

图 3–8　景区服务具体内容需求

三、酒店服务需求

从酒店服务需求可以看到，虽然此次采集问卷所反映的主要是狭义旅游方面，但受访旅游者对上网的需求也是第一位的，特别是现阶段智能手机几乎人手一部的情况下，旅游者普遍要求酒店能够提供上网服务，特别是无线免费网络服务。

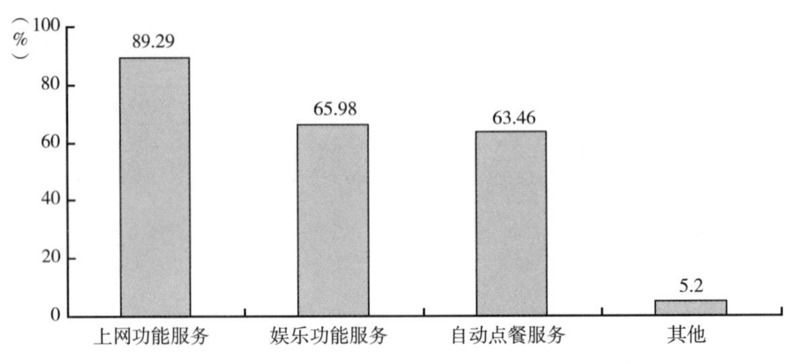

图 3-9　酒店服务需求比例

四、旅行社组团报名需求

旅游者在参团时，56.69% 的公众还是选择通过现场报名方式参团，网上报名和电话报名比例较小，尤其是电话报名的比例只有 8.19%。由此可以分析旅游者参团时，除了价格因素需要了解外，更多的是需要了解行程的细节要素，需要与旅行社进行细致的沟通。

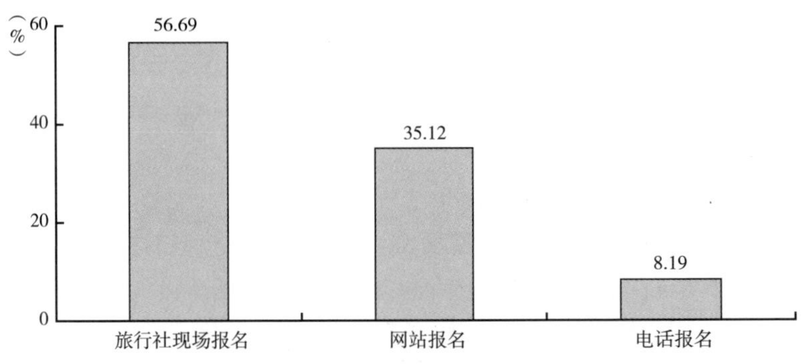

图 3-10　旅行社报名组团方式

第四节　公众对旅游投诉及服务评价的需求

一、投诉渠道

旅游者进行投诉的方式选择比较分散，第一位的是专业网站点评，这个主要和自助游点评习惯相关，占比 33.54%；12301 旅游服务热线是第二位的投诉方式，该结果与

12301 在北京、上海、广州等样本收回比较多的城市热线宣传到位有直接关系。值得注意的是微博投诉，微博本身与旅游交易行为无关，但调查结果显示通过该渠道投诉的比例比向政府网站投诉的比例还高，说明旅游者相信微博投诉的有效性。另外，要提醒旅游管理者和旅游企业，要防范微博投诉的破坏性，做好微博投诉的服务工作，避免处理不当，造成事件快速扩散。

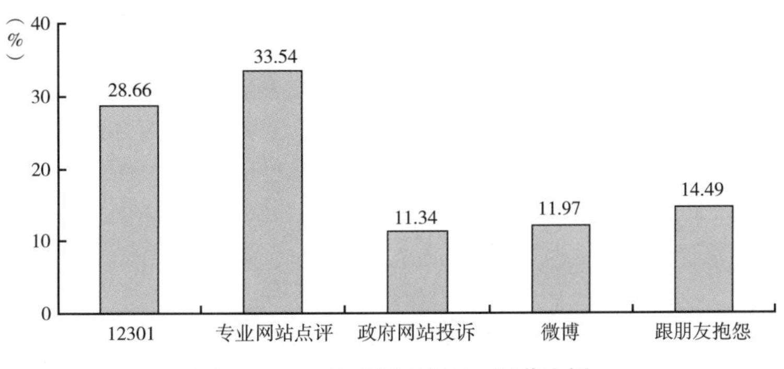

图 3–11　游客选择的投诉渠道比例

二、投诉方式

旅游者对投诉方式的要求基本没有倾向性，大部分都希望在投诉渠道、执法过程和反馈渠道上给予旅游者便利，提高旅游整体的服务水平。

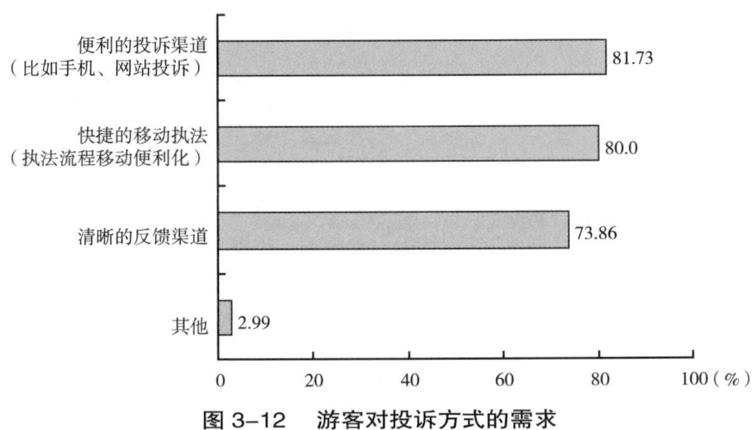

图 3–12　游客对投诉方式的需求

三、点评方式

此次样本反映出 90% 的旅游者都有点评旅行的习惯，而且点评的第一渠道是微博、QQ 空间及社区等社交媒体，说明旅游体验更多的是和亲朋好友分享，这对旅游营销有非常深刻的意义；而旅游专业网站、专业点评网站、向亲朋好友诉说三种方式比例差不多；在政府旅游网站点评的比例比较低，只有不到 20% 的旅游者选择此项。

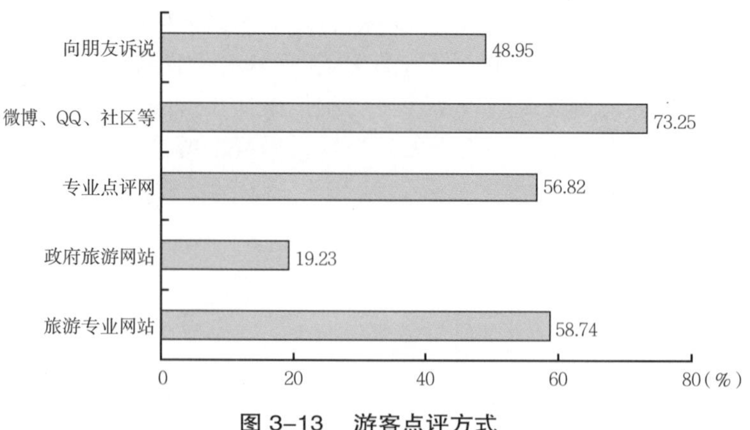

图 3-13　游客点评方式

第五节　综合分析

一、旅游产品亟须创新及开发

社会人口结构的变化、经济生活水平的提高以及旅游消费的日渐成熟，新型的旅游市场和更高品质的旅游消费呼唤升级的旅游产品及相关服务。旅游企业需要为老年市场设计越来越多并且符合其需求的个性化旅游产品。而成熟的旅游者将越来越需要高品质、全方位、一站式的服务。以自驾车游为例，旅游相关设施如物品供给、汽车旅馆等将会出现。随着经济和生活水平的提高，开发高端旅游产品将成为一大趋势，如拥有顶尖服务和设施的高尔夫、温泉、国际会展、邮轮等高端度假产品，为日益增多的自驾车出游者设计自驾车游线路。另外，像房车旅游、露营旅游等个性化旅游形式将成为旅游业态的发展趋势。而同时另一股消费理念，如低碳、环保、公益等也将逐步成为人们的消费时尚。

二、个性旅游成为发展趋势

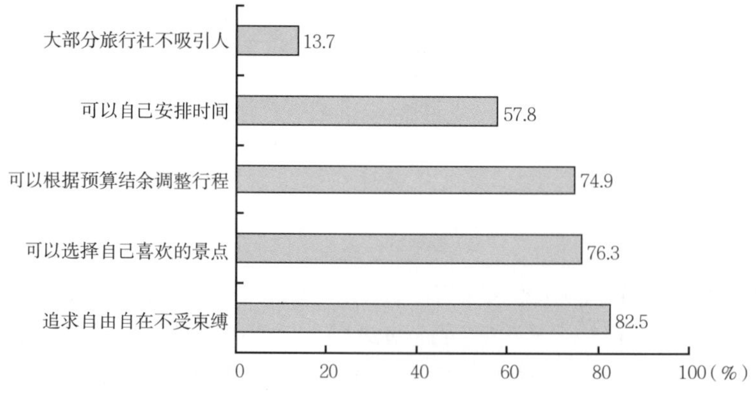

图 3-14　游客选择自助旅游的原因

调查选择自助旅游的原因中，追求自由自在不受束缚的占到了82.5%，可以自己选择喜欢的景点的占到了76.3%，可自己安排时间的占到了74.9%，可根据预算结余调整行程的占到了57.8%，大部分旅行社不吸引人的占到了13.7%。

个性化旅游为旅游服务市场带来了新的需求。旅游者在旅游前需要很好地了解旅游目的地的信息，包括旅游景点的情况、天气情况、人流量情况等，旅游者需要这些信息来决策。在旅游者到达目的地后，就更需要了解当地的各种信息，这也是旅行者对信息咨询服务需求最为迫切的部分。在一个陌生的城市里面，旅行者需要对食（特色菜品、消费价位、推荐指数、餐馆位置）、住（宾馆星级、价格、推荐指数、地理位置）、行（自驾行车线路、路况信息、租车）等大量的信息进行全面的了解。据调查统计，在旅行者最迫切需要咨询的信息中，景点信息、住宿信息、交通信息、购物信息所占的比例分别为85.0%、82.5%、78.5%、72.0%，说明这几类信息需求更为迫切。

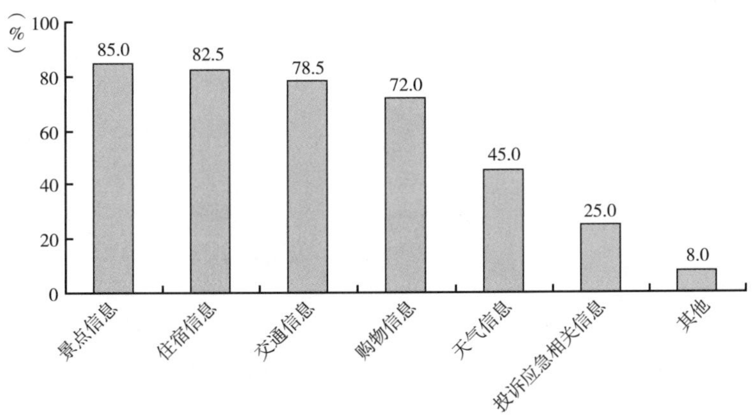

图3–15　游客最想了解的各类信息

游客多样化、全方位的信息咨询服务需求要求服务商拥有强大的资源整合能力，服务商通过把交通、住宿、餐饮、旅游等信息资源整合到一个平台上，使旅游者能够方便、快捷地获取所需的信息。

三、无线网络及配套服务需要普及

传统观念认为，只有商旅用户才迫切需要上网环境，但随着智能手机和平板电脑的快速普及，环境迅速在变化。此次问卷显示，非商旅旅游者对酒店上网的需求接近90%，说明此需求已经是一个普遍需求。

酒店和景区只有无线网络建设是不够的，酒店和景区相关的交通信息、房间预订、景点导游介绍、门票订购和客流量查询、旅游纪念品展示、休闲娱乐餐饮推介也是非常关键的服务，能够提升游客旅行体验，建立旅游品牌口碑。

四、旅游投诉渠道亟须加强

通过对旅游投诉情况分析可以看出，国内旅游者遇到不满意服务更多的是向朋友诉说和在网络上反映问题。随着新媒体的兴起，游客通过网络投诉和反映问题的情况不断增加，例如 2012 年国庆节发生的游客捅伤事件在新浪微博迅速上升到热门事件第一位。据统计，涉及该事件的相关文章为 2975 篇，其中论坛文章 1369 篇，新闻 684 篇，博客 463 篇，微博 459 篇，总阅读数超过 19.6 万余次，回复数达到 7786 次。报道此事件的多为排行全国前 10 名的新闻网站，如网易、新浪、人民网、新华网、搜狐网、中国网等。此事关乎普通游客的安全和利益，在全国范围内有一定的影响，而且覆盖面十分广泛。

我们就此次事件的一条微博通过专业的微博分析工具做了简单分析：

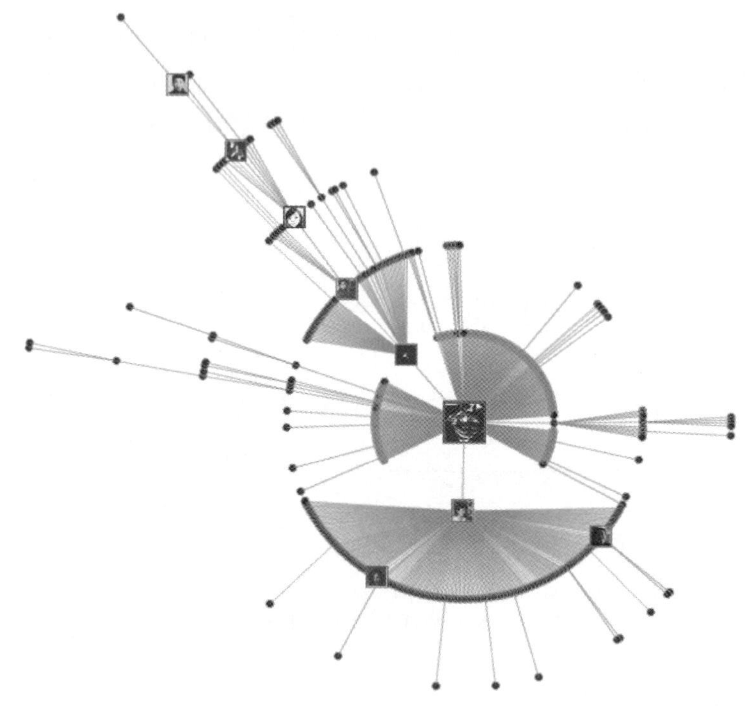

图 3–16　微博发表后，消息迅速获得转发

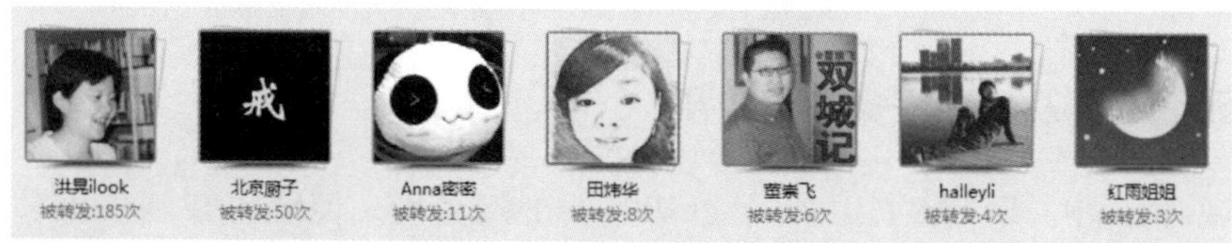

图 3–17　意见领袖带头转发

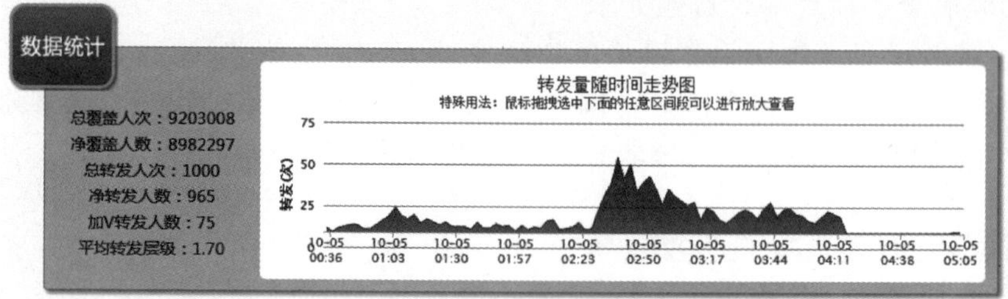

图 3–18　单条微博在 24 小时内传播，受众超过 920 万人

通过上述事例我们得知，在自媒体时代只有畅通投诉渠道以及迅速落实游客投诉才是解决问题的关键：

第一，统一投诉处理平台，将 12301、网站以及微博的投诉集中处理，专人负责，快速反应；

第二，加强 12301 服务热线的宣传，让旅游者第一时间能够通过该渠道反映问题；

第三，在旅游政务网和资讯网建立明显的投诉渠道，及时受理投诉信息，将投诉信息第一时间转交给服务人员处理；

第四，建立新媒体的主动舆情监控机制，主动针对服务问题提出解决方法，及时准确处理投诉；

第五，在网络时代和新媒体背景下，旅游投诉处理的思路和方法要跟进，处理手段要不断更新。

第二部分

旅游信息化重点领域发展分析

第四章　旅游电子政务

旅游电子政务是衡量旅游管理水平和效率的重要标志，是实现旅游业跨越式发展的助推器，是提高旅游业竞争实力的有效途径。新世纪以来，中国电子政务建设进入加速发展时期，其现状呈现出以下几个方面的特点。

第一节　旅游电子政务大幅提高旅游管理效率

在国家政策引导和中央政府大力发展电子政务示范项目的带动下，地方政府围绕行政管理体制改革，以行政审批和行政监察业务为主线，建设了一大批业务信息系统。2006 年，国家信息化领导小组发布了《国家电子政务总体框架》，提出到 2010 年“50% 以上的行政许可项目能够实现在线处理”的发展目标，各省市积极落实中央的统一部署，大力推进行政许可事项相关业务信息系统建设，到 2012 年很多省市这个指标已经超过 50%，北京、上海、江苏、浙江、山东、广东等省市已经达到 80% 以上。通过这些业务信息系统的建设，政府行政行为更加规范、透明，行政效率大幅度提高。

电子政务网络是三网建设的根本和信息化的基础内容，自“金旅工程”实施以来，配合旅游信息数据库的建设，旅游部门的电子政务开展逐渐步入正轨；尽管旅游电子政务的普及和创新力度仍待继续加强，尤其是信息公开和公民参与的环节还有待继续深化，但各地旅游电子政务已经一定程度上实现了半自动化，形成了部门内部、政府部门之间、政府与企业之间办公、行政、监管的信息化提升。

首先，在内部办公自动化方面，办公自动化系统初步建立并进入运营，从粗放型管理到以流程再造为标志的程序化管理，基本实现了信息发布、公文处理、任务安排等功能，提高了公文流转的时效性、保密性，大大降低了机关公文处理的行政成本，从而为实现机关无纸化办公提供了保障。

其次，在旅游业管理自动化方面，管理应用系统不断丰富和发展。各级部门已建成网上审批系统、饭店管理系统、旅行社管理系统、出境游管理系统、综合信息服务系统和综合统计系统等多个业务管理系统，上级旅游管理部门配合各下级部门形成了所辖范围的行业管理数据体系，基本覆盖了行业管理层面，为宏观决策提供了较客观的数据基础。

最后，在部门间协作自动化方面，借助政府信息资源平台进行文件交换和业务处理，保证政府部门之间的内外联动和通道畅通，部门之间有序配合、合理调配公共资源，大大提升了政府的办公效率。

湖南省在 2012 年推出旅游监管系统，以旅游行政主管部门、旅游企业、旅游区、旅游从业者、旅游消费者为服务对象，搭建统一的旅游监管平台。该系统将旅行社、导游、星级酒店等的详细信息形成数据库，有效地防止了不具备经营资格的单位或个人私自经营旅游业务。系统具有旅游行业行政审批及政务公开、旅游市场及旅游质量监管、旅游结算、旅游统计分析、旅游企业及从业人员自律等功能，能够规范旅游市场秩序，有效地为旅游业发展提供服务。

第二节　旅游电子政务的公共服务能力显著增强

各级政府都在不同程度上加大了网站建设力度，政府网站普及率普遍提升。根据工业和信息化部公布的数据，到 2008 年，中央、省和地市级政府网站的普及率已分别达到 96.1%、100% 和 99.1%。在政府网站普及率提升的同时，各级各类政府网站普遍具备了信息公开、网上办事、政民互动三大服务功能，政府网站的服务框架已经形成。根据国脉互联、中国电子信息产业发展研究院近年对政府网站的统计调查，各级政府网站提供网上服务的数量、质量和公众满意度都有不同程度的提高。

政府电子政务的发展对旅游电子政务发展有很好的引领作用。此次调研数据显示，72.2% 的旅游管理部门已经开设了电子政务网站，省级和地市级管理部门已经普及，县级旅游管理部门也开始建设自己的旅游电子政务网站，建设方式往往采用政务网和资讯网二网合一方式，尽量节省成本。更可喜的是，部分地区例如陕西已经建立起乡村旅游政务网站，集中推送乡村旅游政务建设情况。

第三节　旅游电子政务向集约化和统筹化发展

这几年随着全国旅游电子政务应用热潮的升温，各省市都先后开发了一些电子政务管理模块。但是各省市的早期应用都不可避免地出现为了应用而开发的现象，缺乏足够的规划。各个系统模块只能处理各自内部事务，之间没有信息交流，不能形成合力。

系统整合、信息共享的具体思路是首先将各子系统中常用的公共数据库整合为专用的基础数据库，并在划分各个子系统的时候就设立访问其专用数据的接口，这样其他子系统访问该子系统时只能通过接口访问所需数据，而不是直接访问，这在保证系统安全、系统扩展等方面都是必需的。

北京市是这方面的典范。2012 年发布的首都旅游产业运行监测平台通过整合北京市交通、气象、移动通信公司等流量数据以及景区饭店已有视频图像资源，建立起旅游产业监测及预警系统，实现了旅游产业运行状态监测，景区人流量、景区周边道路、恶劣天气的实时发布和预警。在黄金周期间，实时呈现假日统计数据。同时，对重点景区和人员密集场所的人流量进行监测，实时发布北京重点景区游览舒适度指数，并根据市交通委和市气象局实时数据，向游客及旅游单位发布景区周边路况和气象服务信息。

第四节　旅游电子政务发展参差不齐

中国旅游电子政务的发展，是在中央政府的“推动”和需求的“拉动”下从一些旅游业务管理开始。目前，全国旅游电子政务发展呈现不均衡的现象，具体表现为东部沿海地区、大城市发展较快，中西部发展相对迟缓。

江苏是发展较快的省份，其旅游电子政务发展环境、建设管理水平都得到了进一步优化。省旅游信息中心自主开发建设并运行了旅游行业信息数据中心和假日旅游预报系统、导游网络管理系统、导游等级考试管理、旅游统计系统、出境游管理系统、人力资源调查、在线办公、网上课堂、旅游投诉系统等一批电子政务管理系统，与江苏电信合作开展局机关办公综合虚拟网及短信平台建设，强化了全省旅游行业管理手段，促进了旅游管理部门服务水平的提升，也为宏观决策提供了客观的数据基础。江苏省和辖内各市旅游局的政府网上透明权力阳光系统已经投入运行。各市的旅游政务门户网站已经全部构建完成，全省约有半数以上的县、县级市和区旅游管理部门也建设了独立的旅游政务门户网站，不少市同时实现了政务网和资讯网的双网运营。此外，省市两级旅游管理部门还建成了一批多语种、分类别网站，各地旅游门户网站在系统架构、设计水平以及网络宣传等方面都有了新的进步，在扩大旅游形象宣传和推广，提升江苏旅游知名度等方面发挥了重要作用。

其中，江苏省网上透明权力阳光系统的建设和运行，对于旅游管理部门工作机制的改革以及工作效率的提高起到了较好的推动作用。目前，全省旅游电子政务工作正逐步从电子政务管理项目建设过渡到搭建空间更大、范围更广的多方位政务信息管理与服务平台上来，形成政务信息采集、整理、发布和有效利用的信息服务机制，确保全省旅游电子政务信息渠道的畅通。南京在原有旅游与园林两局整合的过程中，发挥政府旅游门户网站优势，为区县和企业搭建网络信息发布和宣传平台，在两网整合过程中，及时添加局直属单位的信息发布功能，实现了机关、区县、企业的网络互动，使局域网的政务信息范围更广、层次更深，同时拓展和完善了短信平台的功能。

第五节　旅游电子政务呈现多样性特点

由于中国正处在市场经济体制的建立过程中，政府对旅游企业的管理方式正在进行改变。这些客观环境的变化，必然造成对政府政务活动的影响，因此旅游电子政务的发展势必要满足或保障这些目标的实施。实际上，旅游电子政务的发展目标不仅仅是提高效率和树立形象的问题，其更深层次的问题是如何进一步促进政务活动的改革。

第五章　旅游公共信息服务

各级政府积极贯彻落实科学发展观，对旅游公共信息服务的重视程度逐步提高，旅游公共信息服务投入稳步加大，旅游公共信息服务功能逐渐完善，旅游公共信息服务体系建设取得了积极进展。

第一节　旅游公共信息服务体系逐步形成

各地旅游资讯网站普遍建立，12301 旅游服务热线逐步开通，旅游咨询热线在主要旅游城市普遍设立，旅游咨询中心在优秀旅游城市基本建立。截至 2012 年，全国共建成旅游咨询中心及站点 1800 多个（不含景区内的游客中心）。以游览咨询信息、旅游市场信息、境内外旅游目的地安全风险提示信息、旅游服务质量信息等为主的旅游公共信息内容不断充实，信息发布渠道逐步拓宽。2010 年 3 月，湖南 12301 旅游服务热线正式开通，通过多渠道的宣传推广，热线电话呼入量呈现稳步增长的趋势，呼话总量自开通来已经突破 6 万人次。

北京的旅游共同体系建设非常完善，提出了八大体系的建设思路。北京市旅游环境与公共服务建设的八大体系包括：旅游公共信息服务体系，旅游安全保障体系，旅游交通便捷服务体系，旅游惠民便民志愿者服务体系，旅游知识普及与旅游责任教育体系，旅游环境保护和旅游好客环境体系，旅游环境与公共服务的监管与评价指数体系，旅游环境与公共服务建设规范及标准体系。2012 年，北京旅游业的一项重要工作是旅游环境与公共服务。近年来，北京市一直在持续加大旅游公共服务设施的建设，也取得了很多成就，累计投入的配套资金有 2 亿元，带动投资 36.98 亿元，对于改善景区及区县环境起到很好的作用。

各地旅游安全保障法规、标准不断完善，预案体系初步形成。旅游安全保障的体制机制逐步完善，旅游安全生产及应急管理队伍建设越来越得到重视，旅游安全投入逐步加大，旅游安全设施设备逐步完备，部门协作、上下联动、区域协作、境内外合作的旅游安全保障工作格局逐步形成，安全培训教育制度基本建立，旅游保险功能逐步发挥。旅游业应急处置能力不断提升。近几年，旅游全行业有效应对了 2008 年年初雨雪冰冻灾害、“5·12 汶川大地震”、2008 年年末游客滞留泰国事件、甲型 H1N1 流感疫情、冰岛火山灰等突发事件。

旅游交通更加便捷，旅游景区的可进入性逐渐好转，旅游交通引导标识不断完善，自驾车旅游停车场地建设力度不断加大；东部发达地区的旅游集散系统初步形成。截至2012年，全国共有各类旅游集散中心400余个。

各省市相继推出旅游公益惠民便民产品和政策，改善休憩环境，不断提高居民休闲和生活品质。截至“十一五”期末，共开放各类免费公园、博物馆、科普场所等4000余个；部分城市发放旅游消费券、推出旅游年票，推动旅游景区等旅游资源为老年人、学生、残障人士等特殊人群提供优惠政策；建设公共游憩区、特色街区、游览观光步道等公共景观和游览设施；推动完善方便游客的通信、邮政、金融、医疗、无障碍等设施；推动旅游城镇的绿色环保发展。

各省市发行的不同题材的旅游优惠卡及银行卡，如国家旅游局联合中国农业银行发行的金穗中国旅游卡、山东省旅游局发行的好客山东旅游卡、湖南省发行的惠民旅游卡等，以低价位、高品质来吸引广大旅游消费者。2010年，第一期发行的惠民旅游卡（景区版）定价只有79元，而持卡消费者可以享受到在湖南省内100个景点免费游和58个景区优惠游的待遇，使用价值超过1万元。优惠力度大大增强了游客的购买积极性，旅游卡一上市就受到广大游客的欢迎。截至2012年12月，惠民旅游卡发行数量已经突破30万张（包含景区版、综合版和促销版）。山东省发行的好客山东旅游卡，在会员酒店、景区、餐饮、购物、娱乐等场所消费可享受3~9折优惠。在给民众带来优惠便利的同时，也有效地拉动了旅游消费。

第二节　旅游管理部门的服务功能得到加强

规范旅游市场秩序，推进行业精神文明建设，倡导诚信经营，推行“示范合同”，强化旅游投诉受理和旅游纠纷调解职能，投诉圆满解决率超过90%；通过创建中国优秀旅游城市、最佳旅游城市和A级旅游景区及星级饭店评定等活动和工作，大力推进了旅游标准化工作，旅游环境得到进一步优化，游客权益得到进一步保护，游客满意度逐渐成为评价旅游企业和旅游目的地的重要标准；开通假日旅游服务热线；推动出境旅游目的地的开通。截至目前，出境旅游目的地国家和地区已达140个；积极倡导文明旅游、绿色旅游、理性消费。

但是，中国旅游公共服务的发展与日益增长的旅游公共需求相比，不仅存在着认识不清、经验不足以及总量不足、质量不高、结构失衡等问题，还存在着供给主体、运行机制、保障机制等体制机制的症结，具体表现为：一是旅游公共服务可持续发展的财政支持和多元化参与体制还没有完全建立；二是旅游公共服务供给中规范合理的分工和问责制还没有形成；三是旅游公共服务有效的绩效评估机制尚未形成；四是旅游公共服务的相关规制和标准尚未健全；五是政府在旅游公共服务领域中还存在缺位、错位的现象。

第三节　目的地信息系统建设普遍开展

旅游目的地作为旅游信息最基本的综合体，必须要拥有一个功能强大的信息系统，以便为各行业、部门及游客提供及时准确的旅游信息服务。20 世纪 80 年代以来，世界各国的旅游目的地管理机构，陆续开始尝试利用信息技术手段，统筹和规范旅游目的地旅游信息的收集、汇总处理和有序发布。把建立、完善旅游信息服务体系，看作旅游目的地基础设施建设的重要内容，已成为一种世界性的潮流与趋势。

2012 年，国家旅游局信息中心对全国 31 个省（自治区、直辖市）进行了抽样普查。共有 3155 家单位接受了调查，包括地方旅游行政管理机构 486 家，旅游集团 33 家，旅行社 940 家，饭店 899 家，景区 797 家。调查中发现，旅游目的地信息化建设中，经济发达地区与中西部不均衡现象非常明显，旅游景区普遍处于信息化应用和管理营销脱节的状态。目前，旅游目的地信息化建设比较成功的地区主要集中在旅游经济比较发达地区，例如北京、天津、上海、山东、江苏和浙江，主要特征如下。

一、依托电子商务平台，强化目的地信息系统化

电子商务平台的飞速发展是旅游目的地信息系统建设的一大行业机遇，依托电子商务平台，强化旅游目的地信息系统化，可以快速有效地把目的地信息系统建立完善。浙江省杭州市电子商务发展因其起步早、发展快、领域广、聚集度高、经济效益好，被中国电子商务协会于 2008 年 5 月授予“中国电子商务之都”的称号，成为全国唯一一个拥有此称号的城市。依托其作为国家“九五”电子商务应用试点城市和“十五”国家电子商务应用示范城市的优势，旅游目的地信息化建设也走在全国的前列。先后完成了基于城市信息化和旅游电子商务为主要内容的城市流通领域试点工程，其中包括西湖博览会网站（中、英文版）的开通和使用、“点点通”智能多媒体网络终端的设计和应用、安全支付体系的研究及“一卡通”的实践、杭州旅游服务中心的建设、电子商务法规管理办法的研究、城市电子商务基本模式研究等内容。建立的面向食品饮料行业的 B2B 电子商务与现代物流应用示范工程通过了国家验收。杭州国家电子商务试点和示范工程的建设，为其旅游目的地信息化建设创造了条件，在取得明显的经济效益与社会效益的同时，具有良好的应用示范作用。

地方旅游管理部门，针对地区特色旅游产品，深入开发了一些具有特色的目的地旅游电子商务产品，吉林省旅游局结合吉林滑雪网的建设，携手吉林省景区、滑雪场、温泉等优质旅游企业面向广大旅游者推出了一张具有特惠服务的会员卡——“4S 畅游吉林特惠卡”。并通过合作旅游企业、滑雪俱乐部及吉林旅游网、吉林滑雪网策划的各类活动派发。该卡结合“精彩吉林”品牌形象，整合吉林省旅游资源，融会员折扣优惠服务功能于一体。

二、通过信息技术对接，促使目的地营销网络化

广东省在这方面有一定的经验。广东目的地营销系统平台以“活力广东”为标志，非常注重网络信息及时更新，对旅游局的活动信息、新闻等要求实施网络发布，并对基于旅游目的地营销系统承建的“活力广东”2004旅游网上博览会进行了实时直播报道。“活力广东”旅游信息化的另一大特色是区域互动，与粤港澳、“珠三角”、9+2地区进行了多方合作，在旅游安全、诚信、旅游电子商务等几个层面上重点研发，对消除信息孤岛，达成信息共享做出了积极的尝试。

同时，广东佛山南海市作为中国的第一个目的地营销系统建设城市，所建立的目的地营销系统将信息化技术的“应用性”作为重点考虑的问题，可充分支持南海旅游局的目的地营销任务。首先，它可强有力地支持网络营销。如作为南海目的地营销系统组成部分的南海旅游网，可自我管理网站，收集、编辑发布信息，生成南海电子地图，接受和处理网上投诉等，该网同时可将南海旅游企业纳入网络化营销中，企业可在该网上建立自己的企业级旅游营销系统，发布、编辑、更新企业信息，进行网上交易。其次，可支持传统的营销手段：电子触摸屏、游客信息中心、电话中心以及出版物的制作等，这是和中国现有的所有旅游网站不同的地方，可大大提高营销效率。城市宣传册的制作周期可从过去的1~2个月缩短为1~2周。同时，网络传播没有地域限制，南海作为一个非主要的旅游城市，在不明显提高营销费用的前提下，第一次有机会将其营销范围从“珠三角”地区扩展到全国，乃至全世界。

《映画·山西》全数字高清实时网络观景平台是为山西省旅游业打造的一个创新信息服务综合性平台，它将是国内第一套以全数字高清实时网络观景为核心的省级全数字高清实时网络观景平台。该平台利用目前世界上最先进的数字高清智能网络摄像机，提供分辨率高达300万像素的数字高清实时视频。通过租用运营商光纤、3G无线技术将景区视频、图像传输到旅游信息中心的存储、处理系统。旅游信息中心配置各类应用服务器、用户数据库服务器、资源索引数据库服务器、多媒体数据库服务器、存储设备、

图5-1《映画·山西》在解州关帝庙紧张拍摄中

编辑设备，并通过网络实时观景管理系统及网络展示系统实现《映画·山西》旅游实时高清互联网观景全部功能。忠实记录景区一年四季、日月星辰的景色变幻，使之成为可以随时随地通过互联网实时观看的、永不落幕的山西旅游网上交易博览会。

三、借助信息网络平台，推进目的地旅游信息化

海南作为全国旅游大省，在打造“国际旅游岛”的背景下，以“深化‘区域旅游电子商务应用服务平台’应用、全面推进旅游行业电子商务应用、用信息技术打造海南旅游精品”为指导思想，旅游目的地信息化建设步伐不断加快。2006 年 5 月 16 日推出了 114 号码百事通业务，实现了“足不出户，一个电话就办完一件事”的梦想。2006 年 11 月，开通了为海南省旅游局进行旅游服务质量监督的旅游百事通专线，为净化海南旅游环境，提供旅游优质服务创造了条件。2008 年，海南省启动“海南旅游景点电子门票系统”项目，推出“天涯印象”和“三亚印象”两个自由人产品，游客在套票包含的景区和项目上就可以直接刷卡消费。目前，海南省的地图由纸质化向电子化、信息化转变，第一批电子化地图已经做出，人们只要通过网络就能详细了解到地图信息。在三亚，全球眼已广泛用在城市交通、治安监控上，给中外游客增加了安全感。下一步，全球眼将走进三亚的重点景区，便于旅游管理部门进行网上宣传、管理、监督、取证、救援等工作，同时使旅客享受到虚拟游览以及其他信息服务。2009 年 6 月 8 日，海南自助旅游网等 10 家强势旅游网站正式联盟，并发布《联盟宣言》。联盟的诞生，为建设海南国际旅游岛宏图大业，担当起了独特的角色和肩负重要的使命。建设国际旅游岛，做好公共服务基础设施是基本保障。海南旅游公共服务平台开发包括：第一，旅游管理综合数据库；第二，旅游信息化共享平台 TGIS；第三，空间数据输入与转换子系统；第四，属性数据输入；第五，图形及属性编辑子系统；第六，空间数据库管理子系统；第七，空间查询与空间分析子系统；第八，制图与输出子系统等部分。

天津旅游资讯网为突出“渤海明珠、魅力天津”的旅游品牌形象，网站栏目设置有针对性、科学性的查询方式，使信息的搜索更为智能、清晰。该网站全面实现了基于旅游六要素的目的地信息管理系统、旅游诚信评价、旅游企业信息管理、旅游问答、旅游社区、网站信息检索、旅游图片管理、旅游视频、旅游电子地图、旅游电子杂志、即时交流、广告管理等功能，形成了集形象宣传、信息提供、商务交互、互联营销、对内行业管理、对外营销宣传的旅游综合服务网站。天津着力推进天津旅游卡、京津冀旅游卡和国家旅游局中国旅游卡各项工作的协调与推动。积极打造和建立集食、住、行、游、购、娱等于一体的旅游一卡通综合服务平台。充分整合天津旅游资源，完善旅游业链条，做大做强旅游业的载体，不断满足人民群众多层次的旅游消费需求，截至目前，天津旅游一卡通项目运行顺利，社会反响良好。

湖北省推出“‘灵秀湖北’掌上游”手机 APP，通过建设 EQ 软件系统，开发安卓和 IOS 客户端下载软件，方便游客通过手机进行信息查询和预订。目前，集导游、社交、娱乐于一体的“灵秀湖北掌上游”手机客户端已上线，通过这一旅游信息化平台，全国乃至全球手机用户都将能轻松将灵秀湖北旅游资讯下载安装到手机内，随时随地欣赏荆楚风光精美图片，获取湖北旅游食、住、行、玩等各类实用信息。

图 5–2　灵秀湖北掌上游

四、通过政府大力推动，普及目的地信息系统

目的地机构的信息化水平已被国家旅游局列入“中国最佳旅游城市”的评比标准中。中国旅游目的地营销系统按国家—省—市—旅游景区 / 企业的多层结构设计，各个层次的旅游目的地信息有序组织，并逐级向上汇总。在完善建设国家级主站的同时，以省、市层次为建设重点，主要建设内容包括目的地网络形象设计、目的地旅游网建设、

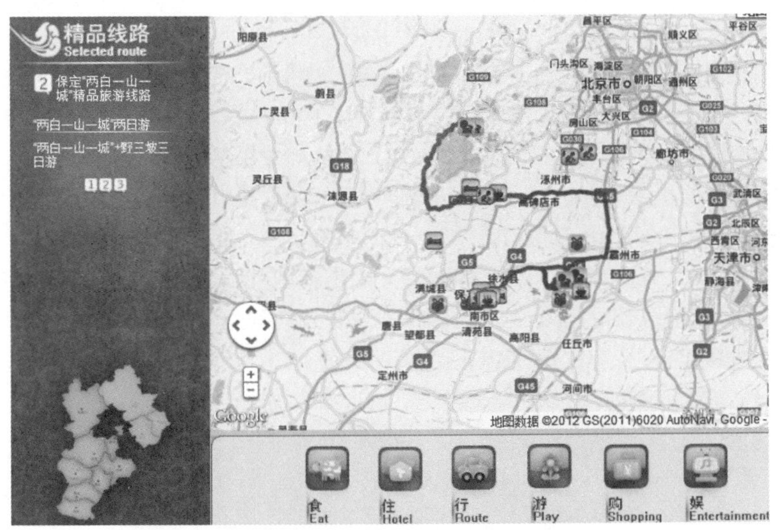

图 5–3　河北旅游虚拟体验网的旅游线路体验页面

目的地信息系统、旅游电子地图系统、旅游企业黄页系统、旅游行程规划系统、旅游营销系统、电子邮件营销系统、三维实景等系统，通过这些功能的有效组合形成旅游目的地网上宣传平台。除此之外，目的地营销系统还可以支持目的地管理功能，例如项目活动管理、调研、设计和分析、业绩监督和评估、企业新闻、公关、新闻发布、年度报告等。广东省南海市、港澳地区、大连市、三亚市等试点城市的“旅游目的地营销系统”已陆续整合开通，河北省建立了采用“三维虚拟成像技术”实现游客在网上身临其境虚拟游览景区的平台系统，同时是集景区信息展示、导航、导购、景区监控于一体的旅游信息发布平台。在此基础上，本着全国统筹、突出重点、多方扶持、以点带面的原则，国家旅游局逐步推进 138 个优秀旅游城市的系统建设，并逐步辐射到其他城市。

旅游目的地信息化建设中，政府的眼光是比较长远的，其主导地位也是比较突出的，一定程度上也可以弥补旅游业产业属性的不足造成的目的地建设相对滞后的问题。

五、加强目的地网站建设，提高运营能力

目的地网站是旅游目的地信息系统的核心组成部分，现有的目的地网站整体运营情况不容乐观，主要表现在宣传少、流量低、电子商务成交率低，具体情况如下：

网站开发：全国各级目的地网站中，几乎全部都是外包到各类网络技术服务公司进行制作开发。

网站功能开发应用：大部分的目的地网站功能较为单一，flash 网页比重大，以目的地（景区）介绍、产品信息等为主要内容。90% 以上的网站以提供旅游资讯为主要功能应用，只有 10% 的网站拥有在线旅游交易功能。

网站流量分析：结合 Alexa 世界排名的调查来间接评估目的地网站访问量以及 Google 搜索引擎的重要性评估（PageRank 值）判断网站的搜索引擎友好度和网站整体性能指标来分析发现，80% 的目的地网站的 Alexa 世界排名在 100 万名以外。具体原因如下：

一是网站推广力度不够。通过百度和 Google 搜索得知几乎所有目的地网站都没有购买关键词广告，也极少有目的地网站做专业的网络推广。

二是技术使用不当。大量使用 flash 技术开发网站，造成搜索引擎无法收录网站内容，50% 的目的地网站的搜索引擎收录数仅仅有 100 左右；目的地网站普遍不重视 SEO 优化。目的地网站本身是政府资讯网站背景，自然 PR 值应该是比较高，实际上约有 83% 的网站 PR 分值为 4 或以下，只有不到 17% 的网站 PR 分值在 5 及其以上。这说明大部分网站没有做 SEO 优化和推广。

三是网站内容更新太慢。大部分网站一周更新的信息不超过 10 条，且大部分属于与旅游者无关的新闻资讯内容。而对旅游者真正有用的信息首次维护后，基本没有更新，这也直接造成网站搜索权重降低。

第六章　旅游电子商务

旅游电子商务是指利用先进的计算机网络及通信技术和电子商务的基础环境，整合旅游企业内部和外部的资源，促进旅游信息的传播和推广，实现旅游产品的在线发布和销售，为旅游者与旅游企业之间提供一个交互平台以实现知识共享与增进交流的网络化运营模式。旅游电子商务是在传统旅游商务活动的基础上，根据互联网的特性，将旅游商务活动嫁接到互联网上。当今旅游电子商务的核心就是为旅游者和旅游企业提供一个信息交流和产品促销的网络平台。

由于互联网以及智能手机的普及、信息技术的巨大进步，互联网以及移动互联网已经改变了很多人的生活和工作方式，旅游业大部分传统的营销渠道将被网络所取代。网络营销具有便捷性、交互性和丰富性等优势，可大大提高现代旅游的流动频度和广度。各类旅游网络营销手段被广泛采用，并取得显著的成绩。

第一节　旅游产业转型升级为旅游电子商务发展提供政策保障

我国旅游业正处在转型升级的关键时期，正由传统服务业向现代服务业转型，由粗放型向集约型转型，由本土化向国际化转型。完成旅游业转型升级，需要优化产业结构，大力发展旅游业信息化，这为中国旅游电子商务发展创造了前所未有的发展机遇，提供了有利的政策环境保障。

一、《中国旅游信息化“十二五”发展规划》优化旅游电子商务政策环境

国家旅游局 2011 年发布的《中国旅游信息化“十二五”发展规划》(以下简称《规划》)中明确鼓励企业利用信息化进行综合创新，引导在线预订与线下服务的融合发展，提高旅游电子商务应用水平，优化了旅游企业电子商务发展的政策环境。

《规划》鼓励企业深入推进旅游企业信息化，发展旅游电子商务。支持旅游企业应用供应链管理、客户关系管理、企业资源管理、在线预订服务等信息化系统，实现数字化管理和网络化经营，全面提高管理效率、服务水平和盈利能力。鼓励专业性技术服务企业通过专业化人才和集约化平台为传统旅游企业提供网络业务外包和技术服务外包。积极探索旅游企业信息化公共支撑平台建设模式，为各类旅游企业提供从 IT 资源服务

到 IT 应用服务的按需使用能力。

《规划》针对各类旅游市场主体的业务特征，依据旅游企业信息化体系结构，从信息化基础设施规范、应用系统规范、信息标准（含信息的应用规范）和用户规范等方面，研究和制定旅游企业信息化建设标准规范，并纳入景区、酒店宾馆、旅行社的评星评级体系。

《规划》鼓励企业线上与线下服务的融合发展。加大对旅游在线服务企业的扶持力度，充分引导在线服务企业发挥互联网技术平台的优势，在线上为游客提供旅游资讯，多产品、个性化的组合和预订服务，在线下以信息共享带动地面旅游服务资源的整合与业务协同，促进线上和线下资源的充分结合，构建覆盖旅行前、旅行中和旅行后的服务价值链，为旅游者提供“一站式”服务。

《规划》鼓励传统旅游企业和在线服务企业整合各自的优势服务资源，以合作、合资等形式，形成“线上预订”与“线下服务”的综合服务能力，加快“走出去”步伐，联手开拓国际市场。

二、旅游政府主管部门规范旅游电子商务流程

近年来，旅游政府主管部门在规范旅游电子商务流程方面做了大量工作。建立健全旅游电子商务交易规范和技术标准，加快旅游电子商务信用体系建设，实现了旅游合同和旅行社团队管理电子化，并逐步启动企业电子认证。

（一）旅游电子合同

制定完善的旅游电子商务交易规范和技术标准以及旅游电子合同规范，建立旅游产品安全电子合同系统，明确数字签名、电子商务凭证等的法律法规，保障旅游电子商务产品交易市场公平性、安全性，建立电子合同在线公证平台，维护交易双方的权益；增强旅游电子商务系统与金融系统的对接，推动网上支付、电话支付和移动支付等新兴支付工具在旅游市场的应用；逐步建立电子合同、网上产品与旅游服务信息的监测体系，加强对旅游在线业务的监督和风险控制。

（二）企业电子认证

加快旅游电子商务信用体系建设。健全电子认证体系，整合现有资源，完善电子认证基础设施，规范电子认证服务；加强对旅游电子商务的政府监管、行业自律及部门间协调与联合，探索建立以企业属地管理为基础，全国数据统一、分级授权管理的旅游市场主体信用信息管理体系；建立健全信用信息资源共享机制，推进旅游企业信用信息服务平台建设，实现旅游信用数据的动态采集、处理和交换；发展第三方信用服务机构，建立科学、合理、权威的旅游企业信用评估标准，实现客观、公正的旅游企业诚信评估，并逐步实现信用级别与旅游企业等级评定直接挂钩，引导市场消费选择。

（三）旅行社团队管理系统

第一，推广应用“团队系统”是加强行业管理的需要。近几年，旅游市场蓬勃发展，旅行社企业数量和游客数量快速增长，加之旅游业态多元化发展，致使旅游行业管理难度越来越大。“团队系统”覆盖了全国所有的 26000 余家旅行社企业，涵盖了三大旅游市场，能够全面掌握旅行社企业业务经营动态，必将有效加强旅游行业管理。

第二，推广应用“团队系统”是提高服务质量的需要。随着生活水平的日益提高，

游客越来越注重旅游带来的精神愉悦，更加关注旅行社企业和旅游从业人员的服务质量。然而，黑社野导、强迫购物等旅游乱象仍时有发生，严重影响了旅游服务质量。“团队系统”专门建立了取得合法资质的旅行社企业、领队导游数据库，能够屏蔽黑社野导，同时将电子合同以及游客查询评价等功能列入后续开发日程。“团队系统”必将规范治理旅游市场秩序方式，大幅度提升旅游企业和旅游从业人员服务质量。

第三，推广应用“团队系统”是应对突发事件的需要。目前，出现突发事件后，使用“团队系统”的地方能够快速准确地掌握情况，上报数据，而尚没有使用的地方还是靠人工追踪、手工统计，不仅效率低下、费时费力，也不能达到及时、准确的要求。“团队系统”能够实现实时动态跟踪旅游团队，及时了解游客情况，为实施紧急救援争取宝贵的时间，必将为旅游行业应对突发事件提供有力保障。

第二节　互联网迅速发展为旅游电子商务提供良好的发展环境

随着市场经济的发展和人民收入水平的进一步提高，人民对旅游消费的需求将进一步上升，国内旅游业在国民经济中的地位和作用越来越重要。在这种具有潜力的市场推动下，电子商务开始介入传统旅游业当中，并且随着新型的商业运营模式、电子商务的日趋成熟，旅游电子商务网站也在迅速发展。

一、在线旅游电子商务整体市场情况

（一）市场交易规模

据统计数据显示，2011 年中国在线旅游预订市场交易规模达到 1672.9 亿元，较 2010 年的 1037.4 亿元增长 61.3%；在线预订市场第三方在线代理商营收规模达 90.5 亿元，相比 2010 年增长 33.9%，且未来四年中国在线旅游预订市场规模将呈持续高增长态势。从产品属性上看，休闲度假将进一步壮大，从产品渠道上看，创新的预订模式与合作形式将进一步涌现和成熟。

2011 年，中国在线旅游预订市场交易规模高速增长，一方面是因为第三方预订代理商即 OTA 的业绩快速增长，如携程、e 龙、芒果和同程等企业；另一方面因为旅游企业本身在线直销规模有大幅度的增长，航空公司方面以国航、海航等官网直销为代表，酒店方面以如家、7 天等经济型连锁酒店的直销为代表，休闲度假方面以国旅总社、中青旅、途牛、驴妈妈等企业在线直销为代表。此外，去哪儿、酷讯、淘宝旅行、QQ 旅游网等媒体和平台影响力的不断增大也反过来促进旅游产品在线直销的不断增长。

（二）市场营收规模

据统计数据显示，2011 年在线旅游预订市场第三方在线代理商营收规模为 90.5 亿元，与 2010 年相比增幅为 33.9%，并在后续的四年里保持快速的增长。按季度来看，2011 年 Q4 在线预订市场第三方在线代理商营收规模为 23.5 亿元，较 2010 年同期增长

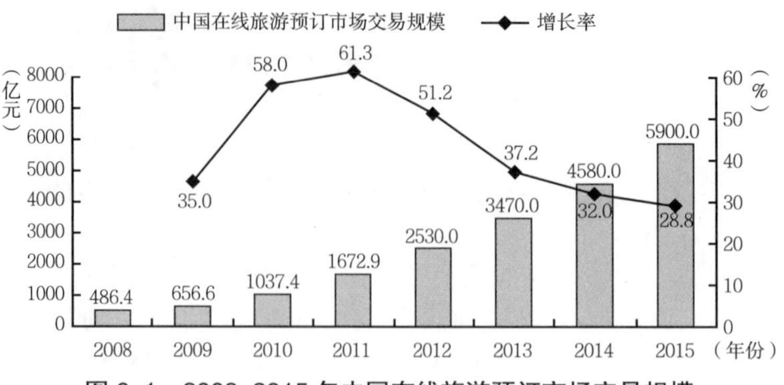

图 6-1　2008~2015 年中国在线旅游预订市场交易规模

（数据来源：艾瑞咨询）

18.2%，较 2011 年 Q3 环比下降 5.6%。在线旅游预订市场第三方在线代理商营收规模的快速增长，一方面得益于旅游者日益改善的收入水平和出行意愿的进一步显现；另一方面，在线代理商在前者趋势下纷纷推出多种多样的优惠和便捷的预订模式，也在很大程度上刺激了该市场的快速扩大。

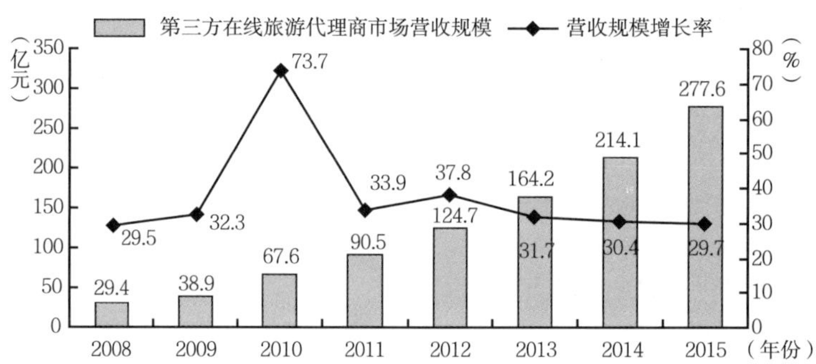

图 6-2　2008~2015 年中国在线旅游预订市场第三方在线代理商营收规模

（数据来源：艾瑞咨询）

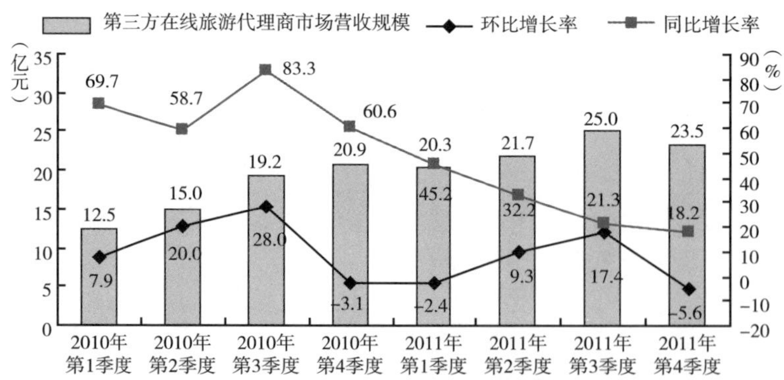

图 6-3　2010Q1~2011Q4 中国在线旅游预订市场第三方在线代理商营收规模

（数据来源：艾瑞咨询）

（三）市场营收结构

据统计数据显示，2011 年中国在线旅游预订市场中，酒店市场规模比重为 45.2%，

机票市场规模比重为 40.8%，度假及其他市场规模比重为 14.0%。与 2010 年相比，酒店比重略有上升，机票比重下降 3.4 个百分点，度假等上升 2.5 个百分点。预计在未来的 2~3 年中，酒店营收将保持在四成略高的水平，机票营收的占比将进一步下降，在 2013~2014 年将趋近于整体的 1/3，度假产品等营收将进一步上升，预计到 2012 年前后接近 20%，并逐步逼近 1/4 的水平。

中国在线旅游预订市场快速增长的情况下，酒店、机票、度假等产品营收相对结构的变化原因如下：

第一，机票预订业务营收占比下降，一方面是因为航空公司下调代理佣金费率，将佣金以价格优惠的形式让利于旅游者；另一方面，淘宝旅行、QQ 旅游等销售渠道的快速发展，分流在线代理商的较大量的订单。此外，垂直搜索、综合购物平台等媒介的丰富和完善，使得旅游者的比价进一步便捷化和准确化，使得直销渠道在机票、景区等领域与在线预订代理商的竞争激烈程度加剧。

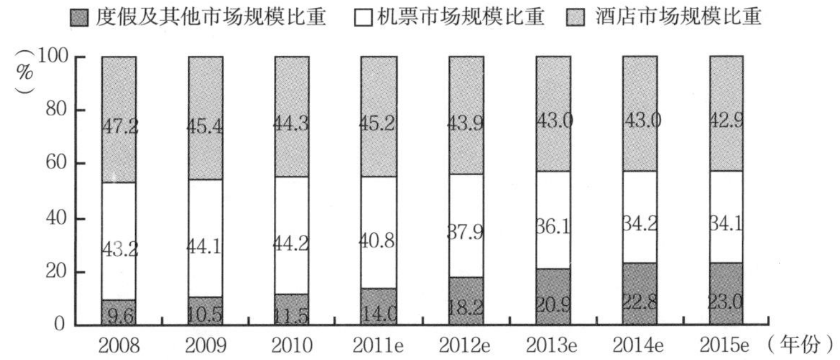

图 6-4 2008~2015 年中国在线旅游预订市场第三方在线代理商营收结构变化

（数据来源：艾瑞咨询）

第二，商旅主导在线旅游市场的局面正在扭转，休闲度假正在快速崛起。休闲度假由于产品的非标准化程度高而仍处在发展的初级阶段，传统代理商（如携程）、大型传统旅行社（如国旅总社、中青旅的遨游网）、休闲度假企业（如途牛、悠哉）正在加快产品研发和企业扩张的步伐，中小规模的传统旅行社也通过淘宝旅行、欣欣旅游等直销平台和其他渠道迅速拓展电子商务业务，推动休闲度假市场的快速发展。

第三，酒店预订业务营收占比较稳定，一方面是因为酒店无论对商旅还是休闲度假而言都是一种刚性的需求，而酒店的数量大、分布散的特点使得其对代理商有较大依赖；另一方

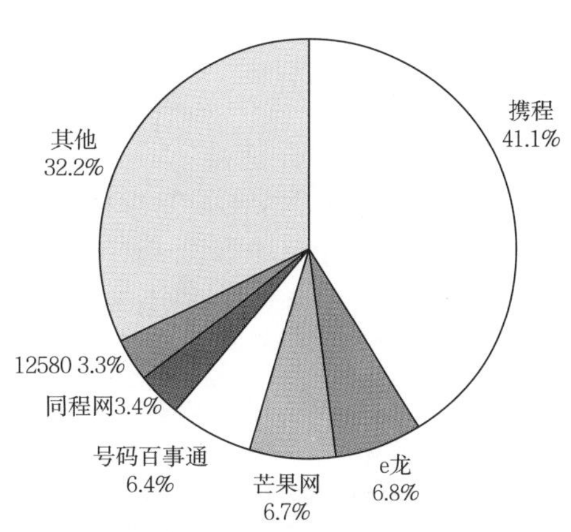

图 6-5 2011 年中国在线旅游预订市场第三方在线代理商营收份额

（数据来源：艾瑞咨询）

面，随着中国旅游业的发展，旅游基础设施建设不断完善，旅游者以自助游的形式出行也将成为一种重要趋势，这也在一定程度上保证了酒店预订营收占比的稳定。

（四）市场竞争格局

2011 年中国旅行预订市场第三方在线代理商营收份额显示，携程以 41.1% 的占比处于绝对领先地位，e 龙、芒果网、号码百事通分别以 6.8%、6.7% 和 6.4% 的市场份额处于第二阵营，同程网、12580 等位于其后。

在线旅游市场直销力度的加大、各在线旅游企业多样化预订模式的推出、预订手段的丰富正在逐渐分食携程以往一半以上的市场份额，但是携程的前端预订入口优化和后端资源的快速整合保证了其市场地位的稳定。e 龙则专注在酒店预订领域，不断提高酒店团购服务水平，推出 LastMinute 酒店预订模式，加强与腾讯旅游、糯米网等媒体和渠道的合作以增加产品展示机会。此外，芒果网以 2011 年深圳大运会官方旅行预订提供商身份为契机快速增长，巩固了自身的市场地位。其他 OTA 亦发挥各自优势，在相应细分领域快速构建竞争壁垒，如同程网除了传统的机票酒店业务外，快速拓展景区门票、租车等业务。

二、在线旅游电子商务出现的新特点

（一）OTA 的迅速崛起

1. 携程旅行网

携程是最早的 OTA 之一，鉴于市场的压力，携程开启第二程，全面进入公民旅游市场。2010 年 Q3 财报预示了携程开始谋求“第二程”：商旅管理业务同比增长 37%，而旅游度假业务则同比增长 161%。携程的下一个 10 年，为了保障服务价值和品牌运行，在采取并购与战略投资基础上，更要注重内外并行创新。

携程新推高铁频道。携程近期推出了高铁频道，一种由携程旅行网作为预订平台、具有合法资质的铁路售票点出票和专业物流公司配送上门的新型购票方式，高铁及动车车票数据与代购由申通旗下的久久票务网提供。

携程推出高端旅游品牌“品游中国”。携程旅游研发推出“品游中国”系列旅游团，定位于独家、高端，研发中国旅游市场绝无第二家的特色产品，在产品内容、行程设计、配套设施、服务细节等方面进行创新，报价将是一万多到数万元。

2. 艺龙旅行网

艺龙旅行网 (NASDAQ: LONG) 是中国领先的在线旅行服务提供商之一，拥有 4000 多万中高端、稳定的商旅用户群，具备强劲的消费能力和时尚的消费观念，该用户群集中覆盖国内全部主要大型城市。致力于为消费者打造专注专业、物超所值、智能便捷的旅行预订平台。通过网站、24 小时预订热线以及手机艺龙网、艺龙 iPhone、Android 和 windows phone 无线客户端等平台，为消费者提供酒店、机票及旅行团购产品等预订服务。

艺龙旅行网通过提供强大的地图搜索、酒店 360 度全景、国内外热点目的地指南和用户真实点评等在线服务，使用户可以在获取广泛信息的基础上做出最佳的旅行决定。截至 2012 年 9 月，艺龙旅行网可提供全球 20 万家酒店的预订服务；同时通过与国内外各航空公司合作，向用户提供国内、国际绝大多数航班机票的实时查询和预订服务。

截至 2011 年 5 月 31 日，艺龙在国内签约合作酒店已达 2 万家，覆盖国内 700 个城市，继续保持国内酒店覆盖第一名，同时通过与 Expedia 的系统直连，艺龙拥有 13.5 万多家国际酒店可供客户选择预订。

3. 同程网

同程网创立于 2004 年，总部设在中国苏州，目前员工 1500 余名，注册资金 5000 万。经过数年在旅游在线市场的成功运作，同程网已成为国内最大的旅游电子商务平台之一，也是目前中国唯一拥有 B2B 旅游企业间平台的旅游电子商务网站。

作为中国最大的旅游 B2B 交易平台，同程网搭建了包括旅行社、酒店、景区、交通、票务等在内的旅游企业间的交流交易平台。目前注册旅游企业会员 14 万家，其中 VIP 会员 10000 余家。2008 年，同程网进入旅游软行业，目前基于 SaaS 平台的旅行社、酒店、航空代理软件已拥有客户 1400 余家，其中同程六合一旅行社管理软件拥有客户 1000 余家。

4. 芒果网

芒果网全面打造青芒果品牌，经济酒店覆盖率大幅增加。芒果网收购易休网后，将其重新命名为青芒果网，并于 2009 年 3 月推出，其间始终专注于低价酒店的在线预订，保持相对独立的运营方式，目前已拥有 13000 多家加盟旅店、100 多万名会员。2010 年，青芒果网实现酒店预订成交量同比增长 425%，签约酒店同比增加 200%，实现收支平衡。

芒果网客服中心打造中国呼叫中心样板。以国内领先在线旅游企业芒果网客户服务中心内部的系列培训资料为蓝本，并经微创公司培训团队的深度改造和完善，集合了国内呼叫中心标杆企业管理经验的《呼叫中心运营与管理》正式出版。

芒果网打造中国首个全功能专业邮轮频道。芒果网近期再次将邮轮频道升级成为目前唯一一个全功能专业邮轮频道，目前已是歌诗达邮轮、皇家加勒比邮轮、丽星邮轮三大邮轮公司的一级代理。

（二）旅游垂直搜索

去哪儿网是中国领先的旅游搜索引擎，目前全球最大的中文在线旅游网站，创立于 2005 年 2 月，总部在北京。作为一家创新的技术公司，去哪儿网致力于为中国旅游者提供全面、准确的旅游信息服务，促进中国旅游行业在线化发展、移动化发展。去哪儿网为旅游者提供机票、酒店、度假产品的实时搜索，并提供旅游产品团购以及其他旅游信息服务，为旅游行业合作伙伴提供在线技术、移动技术解决方案。

至 2011 年 3 月，旅行网站月度访问次数统计中，去哪儿网以 5106 万人次高居榜首，携程次之；日均覆盖数据统计中，去哪儿网以 104 万人蝉联榜首，携程日均覆盖人数为 66.9 万位居第二。

去哪儿网目前拥有超过 6 万家国内酒店、2 万家国际酒店和 12000 条国内、国际机票航线以及 20000 条度假线路，拥有其他在线旅游网站无法比拟的资源优势。据 GoogleDoubleClick AdPlanner 发布的 2010 年 4 月的网络统计数据显示，全球最受欢迎的十大旅行网站中，去哪儿网排名第七。

去哪儿网提供的产品与服务都属于免费信息，也无须在其网站上注册就可以使用公司产品与服务。去哪儿网提供的产品包括：机票搜索频道、酒店搜索频道、度假搜索、签证搜索频道、火车票搜索频道、“知道”、博客、“旅行”频道、团购频道、旅游攻略、旅图。

（三）电商注资 OTA

1. 淘宝旅行

2010 年 5 月，淘宝网推出了淘宝旅行平台。淘宝旅行提供国内外机票、酒店客栈、旅游度假、景点门票、邮轮、租车、签证和团购等服务，是国内规模最大的一站式旅游商品搜索购买平台。南航、东航、海航、深航、洲际、开元、七天、布丁、携程、艺龙、同程、途牛、芒果、中青旅、春秋国旅、歌诗达、一嗨租车、常州中华恐龙园、浙江乌镇、四川九寨沟等众多航空公司、酒店、网站、旅行社、景区和代理商通过淘宝旅行销售机票、酒店、度假等旅游产品和服务，淘宝旅行已成为用户出行首选网站之一。

截至目前，淘宝旅行已拥有 800 多个 IATA 认证的航空企业卖家，70000 间可预订酒店，是国内规模最大的一站式旅游商品搜索购买平台。2011 年全年交易额突破 100 亿元，达到 109 亿元，其中，机票完成了 73 亿元的交易额，酒店预订完成了 15 亿元的交易额，旅游度假完成了 21 亿元的交易额。

2012 年 5 月试水反向团购，开展百万淘友团丽江活动，仅半天就卖出 10000 张丽江淘宝旅行卡，开了在线旅游行业团购先河。2012 年 11 月，淘宝旅行联合聚划算上线“聚香港”团购活动，涵盖机票、酒店、旅游景点、吃喝玩乐以及全球名品，打造 O2O（线上到线下）一站式旅游购物体验。2012 年，三大 OTA 巨头携程、艺龙、同程纷纷入驻淘宝旅行，拓展营销渠道，体现了淘宝旅行强大的平台优势。

2. 腾讯注资艺龙

截至 2010 年 7 月，包括国航、南航、东航、海航等在内的超过 10 家航空公司通过腾讯的财付通进行网上机票销售。此外，2010 年底腾讯宣布收购艺龙旅行网 16% 的股份，开始深度布局线上机票预订业务，全面进入中国在线旅游市场。

3. 百度注资去哪儿网

2011 年 6 月，去哪儿网宣布获得百度 3.06 亿美元的战略投资，百度成为去哪儿网第一大机构股东。去哪儿网与百度在某种意义上，非常相似，都是媒体平台类型的网站。百度是通用搜索，是网民上网的入口，而去哪儿网在旅游领域提供更精准的搜索结果，对通用搜索是有利的补充，去哪儿网和百度的合作能够为网民提供更加便捷、精准的旅游服务和旅行产品。

（四）旅游要素业务转到线上

1. 在线机票市场增长迅猛

目前从各方公布的数据来看，2010 年，携程全年机票销售量在 3000 万张以上，单日机票销售量超过 8.2 万张。去哪儿网的单日机票交易量已经达到 6 万 ~ 7 万张，节假日等旺季可达 8 万张以上。自 2010 年 5 月推出“淘宝旅行”平台，截至 8 月，淘宝网的机票预订量日均超过 1 万张。由以上数据乐观估计，我国在线机票市场销售份额占总体的 25% 左右。随着我国互联网的不断发展和电子商务的日益成熟，在线机票市场的发展空间巨大。

机票预订渐成线上消费主流。据中国旅游研究院 2011 年第二季度游客消费意愿调查显示，游客使用最多的三项旅游网站服务分别为：网上订机票（61.0%）、网上订酒

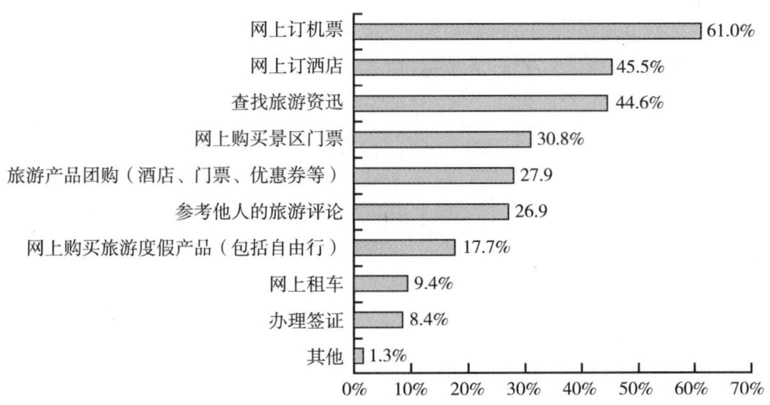

图 6–1　游客利用旅游网站的消费项目意愿调查

（数据来自《中国旅游电子商务报告（2010–2011）》）

店（45.5%）和查找旅游咨询（44.6%）。

2. 酒店、门票团购十分火爆

门票分销："驴妈妈"景区票务直销网将以景区门票作为重要的切入点，为游客提供系列个性化定制服务的景区电子商务平台。这种尝试有别于国内目前主要以酒店、机票预订为核心的旅游电子商务模式。

酒店团购：2011 年 7 月 11 日，去哪儿网携手全国七大主要旅游城市的多家优质酒店，推出了酒店团购及相关促销。去哪儿网开放免费营销平台"酒店百宝箱"。去哪儿网面向酒店开放免费营销平台——酒店百宝箱。酒店可以随时更新信息，积极回应消费者点评，及时掌握市场动态，实时监控竞争对手指数，开展在线营销。

第三节　新技术的日新月异为旅游电子商务增加了发展动力

以物联网、云计算、新一代移动通信为代表的高新信息技术与旅游服务融合创新，推动旅游营销能力和旅游服务水平的全面提升。用新技术促进旅游产业创新，逐步实现旅游消费过程的电子化、数字化以及旅游服务的智能化。

一、移动终端的发展为旅游电子商务注入新的动力

2011 年上半年，手机网民占 46.2%，并且手机上网的使用深度不断提升，各项应用在手机网民中使用率基本都有提升。

在手机上网应用中，即时通信仍然排在最高，使用率达到 71.8%。即时通信可以说是继电子邮件、WWW 之后，互联网上最具杀伤力的应用。艾瑞咨询的一项调查显示，2003 年中国即时通信软件的最高在线人数已达 550 万人，到 2004 年年底突破 740 万人，2006 年则突破 1200 万人。相对于传统的通信方式来说，即时通信既节省费用，效率也

更高，经营即时通信的企业同电信运营商相比，二者的作用已经越来越接近。

手机网络新闻使用率达到62.6%，相对于2010年年底，稳中有升。手机新闻之所以能够稳步发展，是因为浏览方便，不限时，无地域限制，费用低廉，浏览界面简洁。由于谷歌、Windows、塞班等手机系统的发展，手机浏览越来越方便，并且各种软件的安装也越来越便捷，如游戏软件、学习软件以及手机客户端。

手机客户端在很大程度上方便了顾客进行手机即时通信、手机搜索、手机购物、手机支付以及近些年发展起来的团购等，为人们随时随地的工作、学习、购物提供了实现的机会。

二、新媒体为旅游电子商务增加了新的营销渠道

（一）微博

微博作为新生代的网络交流工具，既是一个即时的信息发布平台，也是一个自媒体平台，正成为旅游管理部门以及旅游企业打破传统营销模式、提高旅游信息化服务水平的新手段。微博具有即时性、灵动性、广泛性、图文并茂的特点，对于市场推广、品牌宣传有成倍的放大效应。微博可迅速聚拢“粉丝”，发布旅游信息，提升目的地品牌形象，线上线下互动。将旅游营销的关键点转移到游客身上的旅游微博营销来势凶猛，全国旅游营销步入“微博”时代。

中国微博用户已经突破3.5亿。有价值或符合大众口味的信息很容易在微博平台上出现大范围的传播。2011年被称作“旅游微博年”，不管地方旅游局，还是各大旅游景区，或者旅游电子商务网站，甚至是国外相关旅游行业都相继开通了官方微博，试图抢占先机。国家旅游局、山东省旅游局、浙江省旅游局以及艺龙、携程都开通了微博账号，一经注册便获得了可观的粉丝数，充分显现了其影响力。

（二）微信

微信作为一种全新的营销方式，是网络经济时代企业对营销模式的创新，伴随着微信的火热产生。微信不存在距离的限制，用户注册微信后，可与周围同样注册的“朋友”形成一种联系，用户订阅自己所需的信息，商家通过提供用户需要的信息，推广自己的产品的点对点的营销方式。

根据2011年11月微信团队宣布的官方数据，在5000万的用户中有活跃用户2000万，而25~30岁用户估计超过50%；主要分布在一线大城市，最多的用户职业是白领（超过24%）。iOS / Android / Symbian 平台上用户分别占25%、25%、50%，而大部分微信用户都是从腾讯旗下各种产品过渡而来的。

微信一对一的互动交流方式具有良好的互动性，精准推送信息的同时更能形成一种朋友关系。基于微信的种种优势，借助微信平台开展客户服务营销也成为继微博之后的又一新兴营销渠道。

目前，山东省旅游局、浙江省旅游局、湖南省旅游局以及艺龙旅行网等已经注册了微信公共账号并进行日常运维。

（三）微电影

旅游视频和微电影营销近年来增长迅速，与其他网络营销一样，强调网民的互动性

需要精心的策划。视频及微电影营销与其他营销方式相比具有很多优势：一是好的视频能够不依赖媒介推广即可在受众之间横向传播，以病毒扩散方式蔓延；二是目前视频营销的价格也相当低廉，一段视频广告的制作成本可能仅需十几万甚至几万元，不到同类电视广告的十分之一，但传播效果并不逊色；三是优秀的视频营销能够与用户互动，摆脱了电视广告的强迫式，能够更好地将旅游品牌内涵进行引申，加强传播效果。

三、基于位置的服务有望成为旅游电子商务新的蓝海

定位服务又叫做移动位置服务（Location Based Service，LBS），它是通过电信移动运营商的网络（如 GSM 网、CDMA 网）获取移动终端用户的位置信息（经纬度坐标），在电子地图平台的支持下，为用户提供相应服务的一种增值业务。LBS 服务主要包含两层含义：一层含义是“确定目标的位置”，即用户或移动设备所在的地理位置；另外一层含义就是为目标位置提供有关的各类信息服务，简称“定位服务”。总的来说，LBS 就是利用互联网或无线网络为固定用户或移动用户完成定位服务。

与传统行业融合将是 LBS 业务的重要发展方向。基于位置的服务将会促进与旅游相关的食、住、行、游、购、娱的全方位精确信息化管理，衍生价值无限，有望成为旅游电子商务新的蓝海。

众多旅游信息化技术服务厂商正在全面打造和扶持基于 LBS 的融合性旅游行业应用，LBS 为旅游者指示周边服务促进 LBS 产业价值链的多元化，拓宽行业市场容量。LBS 在为个人提供准确的位置、及时的信息、详细的 POI（兴趣点）服务，也将影响人们的旅游习惯。高精度定位信息将更加实用化，比如把微博、微信、LBS、SNS 等结合到一起，实现在旅游过程中同时完成社交活动等。

第七章　旅游企业信息化

旅游行业是跨部门、跨行业的综合服务产业，是指直接或间接为国际和国内旅游者从事观光游览、休闲度假、探亲访友、商务、会议、宗教朝拜、文化体育科技交流等活动而提供餐饮、住宿、交通、游览、购物、文化娱乐等各项服务活动的总和。旅游企业的主体是由分别经营这六大要素的企业来构成的。本次报告只选择展现与旅游管理结合最紧密的景区、酒店、旅行社和乡村旅游四类企业的信息化发展情况。

第一节　景　区

近年来，中国智慧景区的建设取得了较大的进展。从地区分布看，沿海地区智慧景区的深入程度比较高，内陆地区智慧景区的建设暂时落后；从 A 级景区看，4A、5A 景区信息化程度较高，1A、2A、3A 景区的信息化程度较低。

目前国内一些大型景区都配有电脑和上网设备，建立了自己的局域网或 Intranet，用于内部信息查询、文字处理、财务管理、计调等工作。有的还组建了电子商务公司，在旅游电子商务领域进行探索尝试，用于企业宣传公司形象、推介旅游线路、旅游景点、旅游相关产品、销售旅游产品、提供网上预订服务等。有的景点还设置了为游客服务的触摸屏，景区电子门禁系统，景区智能监控系统，GPS 车辆调度系统，LED 信息发布系统等。但是，从总体上看，中国景区行业信息化整体水平还比较低，与发达国家还有一定的差距，因此旅游景区对于建设智慧景区有着迫切的愿望和巨大的需求。

一、透过数据看景区

（一）基本情况

景区的信息化建设与收入规模密切相关，收入低于 1000 万元的景区很少设立信息化部门，超过 3 亿元收入的景区全部设立了信息化部门，收入居间的部门半数设立信息化部门，从中看出经济效益好的景区高度重视信息化建设工作。

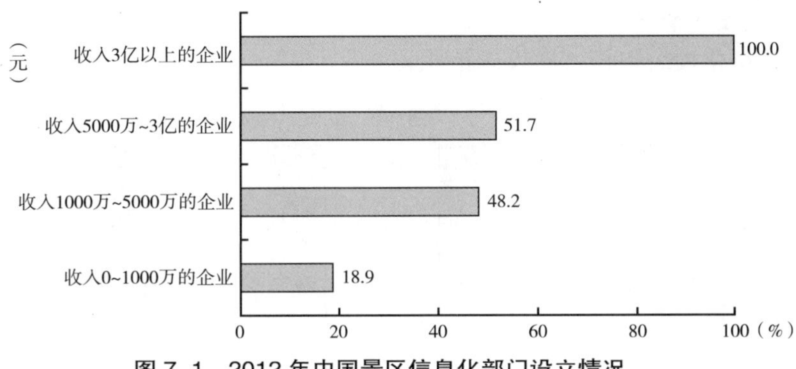

图 7-1　2012 年中国景区信息化部门设立情况

景区数据中心和机房的建设与机构建设同步，信息化建设比较完善。

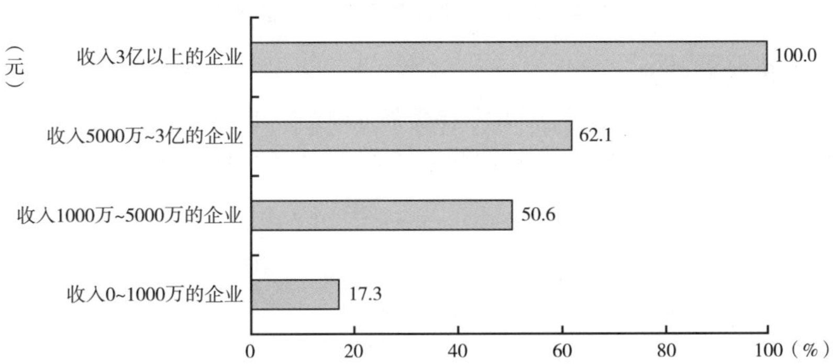

图 7-2　2012 年中国景区数据中心或独立机房建设情况

景区网络建设与经济规模建设关联度不是很大，主要和景区的地理环境以及景区类型有关系，经营文化旅游产品的景区网络建设比较到位，自然风光景区的网络建设较弱，这本身和景区的营销推广方式有直接关系。

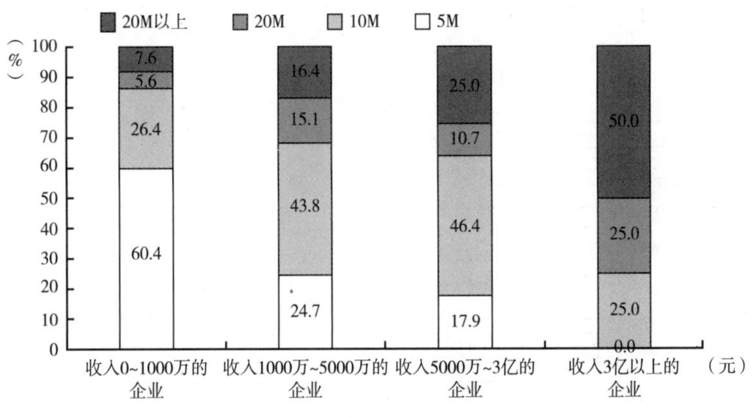

图 7-3　2012 年中国景区网络建设情况

（二）资金投入情况

景区的信息化投入与收入规模成正比关系。

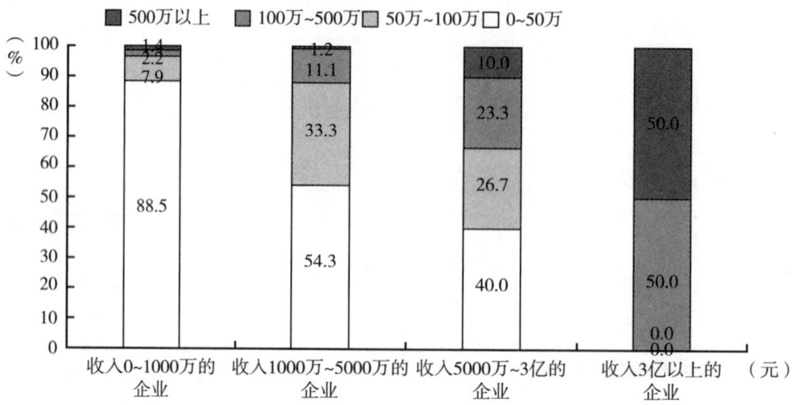

图 7-4　2012 年中国景区旅游信息化投入

（三）信息化建设情况

样本景区的软件系统建设主要集中在传统的财务和 OA 方面，收入规模高的企业，也非常重视网络营销管理系统、资源管理系统和人力资源系统的建设。

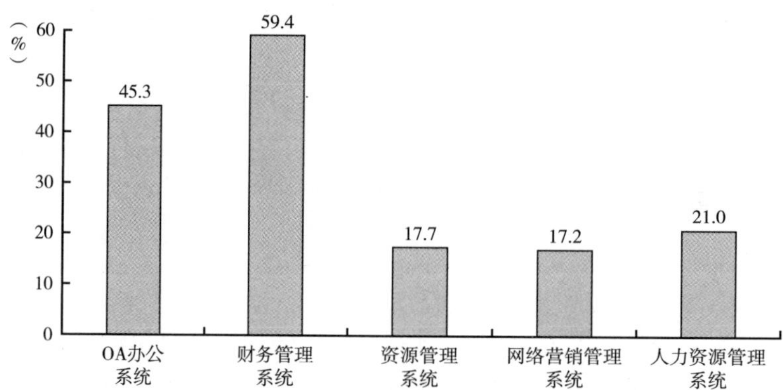

图 7-5　2012 年中国旅游景区管理系统安装情况

景区高度重视设施系统的建设，特别是安防系统的建设尤为重视，这与政策导向有密切关系。

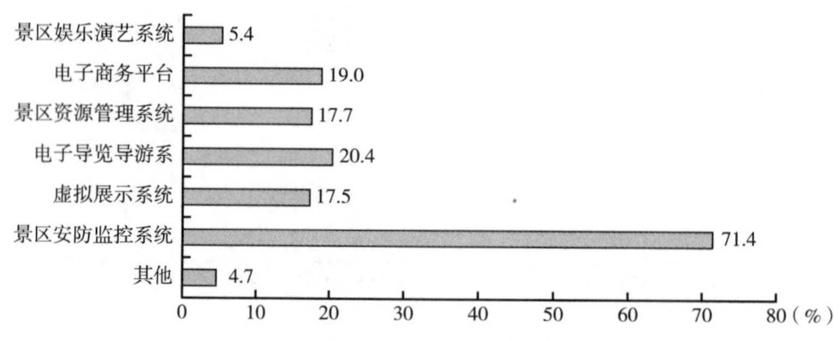

图 7-6　2012 年中国旅游景区信息化系统安装情况

景区已经充分认识到信息化对经营的促进作用，能够有效提高景区的收入。

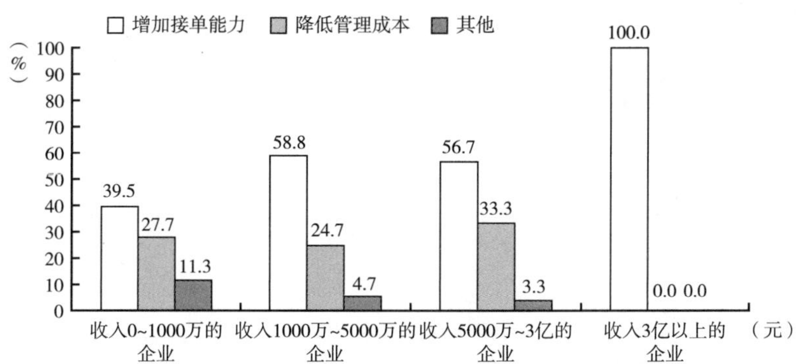

图 7-7　景区信息化系统对管理或营业收入的贡献

（四）关键问题

景区信息化建设最希望得到政府在资金上的支持，主要与景区的资金调配权有关系，日后可考虑通过建立按照收入比例提留景区信息化建设专项资金池方式，增加景区的信息化建设资金主导权。

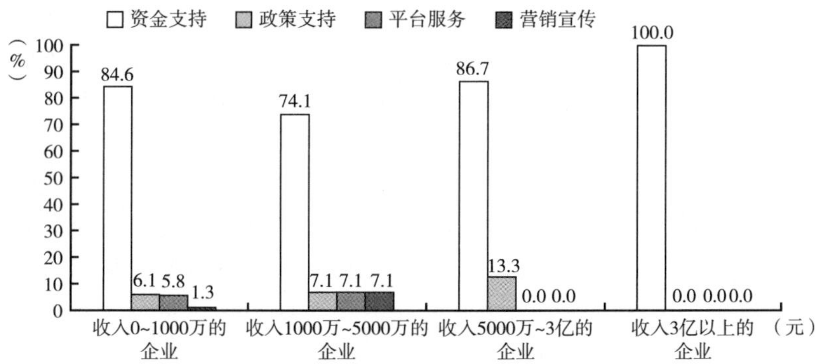

图 7-8　景区期望政府在旅游信息化建设方面提供的指导与支持

信息化人才问题是困扰景区信息化建设的最大问题。

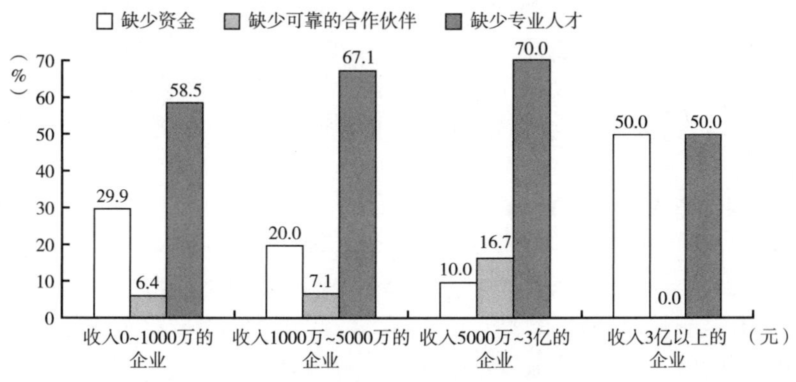

图 7-9　景区信息化建设方面碰到的难题

中小规模景区对未来三年的信息建设规划不足，停留在基础建设和系统优化层次，大规模景区重视新系统的开发工作。

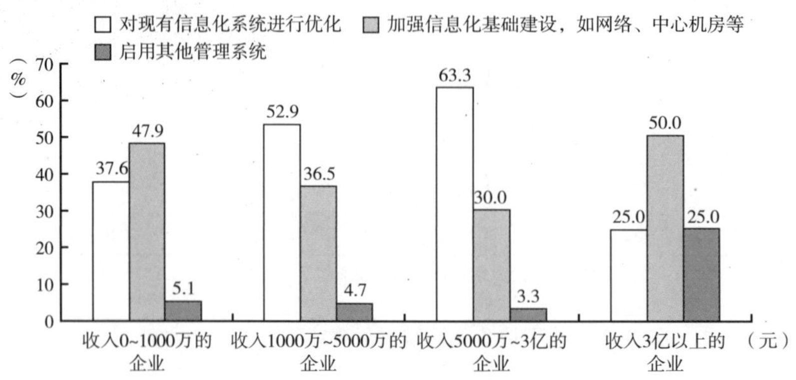

图 7-10　景区未来三年的信息化建设重点

二、景区信息化发展现状

（一）国家级风景名胜区行政监管体系初步建成

截至 2007 年，全国 29 个省级主管部门和 140 余个国家级风景名胜区的监管信息系统已组织完成软件系统安装调试、卫星遥感数据采集，各国家级风景名胜区按要求配备了专职技术人员和固定计算机设备。2005~2009 年，住房和城乡建设部对十多个省的 36 个国家级风景名胜区进行了遥感监测抽查，卫星数据采集面积累计超过 16 万平方公里，监测面积累计超过 6 万平方公里。利用国际上 2.5 米和 0.6 米高分辨率卫星遥感影像，采集国家级风景名胜区范围内变化图版 2000 余处，组织省级主管部门对其中 900 余处有疑似新增工程建设项目的变化图斑进行了现场核查和处理。监管信息系统建设工作依托科技进步，促进主动依法行政，大大强化了各级政府包括风景名胜区管理机构的保护与监管力度。

（二）国家级风景名胜区中央数据库建设初见成效

截至 2007 年，在建的中央数据库已储存了 100 多个国家级风景名胜区的地理信息资料、规划资料、卫星遥感影像资料和监测核查资料，资料的收集和整理逐步由纸质文件向电子化文档过渡。按照中央数据库建设的规划要求，所有数据正在按照基础信息、规划信息、遥感信息和监测信息四个模块进行系统分类。中央数据库的建设不仅为卫星遥感监测提供了基础，而且推动了国家层面的风景名胜区信息化管理。随着数据库的不断扩容和升级，今后将为风景名胜区管理机构的日常管理和网络平台开放公众服务功能提供技术支撑。

（三）重点景区信息化建设取得较大进展

在原建设部的积极推进下，国家级风景名胜区在信息化、数字化方面取得了较大的进步。之后，随着国家旅游局 5A 景区评定的推广，旅游景区开始重视信息化建设。在 119 家 5A 景区中，多数已建成电子门票系统。一些 4A 景区正在按照 5A 景区的标准积极实施景区管理的信息化、数字化工程，建立完善的语音导游、电子监控系统和游客服务中心，并完善网上预订和支付系统。

重点景区的建设现在已经进入数字景区和智慧景区的建设阶段。北京颐和园、山东泰山、安徽黄山和九华山、四川峨眉山和九寨沟、重庆武隆、河南云台山、湖北武当山－太极湖，三峡大坝景区等一大批重点景区智能化系统趋于完善，已经完成智慧景区的初步建设。以重庆武隆喀斯特旅游区为例：武隆景区数字化自 2009 年开建以来，截至 2012 年 9 月 30 日已全面完成景区公共服务、景区内部管理、景区电子商务等方面的综合建设，实现了通过智能化数字服务为游客提供更个性化、人性化的服务。目前，喀斯特旅游区已经开通了武隆旅游官方网站（www.wlkst.com）和 4008–023–666 武隆旅游服务热线，为游客提供旅游资讯、旅游提示、旅游咨询、旅游投诉、旅游产品购买等全方位信息服务。喀斯特旅游区的智慧景区建设让游客通过出行前、中、后全阶段的旅游服务，真正感受到一个智慧的武隆、个性化的武隆、满意的武隆。

图 7–11　重庆武隆喀斯特旅游区数字中心完善的基础设施

（四）现代高新技术得到迅速应用

在旅游景区信息化建设的进程中，移动通信技术、卫星定位技术、地理信息系统

图 7–12　沃游甘肃手机导游 APP

（GIS）、遥感技术（RS）和 RFID 技术等纷纷介入。这些技术大大提升了旅游景区信息化的建设水平和成果，进一步提升了旅游景区的服务能力，使旅游景区成为旅游业中应用信息新技术最多的领域。

三、景区信息化的应用情况

（一）行政管理

在行政管理方面，旅游景区涉及住房和城乡建设部、林业部、国土资源部、环境保护部和旅游局等多个上级管理部门和地方行政管理部门。每个部门都有各自对信息化的具体要求，各自承担的职能也不同，主要涵盖动植物资源保护、水资源保护、土地合理利用、防止违法违规建设、森林防火、自然灾害防治、环境监测、景区规划与开发等，这些都要求管理信息系统能够提供全面、翔实、准确的信息。

（二）景区内部管理

近年来，随着游客的增加以及景区管理资金不足等情况的出现，景区内部管理要求亟待提高水平和效率。电子门票在提高效率和降低成本方面优势显著。景区需要继续将信息化延伸到管理的其他方面，包括门票管理、信息提供、通信服务、车辆引导、客流引导、事故救援、视频监控等，以更好地保障游客的安全与游览质量。

（三）服务与营销管理

在服务方面，主要是为游客提供更加便利、个性化、人性化的服务，具体包括在线沟通、在线门票预订、在线车票预订、在线房间预订、电子地图、客流预报、语音导游、短信提示、呼叫中心和广播等。在营销方面，新媒体如微博、手机报、微电影等得到广泛深入的应用。

第二节　酒　店

一、透过数据看酒店

（一）基本情况

酒店行业信息化管理部门的设置比例并不算高，但信息化基础设施却非常好，主要是信息化在酒店行业本身属于生产要素，是服务的需要。

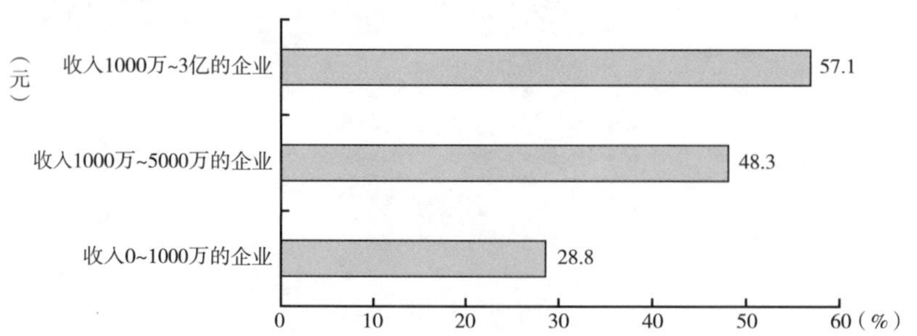

图 7-13　2012 年中国酒店信息化部门设立情况

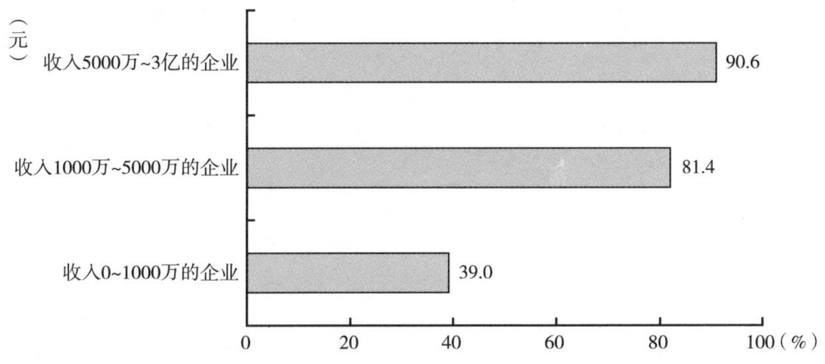

图 7-14　2012 年中国酒店数据中心或独立机房建设情况

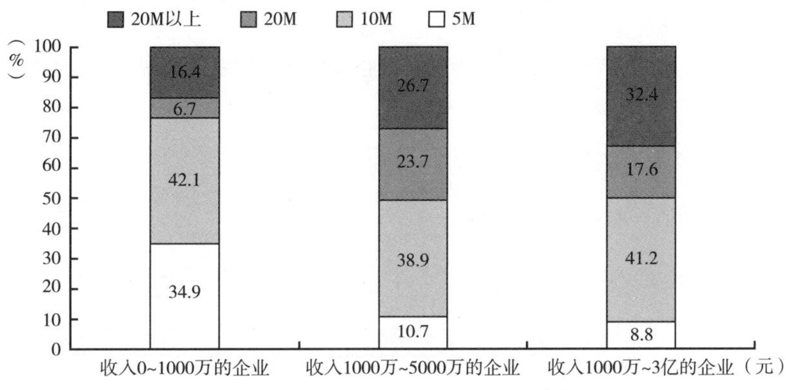

图 7-15　2012 年中国酒店网络建设情况

（二）资金投入

酒店行业的信息化多在建设期投入为主，日常信息化投入比较少。

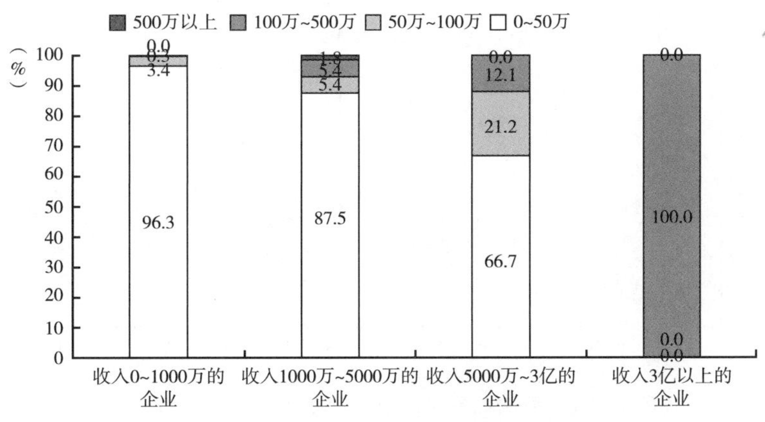

图 7-16　2012 年中国酒店旅游信息化投入情况

（三）信息化建设情况

酒店信息化建设重视管理系统的建设，78.5% 的企业建设了财务系统，其次就是业务系统的建设，体现酒店信息化现阶段的建设还是围绕自身管理运营方面，缺乏对旅游者的支持。

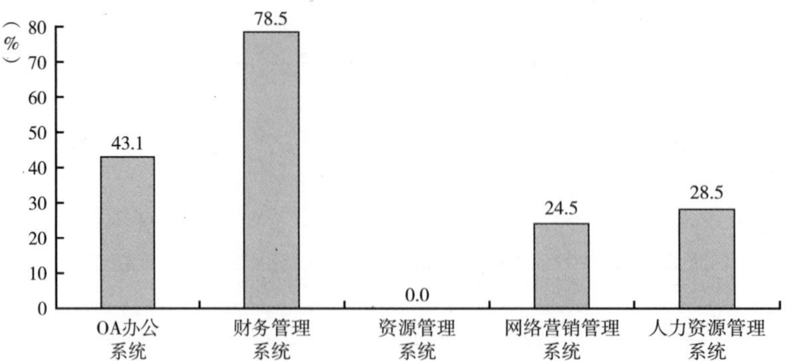

图 7-17　2012 年中国餐饮企业管理系统安装情况

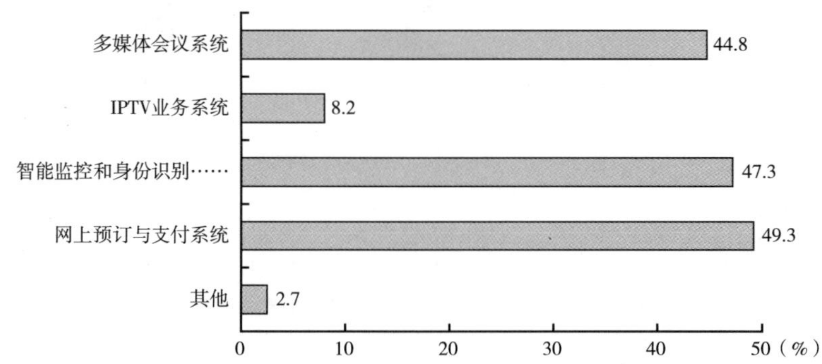

图 7-18　2012 年中国酒店企业信息化系统安装情况

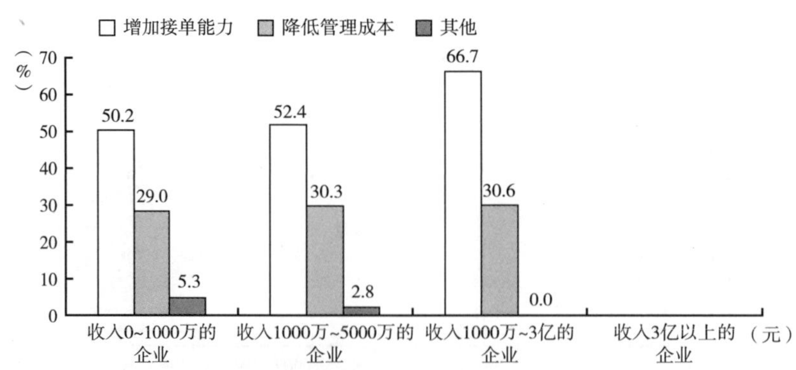

图 7-19　酒店信息化系统对管理或营业收入的贡献

酒店建设信息化的根本目的就是增收节支。

（四）信息化建设存在的问题

酒店信息化建设希望政府提供资金支持，最大的问题是人才瓶颈。

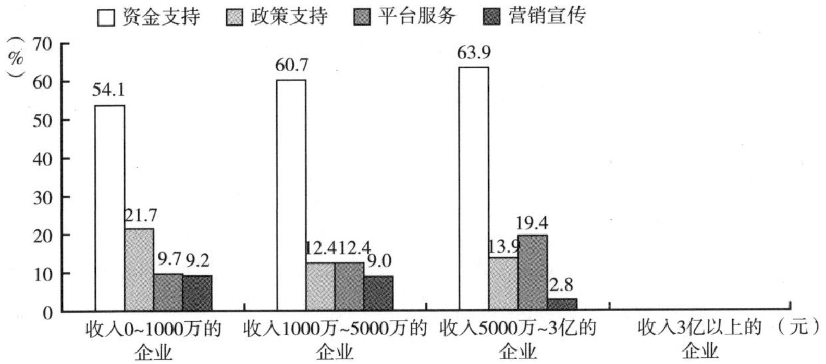

图 7-20 酒店期望政府在旅游信息化建设方面提供的指导与支持

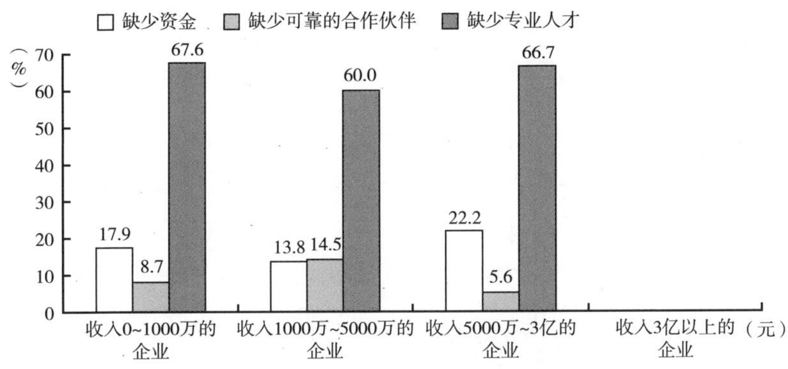

图 7-21 酒店信息化建设方面碰到的难题

酒店行业信息化建设相对成熟，未来重点的建设工作是系统优化工作。

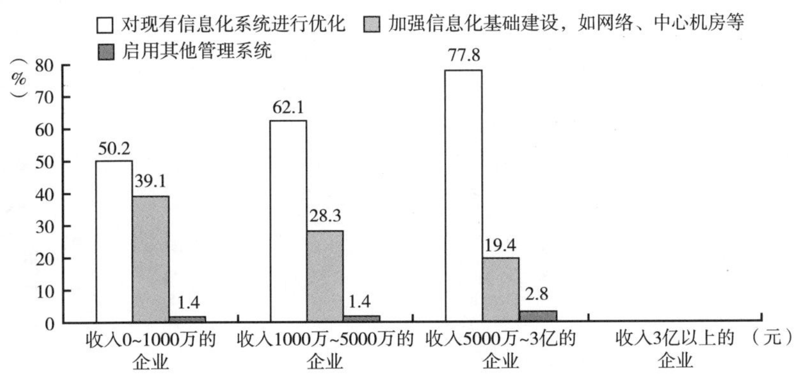

图 7-22 酒店未来三年的信息化建设重点

二、酒店信息化发展现状

随着中国经济的飞速发展以及国际地位的日益提升，奥运会、世博会、亚运会等诸多国际性会议和赛事在中国成功举行，中国旅游业和酒店的发展迎来了新的契机，酒店如雨后春笋般大量涌现。同时，国家政策的积极引导以及国际顶级酒店管理集团不断入驻中国，也使新增酒店的数量持续增加。众多酒店的同时出现，一方面促进了酒店业的发展与繁荣，另一方面也加剧了行业的竞争。

在信息技术和网络应用高度发展的今天，信息化凭借其在提高效率、整合资源、降低成本、创新服务、运营管理等方面的优势，成为酒店行业未来的发展趋势，更成为中国酒店业提高管理水平、获得新竞争优势的重要途径。

中国酒店及饭店信息化经历了“前台系统”、“后台系统”以及“平台系统”后，目前正朝着规范化、智能化、特色化的方向发展。

酒店业作为与金融实体关系颇为密切的产业，不仅深刻反映着一个国家的经济情况，也充分代表着一个国家的发展状况，中国酒店业的规模成长以指数级增长，发展也越来越深化，总体呈现一派欣欣向荣的景象。竞争同样非常激烈，尤其中国酒店业是最早向外资开放的行业之一，因此，外企酒店进入较早且发展深入，这样既考验着中国本土酒店业的生存发展能力，也带动和激化了酒店业的竞争。据统计分析，截至 2012 年上半年，从竞争情况来看，中国酒店业整体呈现三大阵营：

第一阵营：国际豪华型

国际联号酒店如喜来登、四季、万豪、希尔顿、洲际、喜达屋、凯悦等世界前十位酒店管理品牌，以其丰富的管理经验和品牌运作能力进入中国，迅速占领高端市场。它们不但输出管理协助国内豪华酒店管理，同时输出资本建立自己的品牌酒店。这些国际品牌在国内酒店高端市场形成绝对强势地位，难以撼动，并且形成扩张势态，对国内自有品牌的高端酒店形成压迫和竞争压力。

第二阵营：国内高档型

国内高档酒店投资热情未减，不断开疆拓土。各地待建、在建以及刚建完的按照五星级酒店标准设计的酒店，多以单体酒店为主，由国内酒店管理机构管理或者自营管理。由于高端酒店人才缺乏，管理理念落后，品牌建设长期得不到重视和贯彻，出现豪华酒店不豪华，整体形象不佳，在国际酒店冲击和经济连锁酒店的客源分流下，优势渐失、经营面临严峻的威胁。豪华酒店过剩只是阶段性现象，酒店业投资仍有机遇。

第三阵营：经济连锁型

由于中国低端连锁酒店市场里国外资本较少进入，并且国内经济连锁酒店经过多年的市场实践，形成了一套专业管理体系和品牌运营模式，也验证了自有品牌的力量。以如家、汉庭、锦江之星、7 天、速 8 为代表的中国经济型连锁酒店，价格低廉，服务提升，成本较低，迎合市场需求。随着市场需求扩大和服务的提升，经济型连锁酒店将迎来可持续繁荣的局面。

三、酒店信息化的应用情况

酒店的竞争将主要在智能化、信息化方面展开。店内装潢、客房数量、房间设施等质量竞争和价格竞争将退居二线。酒店信息化的发展趋势主要分为三大应用领域：一是为酒店的管理者、决策者提供及时、准确地掌握酒店经营各个环节情况的数据；二是针对酒店的经营，为节省运营成本、提高运营质量和管理效率的信息化管理和控制技术；

三是直接面对顾客所提供的信息化服务。

（一）电子商务

对酒店而言，盈利是根本，若要加快酒店行业的信息化进程就应当首先从能够为酒店创造或提高经济效益的项目着手。建立一个基于互联网的全球酒店客房预订网络系统已不再是难事。无论集团酒店、连锁酒店还是独立的酒店都可以加入成为该系统成员，并且享用全球网络分房系统。全球网络分房系统，可以通过 Internet 接入。让旅行社团、会议团队、散客都可以利用电脑直接访问该系统，从中得到某酒店的详细资料，包括酒店的出租状况，并能立即接受预订和确认。

（二）智能管理

“酒店智能管理”作为一个综合概念，给酒店业带来经营管理理念的巨大变革。这一变革要经过不断的建设和发展，渐渐形成一个涵盖数据采集、信息存储、信息处理、传输控制等的体系。这些信息库的建立将成为酒店信息化管理和办公自动化的重要基础。从前台客人入住登记、结账到后台的财务管理系统、人事管理系统、采购管理系统、仓库管理系统都将与智能管理系统连接融合构成一套完整的酒店信息化体系。

（三）个性化服务

服务业现代化的一项重要内容，就是要实现“个性化服务”。例如，酒店的会议室采用可视电话系统，可以跨全球同时同声传影传音翻译；基于客户管理积累和建立的“常住客信息库”记录了每位客人的个人喜好，客房智能控制系统将根据数据库中的信息实现，如光线唤醒，由于许多人习惯根据光线而不是闹铃声来调整起床时间，新的唤醒系统将会在客人设定的唤醒时间前半小时逐渐自动拉开窗帘或增强房间内的灯光；无匙门锁系统，以指纹或视网膜鉴定客人身份；虚拟现实的窗户，提供由客人自己选择的窗外风景；自动感应系统，窗外光线、电视亮度、音响音量和室内温度以及浴室水温等可以根据每个客人的喜好自动调节。

第三节　旅行社

一、透过数据看旅行社

（一）基本情况

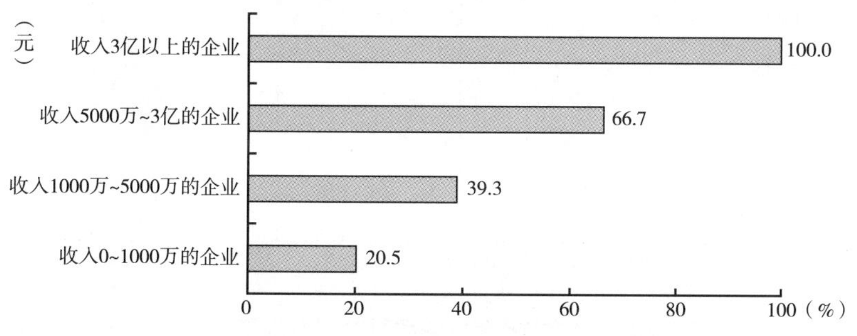

图 7–23　2012 年中国旅行社信息化部门设立情况

旅行社信息化机构设置、机房及网络建设与经营规模完全正相关，信息化已经是旅行社核心的竞争能力。中小旅行社如何开展信息化建设是值得关注的问题。

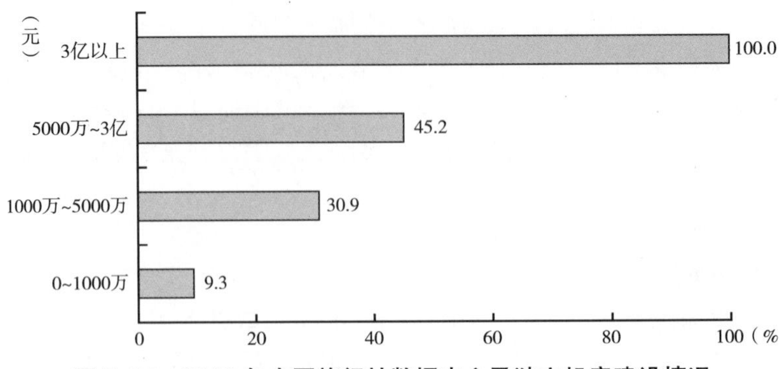

图 7-24　2012 年中国旅行社数据中心及独立机房建设情况

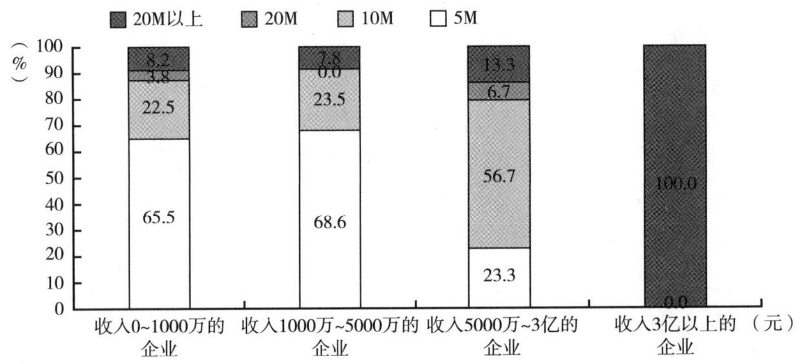

图 7-25　2012 年中国旅行社网络建设情况

（二）资金投入情况

旅行社在信息化的资金投入与收入比例，明显比其他行业要小，主要是受旅行社竞争激烈、盈利能力较弱的影响。

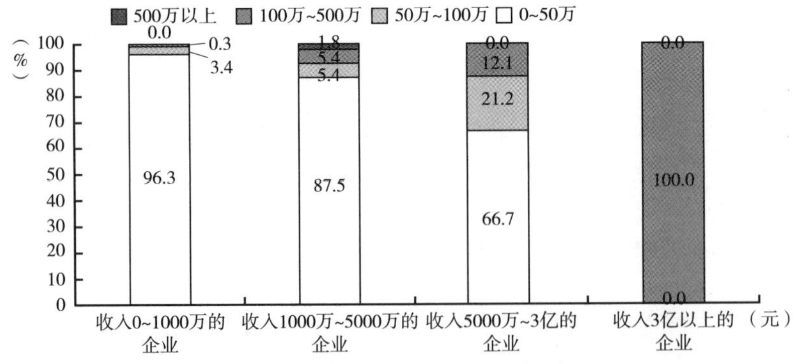

图 7-26　2012 年中国旅行社旅游信息化投入

（三）系统建设情况

旅行社在管理系统和运营系统的建设比例差不多，呈现不同的旅行社建设方向有所差异。受经济效益影响，一般旅行社都无法建立较为全面的信息化系统，而网络营销系统建设情况要明显好于其他旅游行业要素。

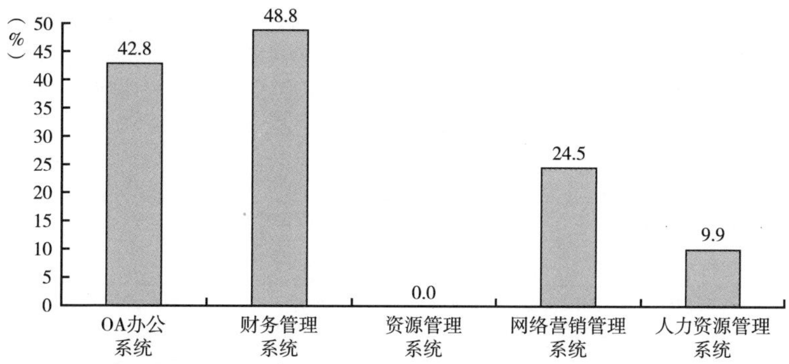

图 7-27　2012 年中国旅行社管理系统安装情况

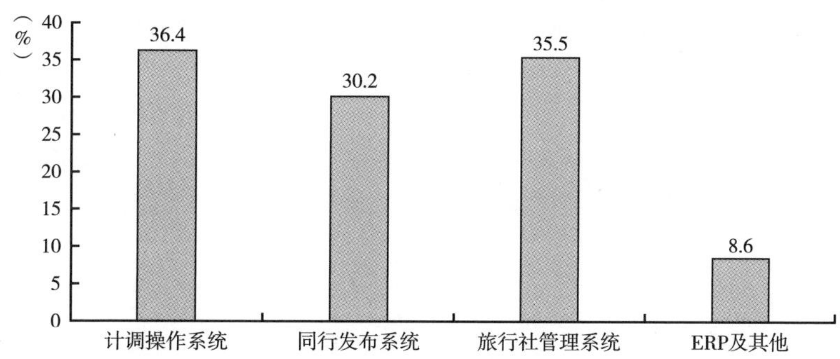

图 7-28　2012 年中国旅行社旅游信息化系统安装情况

（四）核心问题

旅行社信息化建设起步较早，成熟度高，所以大型旅行社在政府指导与支持时更多考虑政策倾斜，中小旅行社受到效益影响，更多希望政府在资金上给予支持。

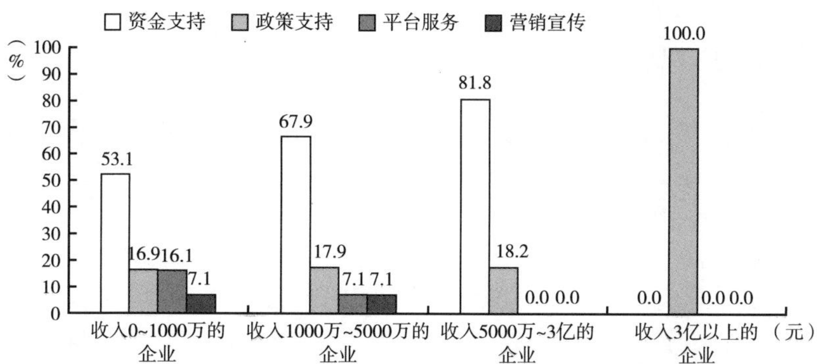

图 7-29　旅行社期望政府在旅游信息化建设方面提供指导与支持

旅行社在信息化建设时，除了常规的人才瓶颈外，已经发展壮大的旅行社最大的问题是合作伙伴的问题，说明信息化发展已经成熟，信息化需求向个性化方向发展，以此匹配企业的管理模式。

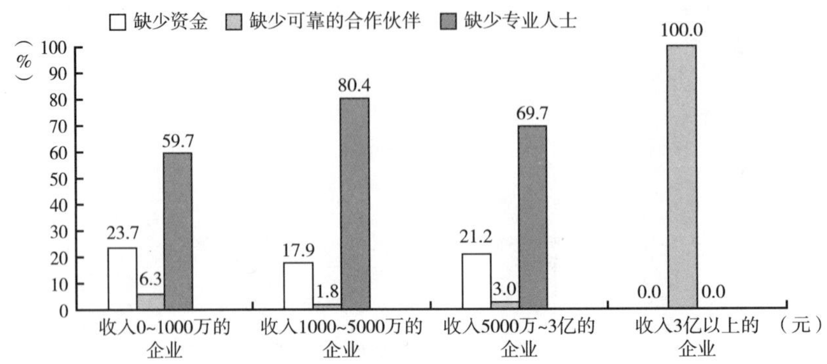

图 7-30　旅行社信息化建设方面碰到的难题

从未来三年的发展规划看，旅行社的发展方向还是从基础设施和系统优化入手，新系统建设需求少。

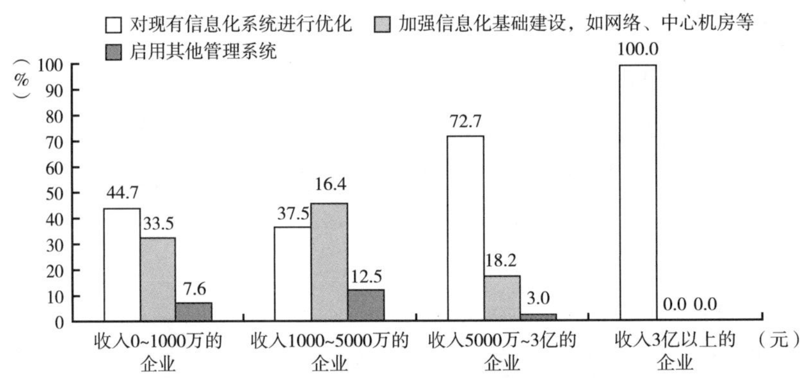

图 7-31　旅行社未来三年的信息化建设重点

二、旅行社发展现状

旅行社行业是一个近年来快速发展、壮大的行业，经过 20 余年的市场化进程，中国旅行社业已经具备了相当的规模，旅行社也通过市场化运作提高了经营意识，积累了不少宝贵的管理经验，初步形成了一个庞大的行业体系。

截至 2011 年年底，全国纳入国家旅游局统计范围的旅行社有 23690 家，同比增长 3.98%；全行业预计实现营业收入 2950 亿元，同比增长超过 11%。

在如此庞大的旅行社行业中，全国旅行社总资产 666.14 亿元，同比增长 13.68%，其中负债 443.18 亿元，同比增长 28.09%，所有者权益 222.96 亿元，同比减少 7.09%。

可以看出，旅行社多元化投资在增加，传统业务的收益或者说传统业务占总收益的比重在下降。从业人员方面，全国旅行社直接从业人员 277262 人，同比减少 18.67%，其中大专以上学历为 170872 人。由此看出，旅行社从业人员的普遍素质并不高，硬件发展过快，旅游人才的培养严重滞后。总体看来，我国旅行社具有以下特点。

（一）区域分布相对集中

根据国家旅游局、国家统计局的统计数字显示，2012 年第二季度全国旅行社总数为 24517 家；2012 年第二季度全国旅行社组织国内旅游 4160.84 万人次，接待 4753.30 万人次，同比增长 12.00% 和 14.15%；第二季度旅行社接待国内旅游人数排名前十位的地区由高到低依次为江苏、四川、浙江、广东、上海、云南、山东、湖南、湖北、福建。

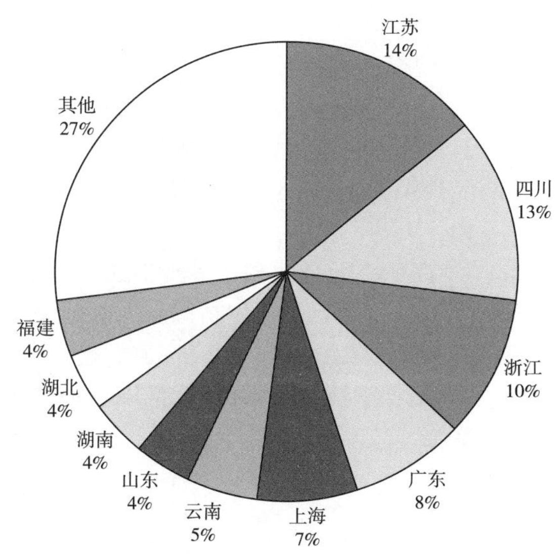

图 7-32 2012 年第二季度接待国内旅游人次排名前十位的地区情况

由此可以看出，国内游客相对集中在经济相对发达的地区，如江苏、山东、浙江、广东、上海等地。这些地区经济较为发达，每年输出的旅游者数量较多，旅行社面对的客源市场规模较大，这为当地旅行社的发展提供了良好的市场条件。旅行社也相对集中在旅游资源多的地区，如江苏、四川、浙江等地。这些地区由于旅游资源比较丰富，每年进入这些地区的旅游者规模可观，这为以接待为主的旅行社的发展提供了良好的外部环境。旅行社还相对集中在拥有国际空港的交通枢纽地区，如北京、上海和广东等地。这些地区是国际旅游者重要的进出口岸和中转地，客流量较大，为旅行社的发展提供了丰富的客源。

（二）国内旅游人天数明显高于入境和出境

以国内组织人天数、入境外联人天数、出境组织人天数三项指标数据为依据比较三大市场，2011 年度全国旅行社国内旅游明显高于入境和出境，所占份额达到 71%（见图 7-32）。

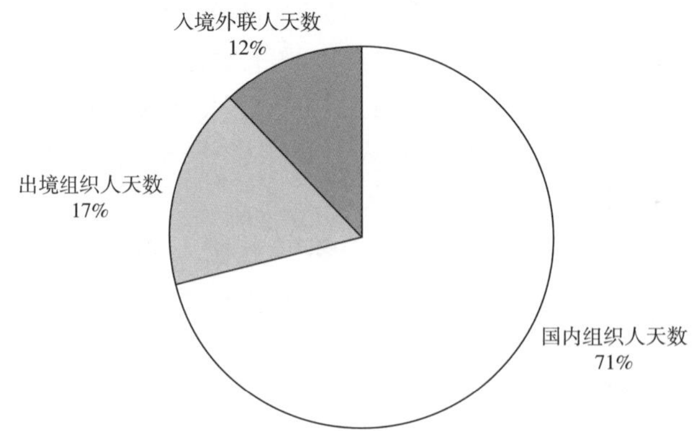

图 7-33　2011 年度三大旅游市场人天数情况

（三）就经营规模来看，小规模的旅行社占绝对多数

由于旅行社注册资金相对较少，硬件投资简单，迅速吸引其他行业纷纷将扩大经营业务投向旅行社。民间资金大量流向旅行社，造成旅行社业务发展较快，数量增幅较大，旅行社遍及各行各业，但规模普遍较小，一般旅行社的员工都不超过 50 人，最少 3 人，均属小微型企业。

（四）从内部结构来看，大都是小而全，缺乏专业分工

中国众多的小型旅行社具有“小而全”的建制特点。在经营方面，除因国家特许经营权力的分配和地理分布的原因而导致的部分旅行社的市场差异外，不同规模的旅行社之间基本上没有明显的专业分工，资源迥异的旅行社都以相似的方式参与市场竞争，这也构成中国旅行社业的一大特点。

三、旅行社信息化发展现状

旅游活动作为人们生活方式的延伸，旅游业作为服务业的龙头产业，必然会因为信息技术发生革命性的变化而变革。此外，随着生产生活的发展，在线旅游、邮轮游艇旅游、房车旅游、自驾车旅游等新的旅游方式的产生，旅行社作为提供旅游服务的企业，必须跟上旅游者的需求、跟上旅游者的选择——旅行社如何去迎合和满足这部分新兴需求，同样离不开自身的智慧化建设。自 1981 年起，随着中国国旅引进美国 PRIME550 型超级小型计算机系统，用于旅游团数据处理、财务管理和数据统计开支，经过近 30 年的发展，中国旅行社行业取得了诸多成绩，主要集中在：

（一）提升信息化管理

20 世纪 80 年代初期，中国国际旅行社总社在国内同行业中率先实现了组团业务电脑化和财务结算电算化。20 世纪 90 年代初，全社组建了企业内部局域网，先后组织设计开发出适应本企业旅游业务发展需要的各种电脑应用系统。其他的大型旅行社如中国旅行社总社、中国青年旅行社总社、中国康辉旅行社总社等也较早地运用信息技术进行经营。1997 年，中国国际旅行社总社率先采用 DDN 专线方式，将全社内部局域网与国际互联网互连，为全社开通了电子邮件和网络传真服务，不仅为全社员工提供了一个高效、经济、安全、方便的通信平台，而且为全社开展电子商务提供了良好的网络环境。随后，国旅总社网站（CITS.NET）的开通和“国旅信息港”的运行更为发展国旅总社电子商务提供了外部环境。国旅总社积极参与投资组建的华夏旅游网络公司，不仅为国旅总社经营管理现代化、网络化发展提供了重要的技术支持，而且双方在发展中国旅游业电子商务方面结为良好的战略联盟。国旅总社 80% 的饭店预订和长江游船预订业务实现了网络化。其他大型旅行社或旅行社集团在应用信息技术方面亦不甘落后，纷纷建立起自己的网站或者网页，进行网上的促销和预订。此外，一些地方性的中型旅行社也在尝试进行网上交易或网上宣传促销。总之，中国的旅行社行业已经开始普遍采用信息技术和互联网进行企业的运作。

（二）提供信息化服务

1993 年 7 月 20 日，以国旅为中心，由西安、桂林、广东、浙江、南京、无锡和苏州等国旅集团成员企业及航空公司、铁路、汽车公司、饭店、餐馆和商店等相关企业组成的国内第一个以旅行社为龙头的跨地区、跨行业和经营性电脑预订网络建成。

通过与澳大利亚喷气座旅行社（JETSET）世界电脑预订网络联网运营，中国 19 个旅游城市的信息和产品可通过该网及其连接的其他世界性预订系统发布到世界 25 万个零售商的终端机上，直接接受旅华预订。

中国国际旅行社总社还通过与澳大利亚的 JETSET 联网运营，加入了全球预订系统（GDS），在对外招徕和内部管理等方面发挥作用。

为进一步发展网上国际机票预订业务，国旅总社已与伽利略公司结为合作伙伴，该公司将为总社提供面向国际互联网的航空预订系统接口专用软件，在网上直接提供各大航空预订系统机票的实时查询和预订，大大扩展网上订票服务，这将是国内首家旅行社机票预订系统与航空预订系统的直接互连。

上海春秋国际旅行社研发了广域网软件，直接建立电脑终端联网，并且不断降低门槛，吸收全国近 100 个城市的近 400 家旅行社入网。以上海地区为例，周边 200 公里以内，都能做到电话预订后免费送票上门。

2012 年 5 月 10 日，北京智慧旅游行动计划纲要发布暨工作部署大会在北京长富宫饭店隆重召开。会上，北京市旅游发展委员会正式发布了《北京智慧旅行社建设规范（试行）》。准备用 4 年时间，打造智慧旅行社，提升在线旅游预订服务水平，实现旅游随团游览和自由行的透明化、立体化和互动化，让游客轻松了解、查询、预订所需要的旅游服务。

旅行社信息化让游客可以自主进行旅游产品选择、旅游服务商选定和旅游行程安排的自主设计，能为游客旅游全程提供自动定位、安全预警、紧急救援呼叫等服务。通过移动终端查询、预订旅游产品、在线支付、下载电子行程单和电子合同，使游客清楚地知道旅游行程计划的执行程度、线路安排的合理程度以及导游的业务水平和称职程度。对于来京游客，在旅游前可通过官方及旅行社网站查询旅游信息并且在网上预订旅行社服务，还可在网上对旅游目的地进行虚拟游览和体验，激发游客对文化内涵的深切感知和浓厚兴趣。

第四节　乡村旅游

乡村旅游是以农业生产、农民生活、农村风貌以及人文遗迹、民俗风情为旅游吸引物，以城市居民为主要客源市场，以满足旅游者乡村观光、度假、休闲等需求的旅游活动。

一、乡村旅游信息化发展现状

以互联网为核心的信息化浪潮在中国已经进入一个快速发展期，现代化信息网络这种天然的爆炸式扩张趋势在农村也不例外。现在全国 97%的乡镇具备互联网接入条件，92%的乡镇开通宽带。中国许多农村已经形成了基于村村通有线电视、网络、广播、电话、移动电话和互联网以及传统媒体为主体的信息传播网络。农村信息化的飞速发展，打破了农村过去偏远封闭的状况，农民“人在家中坐，全知天下事”，在信息消费支出方面大幅度增加。同时，农村信息化特别是移动电话和互联网络的普及，改变了农村固有的信息流自上而下单向传递的模式，农村具备和城市进行双向信息沟通的基础和条件。随着农民收入的不断增加和政府投入的加大，信息化网络硬件建设还会进一步加快，乡村旅游信息化基础设施条件得到了较好的改善。

近年来，中央 1 号文件高度关注农村建设。2008 年中央 1 号文件《关于切实加强农业基础建设进一步促进农业发展农民增收的若干意见》指出，要积极推进农村信息化，按照求实效、重服务、广覆盖、多模式的要求，整合资源，共建平台，健全农村信息服务体系。近两年来有 30 多个部委制定了相应的推进农村信息化政策，涉及的工程项目不下 40 项。政府主导和输血性机制的加强，对加强农村一体化的信息基础设施建设，创新信息服务模式，加快农村信息化建设产生了深远影响，较好地促进了农村信息资源、信息服务系统和信息环境逐步完成从传统到现代的转变。伴随着信息技术的进步、农村市场化程度的推进以及法律法规的健全，在旅游业转型升级的大背景下，乡村旅游信息化建设融入农村信息化的大局当中，获得了极佳的发展环境和有力的政策推动，无论硬件还是软件建设都有长足的进步。

二、乡村旅游信息化应用情况

（一）乡村旅游数据库

建立一个乡村旅游核心数据库，集成所有乡村旅游资源、旅游信息以及其他与旅游六大要素相关的数据，形成一个全面反映旅游资源现状的综合数据库。主要包括乡村旅馆数据库，乡村旅游自助线路资料库，乡村餐馆数据库，特色商品和特色农产品资料库，娱乐项目资料库，户外活动资料库。该数据库必须与各行业有关部门网络互通，并建立与之配套的信息共享机制、各级部门协调运行机制，保证数据的动态更新与维护，为整个旅游信息管理体系提供数据支持。

（二）乡村旅游电子商务

乡村旅游电子商务网络建设与行业管理目标相结合，充分考虑旅游者、旅游企业、政府管理部门、旅游相关机构各利益主体管理信息化的需求，以电子交易为核心功能，集信息交流、旅游科研、企业管理、旅游服务功能于一体，追求以电子商务促进旅游子系统信息交流与共享，以电子商务提升旅游企业竞争力与品牌形象，以电子商务推动旅游服务的人性化与个性化发展，以电子商务提高乡村旅游理论与实证研究水平。

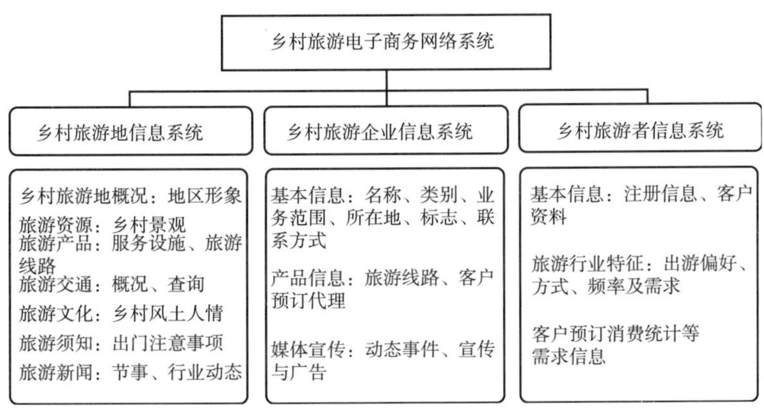

图 7-34　乡村旅游电子商务示例图

第三部分

旅游信息化发展趋势

第八章　旅游信息化发展的机遇和挑战

当前，旅游业信息化需要加快发展，走在中国现代服务业信息化进程的前沿，催化旅游产品的转型升级，引导旅游业从传统的观光旅游转向体现国民幸福感的休闲旅游，从而尽快成为国民经济战略型支柱产业。旅游信息化是旅游业发展的关键推动力之一，为旅游业建设提供了技术支撑，是优化旅游软环境最直接的手段，利用信息技术改造和提升旅游业质量，实现旅游经济的快速增长。充分利用电子技术、信息技术、数据库技术和网络技术，收集、整理、整合利用各类旅游信息资源，实现信息的有效交流和业内共享，是推动旅游业结构优化升级的关键环节，也是提高管理水平的重要手段。

第一节　旅游电子政务发展的影响因素

一、旅游经济发展方式结构升级对旅游电子政务的影响

按照旅游业“十二五”规划的基本思路，未来中国将坚持以科学发展为主题，转变旅游经济发展方式。转变旅游发展方式将贯穿于整个“十二五”过程，并对未来中国的经济社会发展产生重要影响。未来旅游电子政务发展如何适应旅游经济发展方式的转变和转型升级，如何为旅游发展方式服务，是一大挑战。

二、“十二五”时期行政管理体制改革对旅游电子政务的影响

“十二五”时期行政体制改革对旅游电子政务产生重要影响。未来中国行政体制改革总目标是：构建有中国特色社会主义行政管理体制，建设服务型政府和法治政府。在建设服务型政府这个大目标下，中国旅游管理机制有可能在这些方面进行深化改革。这些改革，必将对旅游电子政务的建设和发展产生重要影响。

三、网络监督发展对旅游电子政务的影响

网络监督的快速发展，可对旅游电子政务的建设和应用产生深刻的影响。现在，中国网民人数已经达到5.38亿。网络监督的异军突起，使得近年来中国发生的一系列网络事件，对旅游管理产生了广泛的影响，也对旅游管理形成了很大的挑战和压力。从某

种意义上说，未来中国的旅游电子政务规划和建设，如何适应网络民主和网络监督发展需要，是必须认真考量的问题。

四、新技术及其环境发展对旅游电子政务的影响

一是三网融合、3G 的推广应用以及下一代互联网等新技术对电子政务建设必将产生重要影响；二是信息安全需要特别关注；三是信息共享、业务协同必须重视。

第二节　旅游公共信息服务关键问题

一、旅游公共信息的诚信制度有待完善

现有的市场准入制度不完善，只有针对中介和卖方的资格认定，大量非法及不合规的旅行机构通过公共信息渠道散发不良公共信息，同时不排除部分准入的市场主体伪造资质获得交易和服务资格。以上行为均需要从制度和执法上入手加强监管。

《陕西省公共信用信息条例》是中国第一部公共信用信息地方性法规，《条例》对公共信用信息的征集、披露、使用、保护、管理等各个方面进行了全面规范，形成了一整套管理体系和管理流程，覆盖企业、个人及其他社会组织，在制度设计上具有较强的创新性和可操作性，将为全国和其他地方的信用信息立法工作积累很好的经验。

二、旅游公共信息的共享机制需要建立

旅游资源的管理现在是多头管理状态，涉及农林渔牧、国土资源、文化教育等部门，旅游局必须协调相关部门建立公共信息的共享，加强信息交换，提高行业的工作效率。三网一库以及目的地基础数据库的建设是旅游公共信息建设的基础工作，需要全国旅游部门高度重视并全面展开。2012 年 10 月 25 日，湖南省旅游局与湖南省国土资源厅签订基础地理信息库、旅游基础信息库数据资源共建共享合作协议，通过基础信息库建设，形成专业数据库，实现全省旅游资源数字化，为全省旅游基础内容信息化打下了坚实的基础。

三、旅游公共信息的规范问题必须重视

第一，旅游产品的信息需要进行监管监督，避免出现虚假旅游信息及广告行为，充分发挥 12301 以及其他投诉监督渠道的作用，及时发现问题，避免扩大不良信息的负面影响。

第二，随着旅游在线交易的快速发展，电子合同呈现出多样化和快速发展的特征。由于电子合同的易改动性和非证据性严重影响了交易的公平性和安全性，必须通过市场规范加以监管。2009 年，太原市旅游局就在 70 多家旅行社试运行旅游电子合同。经过一年的试运行，反映情况非常好。现在上海、海南、辽宁沈阳和大连等省（市）都开展了电子合同的推广工作，广东省电子合同的系统建设工作也已经开始。

四、旅游公共信息服务投资保障体系需尽快完善

大众化旅游发展阶段是推动旅游公共服务的最佳机遇期，但还存在各级旅游管理部门对公共产品需求缺乏认知，没有建立相应的工作机制，公共服务建设明显滞后于旅游公共需求，暴露了有效供给不足的问题。大力引进社会投资是解决该问题的有效方法。杭州无线城市建设工作始于2007年，以华数数字电视传媒集团为主体进行建设，已经把全城网络基站增加到3000个，真正做到“有阳光的地方就能免费上网”。北京的旅游设施无线发展计划作为“智慧北京”建设的一部分，已有104家旅游单位完成了无线局域网安装，方便游客移动上网，景区内的无线局域网建设也让游客们享受到“移动上网”的便利。中国移动与海口市政府签署了“无线海口”战略合作框架协议，双方约定将围绕“无线海口”为发展和服务目标，建设无线城市信息基础设施、建设TD-LTE示范城市、建设无线城市门户、搭建移动电子商务平台、推动物联网应用，共同推动海口市信息化的全方位发展。

五、旅游公共信息服务必须坚持“以人为本”

旅游公共信息服务必须满足游客以及旅游从业者的信息环境需求，而不是控制用户的信息环境，应该提高游客使用信息的效率和效益。可以通过对旅游公共信息建设的“效益、效率、充足性、公平性、回应性和适应性”六个角度评估旅游公共信息服务的价值。

中国旅游研究院主办的2011年全国游客满意度调查报告显示，全国处于78.61%的“基本满意”水平，与2010年的78.95%基本持平，东部地区城市游客满意度较高，中西部地区游客满意度提升较快，地区间差距呈减小趋势。从近三年调查结果看，网络预订、城市和景区三大服务体系满意度最高，处于“非常满意”水平。旅游行业管理、旅行社、旅游价格是调查发现的三大突出旅游问题。旅游投诉满意度为58.91%，投诉程序便捷程度、投诉制度完善程度有所提升，高于以往各期水平但仍处于“不满意”水平。游客更愿意选择网上发帖曝光而不愿意到相关部门投诉维权，投诉受理渠道不畅和投诉处理机制低效是主要原因。

表8-1　2011年全国样本城市游客满意度（%）

苏　州	84.83	宁　波	83.99	厦　门	83.52	成　都	83.47	杭　州	83.09
无　锡	82.70	桂　林	82.54	黄　山	82.44	北　京	81.78	上　海	81.22
南　京	81.19	沈　阳	81.02	广　州	80.72	青　岛	80.64	长　沙	80.28
重　庆	79.71	济　南	79.71	贵　阳	79.42	银　川	79.07	洛　阳	78.73
大　连	78.17	天　津	78.17	西　宁	77.91	昆　明	77.77	武　汉	77.71
珠　海	77.70	张家界	77.66	哈尔滨	77.25	吉林市	77.22	南　宁	77.21
深　圳	76.94	广　安	76.63	郑　州	76.32	太　原	76.19	长　春	76.07
西　安	75.09	石家庄	75.79	兰　州	75.54	拉　萨	75.02	海　口	74.86
合　肥	74.83	遵　义	73.13	呼和浩特	74.02	承　德	73.90	三　亚	73.56
乌鲁木齐	73.40	福　州	73.28	南　昌	72.43	秦皇岛	70.30	延　安	69.80

（数据来自《2011年全国游客满意度调查报告》，中国旅游研究院）

六、目的地系统出现瓶颈

（一）行业地区差异显著，整体应用水平不高

目前，中国旅游业信息化建设存在的一个很大的问题就是“资源浪费”和“贫富不均”。部分地区和单位所拥有的软硬件以及信息网络资源长期处于闲置或半闲置状态，而还有很多的地区和旅游业态单位购置不起信息网络软硬件资源，同时，越是经济欠发达地区，信息网络资源的应用成本越高。

当然，在旅游目的地信息化建设的差异中，我们也发现了下面一些相关因素：

一是位于经济发达与经济欠发达地区的旅游企业，对应用信息技术的感受和体会截然不同。

二是企业规模决定了发展信息技术的平均成本和效益。经济发达地区、大型旅游企业拥有明显的优势。

三是旅游目的地旅游业务的市场覆盖面越广泛，则对信息技术的依赖程度越高。

四是旅游目的地旅游业务的外向性越高，国际化程度越高，企业受到外部世界发达信息技术的影响就越大。

五是管理者的知识水平和眼界直接影响旅游目的地信息化建设的水平。

（二）信息服务供不应求，资源共享交流不畅

目前，旅游目的地信息服务不能满足旅游者的需要主要表现在以下两个方面：首先，基础设施应用差，网上信息更新较慢，大多数旅游景点已经有独立的域名网站，但只注重形式，内容长期不更新，旅游者无法及时获悉景点的新节目、新动向，无法与景区在网上进行交流。其次，个性化定制服务能力弱。旅游信息内容一般都只涉及旅游目的地、景点、饭店、交通旅游线路和旅游常识等，普通旅游网站一般都有，但在根据旅游者的特点和需求组合定制旅游产品，提供个性化旅游线路建议等方面做得好的旅游网站非常少。此外，在旅游者的旅游途中，很少有为其提供购、食、住、行等信息服务的好中介。旅游网站与传统旅游企业之间的整合与战略联盟仍然是制约旅游目的地信息化发展的瓶颈。

当然，与单个旅游企业信息化建设水平亟待提高相比，各旅游目的地信息化的统筹规划和互联互通则是更为迫切的。旅游目的地的信息化建设是一项系统工程，涉及与旅游相关联的各行业的各个层面，需要行政管理各部门的通力合作，才能更好地发挥规划、推广、管理、指导作用。在旅游目的地的信息化建设项目实施中，目前大多采用“谁给钱为谁干，给多少钱办多少事，多给多干、不给不干”的模式，缺乏整体性和系统性，相互之间没有资源共享机制，信息资源交流不畅，不利于提高整个旅游目的地的工作效率。同时，各项目发展缺乏联动，点面结合能力较差。旅游目的地及所辖企业自行建网容易形成“信息孤岛”，网站知名度难以提升，访问量低，宏观的信息流动和共享仍是制约信息效益的关键症结。

第三节　旅游电子商务的主要挑战

中国国内旅游业迅速发展，这既是机遇，也会使各大旅游电子商务网站运营商面临前所未有的挑战，主要表现在以下三个方面。

一、网上交易缺乏信用保障

交易的安全性仍然是影响旅游电子商务发展的主要因素。在开放的网络上处理交易，如何保证传输数据的安全成为旅游电子商务能否普及的最重要的因素之一。调查公司曾对旅游电子商务的应用前景进行过在线调查，当问到为什么不愿意在线购物时，绝大多数人的答案是担心遭到黑客的侵袭而导致信用卡信息丢失。因此，交易安全成为旅游电子商务发展中最大的障碍。此外，中国目前还没有建立完善的信用制度，使得电子支付成为网上交易的瓶颈问题。

二、经营模式趋向雷同

旅游网站主营的电子商务业务有机票、酒店、旅行团预订三大项，每个旅游网站都有。当网站把自己看成旅行社的时候，发现所提供的这些服务跟传统旅行社、酒店预订中心、机票销售公司相比没有太大的优势可言。因此，旅游网站必须提供一种更好的服务、更好的产品，或者寻求新的立足点与发展契机，或使销售额迅速地扩大，才有可能盈利。在没有明确的更佳的发展模式时，网站就迷失了方向。

三、市场细分需要加强

市场细分不明确是目前国内旅游电子商务中普遍存在的一个问题。通过观察我们可以发现，大多数旅游电子商务所发布的信息和旅游产品“老少皆宜”。旅游者多种多样，不同旅游者的兴趣爱好、文化背景、经济能力、职业和年龄不一样，因此各自的旅游需求也就有所不同。如果不顾不同层次顾客的需求有针对性地进行市场细分，很难引起访问者的旅游欲望，旅游电子商务的供给与旅游者的个性化需求便难以实现有效对接。

第四节　新媒体对旅游信息化的影响

新媒体是新的技术支撑体系下出现的媒体形态，具体到旅游业的应用，可以归纳为积极利用微博、微信、手机报、手机快讯、手机互联网站、APP 客户端等新媒体手段，实现旅游传播网络化、管理信息化、商务电子化、营销数字化。旅游使用新媒体的手段非常丰富，本报告只从微博以及旅游视频两个角度观察国内旅游新媒体的应用情况。

一、旅游微博热度升温

微博作为新生代的网络交流工具，既是一个即时的信息发布平台，也是一个自媒体平台，正成为旅游管理部门以及旅游企业打破传统营销模式、提高旅游信息化服务水平的新手段。微博具有及时性、灵动性、广泛性、图文并茂的特点，对于市场推广、品牌宣传有成倍的放大效应。以微博迅速聚拢“粉丝”，发布旅游信息、提升目的地品牌形象，线上线下互动，将旅游营销的关键点转移到游客身上的旅游微博营销来势凶猛，全国旅游营销步入“微博”时代。

中国微博用户已经突破 3.5 亿。有价值或符合大众口味的信息很容易在微博平台上容易出现大范围的传播。2011 年被称作“旅游微博年”，不管是地方旅游局还是各大旅游景区，或者旅游电子商务网站等，甚至是国外相关旅游行业都相继开通了官方微博，试图抢占先机。国家旅游局、山东省旅游局、四川省旅游局等各大官方旅游局，以及 e 龙、携程旅游网都开通了微博账号，一经注册便获得了可观的粉丝数，充分显现其影响力。

中国旅游微博是国家旅游局信息中心联合各省、直辖市、自治区旅游局信息中心，共同打造的一个官方旅游资讯发布平台，旨在宣传中国旅游资源，服务广大游客。该微博将成为广大游客获取第一手旅游资讯和权威出行提示的重要渠道，也是游客与官方零距离互动、沟通的平台。自开通以来“中国旅游”官方微博粉丝数量呈连续上升趋势，截至 2013 年 3 月粉丝人数已达到 348 万。

目前，河南、山东、浙江、安徽、湖南、北京、宁夏、四川、云南、湖北、上海、天津、福建、广西、江西、陕西、山西、河北、吉林、辽宁、贵州、海南、重庆、西藏、新疆、内蒙古 26 个省（区、市）的旅游局，以及更多的地方旅游部门都已开通官方微博，并与中国旅游微博形成微博联盟。

近年来，国家旅游局通过微博进行了丰富多彩的旅游推广活动。其中中国国际旅游交易会是亚洲地区最大的专业旅游交易会，得到了世界各地旅游业界人士的关注。中国国际旅游交易会一年一届。从 2001 年起，每年分别在上海和昆明交替举办，相关部门通过一系列微访谈、微直播、微报道，吸引了大量网友参与讨论。

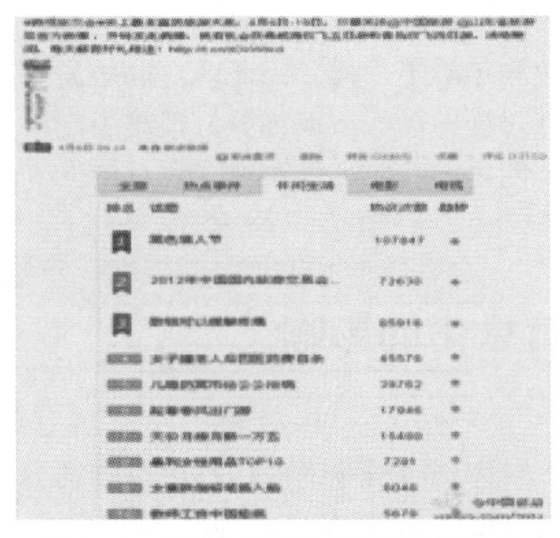

图 8-1 2012 中国国内旅交会某单条微博转发量和话题排名

2011 年 4 月 12 日，国家旅游局举行新闻发布会，对外宣布每年的 5 月 19 日为中国旅游日。2011 年旅游日期间共收集网友话题 96982 条，成为当时新浪微博第二大热门话题，网友参与热度非常高。在中国旅游日宁海现场，微博大屏共滚动播出相关话题 5000 余条。其中，有 23 个省（区、市）旅游局官方微博积极参与了话题讨论。

图 8-2　旅游日当天大屏幕展示 5214 条信息

图 8-3　中国旅游微博获得的奖项

目前，中国旅游微博获得央视网授予的“2012 年度最具影响力政务微博”，新浪网授予的“2012 全国十大旅游机构微博”、“2012 年度中央部委十大影响力政府机构微博”，中国信息化研究与促进网授予的“2011 及 2012 年度中国最具影响力政务微博”。

各地旅游局也通过微博进行了丰富多彩的旅游推广活动。浙江省旅游局开展了“百个景区万张门票送粉丝的活动”，山东省旅游局组织了“游百景赢大奖活动”，两个月时间有 50 多万人参与。由江西省旅游局主办的“(博)动江西 · 风景独好”大型旅游推广活动，联合腾讯网、新浪网、搜狐网邀请海内外 120 名微博达人组成江西旅游“博”士团从 2012 年 3 月 19 日至 4 月 16 日分三批畅游江西。活动中，“博”士团博主原创微博 2 万余条，原创文 400 余篇，拍照 20 余万张，视频近百条，吸引网民评论近 60 万条。活动不但在网上引起广泛关注，同时借助报纸、电视等传统媒体，在网下也引来如潮的关注。网络媒体以微博为主战场，辅以新浪、搜狐、腾讯等门户网站的专题推介，加上大江网等省内各大网站的密切关注，在网上形成“江西风景独好”宣传热。而在网下，《中国旅游报》、《江西日报》、江西卫视、《江南都市报》等省内外媒体纷纷派出强力报道阵容，强势关注，重点报道，让活动的影响力从网

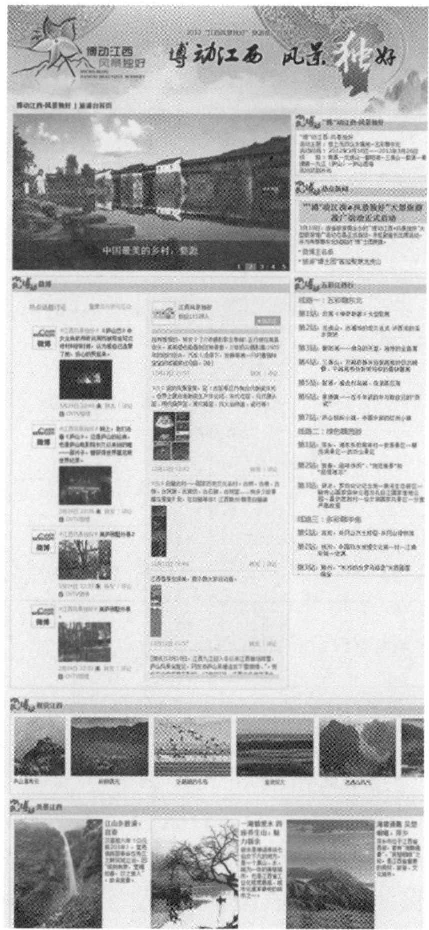

图 8-4　“(博)动江西 · 风景独好”大型旅游推广活动主题页面

上走向网下，让江西风景独好品牌更加深入人心，一波波来江西旅游的热潮从国内涌动到了国外。

截至 2012 年 11 月底，全国省级以上旅游局已经有 27 个开通官方微博，新浪微博中有 929 个旅游微博得到认证，主要是境内外旅游局、旅游协会和知名景区，其中四川、广西、山东、贵州、宁夏 5 省（区）旅游局微博开设于 2010 年，其余 21 个设有官博的省（区）开始于 2011 年。

表 8-2　新浪微博影响力排名前十的省级以上旅游局微博

微博名称	粉丝数量	微博发表数量	活跃度	影响力
中国旅游	348 万 认证粉丝：6492	4571 原创率：100%	7 条 / 天	平均评论数：10 条 平均转发数：57 条
浙江省旅游局	87 万 认证粉丝：4145	9437 原创率：95%	13 条 / 天	平均评论数：15 条 平均转发数：73 条
山东省旅游局官方微博	64 万 认证粉丝：4197	19000 原创率：85%	22 条 / 天	平均评论数：15 条 平均转发数：39 条
四川省旅游局	55 万 认证粉丝：3533	4827 原创率：95%	5.1 条 / 天	平均评论数：17 条 平均转发数：66 条
乐游上海	52 万 认证粉丝：2957	7037 原创率：90%	9.8 条 / 天	平均评论数：6.3 条 平均转发数：29 条
贵州省旅游局	38 万 认证粉丝：2720	9833 原创率：20%	10 条 / 天	平均评论数：2.6 条 平均转发数：6 条
广西旅游局	35 万 认证粉丝：2532	17650 原创率：40%	20 条 / 天	平均评论数：1.3 条 平均转发数：5.3 条
河北省旅游局	34 万 认证粉丝：861	1420 原创率：65%	1.3 条 / 天	平均评论数：1.6 条 平均转发数：2.5 条
江西风景独好	33 万 认证粉丝：1220	2832 原创率：75%	4.4 条 / 天	平均评论数：6.9 条 平均转发数：12 条
湖南省旅游局官方	32 万 认证粉丝：1858	2195 原创率：75%	3.6 条 / 天	平均评论数：3.5 条 平均转发数：13 条

说明：排名来自新浪微博人气排行榜。

2010 年年底，作为一个县级旅游管理部门的安吉县旅委在新浪注册开通了名为“玩转安吉”的官方微博，借助官方微博的权威性对安吉旅游信息、旅游线路、动态新闻等进行网络推广，并采取网络互动的形式定期派发景区门票小礼品，受到了广大网民的关注和喜爱。“安吉通带你玩转安吉，走山野寻闲趣，一样的安吉不一样的玩法！”县旅委的新浪官方微博开通到 2012 年 11 月，通过图片、景区活动介绍、各季节旅游信息发布等，迅速集聚了 24 万名粉丝。

图 8-5 玩转安吉微博主页

二、旅游视频及微电影营销崭露头角

旅游视频及微电影营销是近年来增长速度十分迅速，与其他网络营销一样，强调网民的互动性，需要精心的策划。视频及微电影营销与其他营销方式相比具有很多优势，一是好的视频能够不依赖媒介推广即可在受众之间横向传播，以病毒扩散方式蔓延。二是目前视频营销的价格相当低廉，一段视频广告的制作成本可能仅需十几万或几万元，不到同类电视广告的十分之一，但传播效果并不逊色。三是优秀的视频营销能够与用户互动，摆脱了电视广告的强迫式，能够将旅游品牌内涵进一步引申，加强传播效果。视频及微电影营销现阶段呈现的特点如下：

（一）借势营销，快速形成良好的宣传效果

山东周村借助热播影视剧《活着》、《旱码头》、《大染坊》等扩展知名度，已经建设“旱码头”、“大染房”等主题网页，并且拓展市场，全面经营托管，重新包装，以“千年古埠旱码头、北方民俗第一村为”品牌定位，打造北方的“周庄”。张家界借助《阿凡达》的巨大影响力，开展了全方位的旅游营销活动，首先悬赏 10 万元找悬浮山的“真迹”，然后开展与黄山的悬浮山原型之争，接着将乾坤柱更名为“哈利路亚山”，后将黄龙洞一表演场地命名为“哈利路亚音乐厅”，这次围绕《阿凡达》的借势营销影响深远，很多游客就是通过《阿凡达》影片在互联网搜索到张家界的信息，让更多的人更加了解张家界，张家界旅游市场得到有力的开拓。因此对于国内很多作为影视取景地的旅游目的地，应该通过网络放大影响，定能得到高额回报。

图 8-6 杭州微电影《千年之约》

（二）主题化发展，强化营销效果

2012 年旅游微电影备受青睐，各城市、景区旅游微电影纷纷上马。从年初第一个吃螃蟹的四川省旅游局到绍兴、南京、宜昌、武夷山、扬州等城市。从南北湖的《你是唯一》，到绍兴的《樱为爱情》，每一部旅游微电影都带动了一个旅游城市。

嘉兴南北湖首部微电影《你是唯一》用短短 15 分钟的影片在讲述一个两代人相知相守、寻找爱情故事的同时，将南北湖"湖山融沧海、一揽天下奇"的风光之美展现得淋漓尽致。桥段虽然老套，但画面却突破以往风光片的拍摄手法，在风光中融入了体验和经历，让看过这部微电影的观众忍不住有种心向往之的冲动。微电影上映仅仅两周，在几个视频网站的点击率就超过了 50 万次。2012 年国庆节，来南北湖的客流量就翻了近一番，门票收入增长了 187%。尝到甜头的南北湖景区正打算再打造系列微电影，并将进行微摄影、微小说、微诗歌、微散文等各式各样的"微营销"。

图 8–7　微电影《你是唯一》剧照

浙江绍兴拍摄完成的微电影《樱为爱情》实地取景鲁迅故居、百草园、咸亨酒店、沈园等绍兴著名景点，上映十多天点击量就超过 20 万次。仅用 10 分 39 秒就打动观众心的微电影《樱为爱情》，也开启了绍兴旅游的"微营销时代"。据当地旅行社统计，微电影上映后游客量激增，宾馆预订量明显提高，就连东湖湖面上的乌篷船也是应接不暇。不少游客表示，正是看了电影里"从鲁迅故里到沈园的河面上，乌篷船来往穿梭，岸上杨柳拂面，真是美不胜收"的场景，让他们有了去绍兴实地体验的想法。绍兴计划再筹拍 12 部微电影，全方位展示绍兴独特的人文景观、自然风光和民俗风情。

嘉兴和绍兴的成功带动了浙江其他地区，温州、宁波、桐乡、嘉善、金华、义乌等地也正加入微电影大军中。不仅仅是浙江，北京、江西、山东、江苏、海南、河南等十多个省市都在 2012 年出品了微电影，一场由微电影引发的旅游热潮正在形成。

2012 年春节前后，《爱，在四川》微电影（美食篇）在各大视频网站上推出，配合着四川旅游局和《中国国家旅游》官方微博的跟进营销，引起了业内和广大网民的广泛关注，上映仅 1 个月，在各大视频网站点击率超过 300 万次。

图 8–8　微电影《爱，在四川 · 熊猫编》

2012 年 7 月，绍兴市旅游集团已推出三部旅游微电影。3 月，浙江省首部旅游微电影《樱为爱情》正式推出；4 月，《樱为爱情》的续集——《樱为爱情 · 五月之恋》在网上热播。两部影片的精彩亮相，引爆了绍兴春季旅游市场。7 月，《爱在绍兴》又温情亮相，希望以亲子之情打开暑期市场。

图 8–9　微电影《爱在绍兴》

（三）创新传播方式，扩大传播范围

旅游微电影面临着宣传方式较为传统、传播渠道较为狭窄的问题：大部分旅游微电影只在启动和关机时进行“突击宣传”，这样粗放式、短期性的推广模式并不会给受众留下深刻印象，短时间红火之后，很难博得长期的关注率。

针对这种情况，微电影的传播宣传已经开始整合：线上宣传推广包括国内国外的社交平台、视频平台同步上映、微博有奖转发活动及微话题讨论、国内各大门户网站的专题报道等，线下宣传推广主要是让微电影走出网络，包括在机场播放预告片、在合作航空公司的机舱上播出完整的微电影、在旅游大巴和营业厅上循环播放、开拓地铁公交等移动传媒的渠道。

图 8-10　南阳旅游局局长带领几位副局长集体“跑龙套”

图 8-11　下关区旅游局长亲自演绎微电影

微电影的宣传已经结合了网络营销中常用的话题营销和事件营销，在拍摄过程中就不断营造话题和事件，形成病毒式传播的基础。

河南省南阳市旅游景点南阳府衙出现了这样一幕：几个“古人”下棋，旁边有“小姐”、“丫头”路过，“叫花子”围观，还有“衙役”不时巡逻。原来这是南阳市旅游局局长带领几位副局长在微电影拍摄现场客串群众演员集体“跑龙套”，演绎一个误入歧途的局级干部回到古代的“魂游之旅”。该新闻播出后引起网络热议，南阳旅游的关注率大大提高。

江苏南京下关区旅游局局长身着古装披挂上阵，在幕府登高节的微电影宣传片中“穿越”出镜。视频在该区官方微博“上线”后，仅仅十多天，新浪微博“下关微讯”粉丝数量就从 7000 多名激增到 5 万多名。

2012 年 10 月 31 日，

张家界市旅游局副局长在《张家界版江南 Style》中客串“稻草鸟叔”，在剧中表演得入木三分。这位身着稻草的长者跨在一位年轻“帅哥”身上跳舞，动作之滑稽，表情之搞笑，使该视频推出后，马上风靡网络，短时间点击率超过 600 万次，评论数量超过 20000 条，传播效应非常突出。

图 8–12　张家界旅游局副局长郑亚平扮演的“稻草鸟叔”

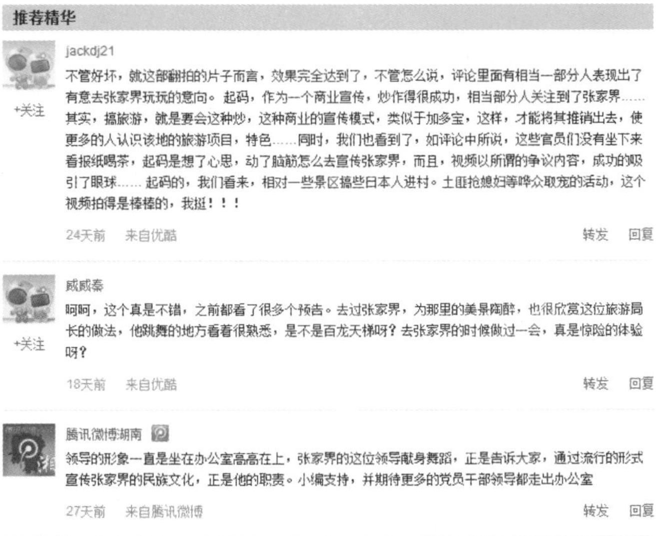

推荐精华

jackdj21

+关注

不管好坏，就这部翻拍的片子而言，效果完全达到了，不管怎么说，评论里面有相当一部分人表现出了有意去张家界玩玩的意向。起码，作为一个商业宣传，炒作得很成功，相当部分人关注到了张家界……其实，搞旅游，就是要会这种炒，这种商业的宣传模式，类似于加多宝，这样，才能将其推销出去，使更多的人认识该地的旅游项目，特色……同时，我们也看到了，如评论中所说，这些官员们没有坐下来看报纸喝茶，起码是想了心思，动了脑筋怎么去宣传张家界，而且，视频以所谓的争议内容，成功的吸引了眼球…… 起码的，我们看来，相对一些景区搞些日本人进村。土匪抢媳妇等哗众取宠的活动，这个视频拍得是棒棒的，我挺！！！

24天前　来自优酷　　转发　回复

威威秦

+关注

呵呵，这个真是不错，之前都看了很多个预告。去过张家界，为那里的美景陶醉，也很欣赏这位旅游局长的做法，他跳舞的地方看着很熟悉，是不是百龙天梯呀？去张家界的时候做过一会，真是惊险的体验呀？

18天前　来自优酷　　转发　回复

腾讯微博湖南

领导的形象一直是坐在办公室高高在上，张家界的这位领导献身舞蹈，正是告诉大家，通过流行的形式宣传张家界的民族文化，正是他的职责。小编支持，并期待更多的党员干部领导都走出办公室

27天前　来自腾讯微博　　转发　回复

图 8–13　网络热评《张家界版江南 Style》

第九章　旅游业及信息化风险分析

第一节　宏观经济风险

一、国际经济环境风险

国际货币基金组织在2012年1月发布的《世界经济展望》中预测，2012年全球经济活动将减弱，下行风险将进一步增大。2012年，全球经济增长率降至3.3%。其中，美国经济增长率为1.8%，与2011年持平；欧元区2012年将衰退0.5%；日本灾后产业链恢复，增速将反弹至1.7%；新兴经济体增速将降至5.4%。2012年，全球经济暗淡前行，影响中国入境市场，欧债危机、日本震后核辐射影响深远、人民币汇率居高不下，入境客人旅游愿望及购买力不断下降，利润空间不断压缩，入境旅游形势依然严峻。

展望未来，全球经济主要面临以下风险：一是主权债务危机正向整个欧元区蔓延，一旦失控，将引发新一轮全球经济系统性风险。二是主要发达经济体缺乏可信的财政整顿计划，可能在中长期影响复苏。三是全球银行体系风险增加，“去杠杆化”形势严峻，可能对实体经济造成冲击。四是新兴经济体经济增速进一步放缓，同时面临通胀和资本流动逆转的风险，宏观调控难度加大。五是贸易保护主义抬头。

针对不断变化的国际旅游市场，信息化部门应该配合市场部门开发新的客源地市场，有针对性地推出多语言网站以及建立本地即时翻译支持系统，在建设的同时更重要的是把相关工作做扎实，做到信息维护不拖延、不遗留、不畏难。

二、国内经济环境风险

从国内经济的增长变化看，2011年中央经济工作会议提出了“稳中求进”的宏观政策思路，稳增长成为首要任务，从规模扩张式发展转为质量效益发展。从政策的变化可以看出，目前国内经济的增长面临的挑战较大，经济波动风险积聚。国内经济发展中不平衡、不协调、不可持续的矛盾和问题突出，困难和潜在风险不可低估。对于2012年的经济增长，预计国际经济环境依然复杂多变，全球经济仍处于深度结构调整之中，经济增长动力不足，而中国也处于调整经济结构、转变发展方式的关键时期，保持经济持续增长依旧存在不少困难与挑战。

（一）投资增速仍然较快，但增幅有所回落

2012年，在国内经济增长放缓和国际上发达国家债务危机没有好转的大环境下，固定资产投资增速先升后降，下半年开始逐月回落，全国固定资产投资（不含农户）36.5万亿元，同比名义增长20.6%（扣除价格因素实际增长19.3%），却是近几年的最低水平。从短期来看，投资仍然是支撑2012年中国经济的一大支柱。中国经济长期增长的关键在于消费，短期的关键依然在于投资，2012年也不例外。尽管面临房地产调控持续、节能减排和地方财政趋紧等不利因素，但保障房建设力度增大、民生投资和对特定产业的投入将使投资继续保持较快增长。2013年各部委将积极落实“新36条”，支持民营资本进入铁路、市政、金融、能源、电信、教育、医疗等各个领域，这将对扩大民间投资、促进经济增长产生重要影响。但是，2012年，国内和国际环境更为复杂和困难，经济保持快速增长的难度更大，投资增长也面临着各种促进和制约的因素影响。

宏观经济是旅游业发展的基础，但是宏观经济的波动对旅游业的影响较小。从子行业来看，景区行业面临风险最小；受到经济活动波动较大的酒店行业，其利润增速将会明显受到抑制，将会受到较大影响；旅行社行业在经济出现下滑，但是整体行业景气持续的情况下，仍能有增长，但是增速将会有所放缓。2012年世界经济增速有下滑趋势，中国经济在经济结构调整转型的背景下，经济增速预期也有下滑。旅游酒店餐饮行业在大势疲软背景下，发展也将受到负面影响。

（二）外需下滑持续，出口增长显著回落

受国际环境不明朗、贸易保护主义抬头、基数抬高等因素影响，以及人民币升值预期、要素成本上升的趋势变化，2012年外贸增长速度比2011年有所放缓，出口下滑。欧美经济低迷将使外部需求衰减，以往的出口增速难以为继。这将对中国旅游产品和服务的出口有所抑制。

（三）通货膨胀压力仍然较大

未来中国的通货膨胀压力仍然较大，且具有长期性。要解决中国的通胀压力，还需从调整经济结构着手。回顾数据可以看出，2012年我国居民消费价格同比上涨2.6%，是最近三年来涨幅最低年。但是，2012年12月居民消费价格总水平同比上涨2.5%，创下7个月以来涨幅新高。虽然2012年我国居民消费价格总水平完成了年初中央制定低于3%的政策目标。但2012年12月的CPI总水平同比上涨2.5%，创下7个月以来涨幅新高。在统计的八大类消费品中，除交通和通信价格同比持平外，其余七类全部上涨，其中食品价格和居住价格同比上涨幅度大。中国的通胀速度将有所缓解，但是结构性压力仍然较大，这在一定程度上影响居民旅游消费意愿。

为有效化解国内旅游下滑风险，旅游信息化部门应充分利用旅游产品转型升级的契机，及时转变信息化的意识及职能，及时采用新技术，并和互联网营销相结合，不断增强旅游服务，增强游客体验，为旅游产品提供全方位的推荐服务。特别是针对休闲度假产品中的自助游和乡村游，需尽快开发出与之相配套的旅游导航、导游等相关软件。

三、突发性灾害风险

突发性灾害就其致灾成因而言可分为两类：自然和人为。无论突发性自然灾害还是人为灾害，对于旅游业来说均会造成冲击。由于天灾人祸等旅游业突发事件和不确定因素增多，旅游安全和权益保障成为旅游业的一大热点。统计发现，地震、台风、洪水等自然灾害导致的旅游安全问题和行程变更，是对旅游者出行影响最大的突发因素。由于灾害、战争等事件往往具有突发性和不可预测性，很难说 2013 年中国不会受到这种重大突发性事件的影响。

（一）自然灾害的影响

2011 年年初澳大利亚的洪水和飓风给昆士兰州的旅游资源带来破坏之后，北非和中东一些热门旅游目的地相继发生政治动乱，接着，3 月 11 日的日本特大地震，2011 年 9 月泰国遭遇 50 年不遇的洪水，几乎断送了整个泰国春节黄金市场；这些“突发事件”都以不同的方式给中国出境游市场带来一次又一次的重创。由于 2011 年全球自然灾害太过频繁，出境市场 50% 的份额在 2011 年都不同程度地遭到了自然灾害的影响。

另外，2011 年第 9 号强台风“梅花”影响浙江、上海、福建、山东、辽宁等省（市），沿海数十万人转移，景区关闭、航班取消、旅行社暂停团队行程，沿海一线各旅游岛屿撤出数万名游客；2011 年 12 月初，受大雾天气影响，北京首都机场取消了数百架次航班，众多航班延误，数万游客受到影响。

针对突发事件，旅游信息系统应积极与气象、交通等协同部门做好信息对接，及时发布相关信息，并通过网站、新媒体、12301 等渠道积极疏导游客，杜绝防范次生灾害的发生。

（二）人为灾害的影响

2011 年，影响中国旅游业的突发性人为灾害主要有埃及局势动荡和云南游客在金三角水域游览时遭到抢劫。

埃及局势动荡影响旅游业。2011 年，由于埃及局势动荡，中国赴埃游客大幅减少。1 月 28 日埃及发生大规模游行示威活动，部分游客被困滞留。中国外交、公安、旅游、民航等部门合作，派遣 8 架次航班接回包括港澳台同胞在内的中国游客 1848 人。

2011 年 8 月 23 日，云南游客在金三角水域游览时遭到抢劫，云南旅游业暂时取消了泰北旅游出团计划；10 月中国船员在湄公河金三角水域遭劫杀事件发生之后，泰国北部旅游受到影响。近几年以神秘著称的金三角地区也被游客视为最佳旅游区域，通过昆曼公路到泰国北部的自驾游路更是近年最为热门的出境游线路。12 月 10 日中老缅泰湄公河联合巡逻执法队开始在湄公河上巡航，保护来往商船及游客的安全。云南各家自驾车俱乐部依旧推出春节期间的泰国自驾游产品。近年泰国游市场遭遇“天灾人祸”，旅客安全受到较大影响。泰国旅游机构启动旅游营销计划，逐步恢复市场，云南游客前往泰国旅游信心逐步恢复，但对出游安全的关注度也日益提升。

针对人为灾害，旅游信息部门应及时完整发布灾害地的实时情况，利用行业监管系统及时协调旅行社及时调整旅游路线，防范危害扩大化。

四、其他行业风险

（一）安全因素

一般来说旅游市场的旺季也是旅游安全事故的高发期。近年来全国旅游安全形势总体保持平稳，但 2011 年全国仍发生多起重大旅游安全事故。随着黄金周长假制度的实施，出游人数明显增加，出境游、自驾车游、自助游、探险游等新的旅游消费方式的出现和发展，旅游安全监管的难度进一步加大。

2011 年发生多起重大旅游安全事故。2011 年 7 月 23 日甬温线动车追尾事故后，部分动车线路暂时停运，部分游客由原来选择动车、高铁旅游改为选择飞机，京沪高铁游产品也受到一定影响。事故后，铁路部门展开了一系列安全检查工作。2011 年 4 月 27 日，台湾嘉义阿里山森林小火车发生意外，造成 5 名大陆游客死亡、百余人受伤。两岸旅游业界合作处理事故善后工作，并且做好旅游安全工作。小火车停驶半年后在 10 月底恢复运营，并且落实旅游安全管控。2011 年 8 月 13 日，江苏宜兴竹海景区发生滑道事故，造成 4 名游客遇难、24 名游客受伤。

针对安全风险，旅游信息部门首先应及时配合其他部门建立起旅游安全保险体系，逐步推行旅游电子合同以及推广旅游一卡通（包含旅游保险）；其次需要建立起各业态的安全管理系统，对于旅游设施的维护建立起有效的数据基础，并起到有效监督作用。

（二）生态风险

目前，中国大多数自然保护区已开展生态旅游。但从中国的发展现状来看，环境污染、生态破坏等问题仍然相当严重，旅游资源与旅游环境的危机，旅游引发的社会冲突与旅游经济日益尖锐的矛盾，都严重影响了生态旅游的可持续发展。

在生态旅游开发与规划过程中，不可避免地会出现一些不利于生态发展的负效应，对自然生态系统产生一定的环境胁迫和影响，具有一定的生态风险。

如九寨沟风景区，自 2000 年后，每年有超过 100 万人次的游客涌入，并且数目连年递增。除了游客的破坏，还有一些影视剧出于商业利益，也纷纷选择到九寨沟拍摄，使得九寨沟“不堪重负”。有九寨沟这样困境的景区，全国不在少数，诸如都江堰—青城山、海螺沟冰川、峨眉山这样的景区，都不同程度地存在着生态被破坏的现象。中国首批列进《世界遗产名录》的张家界，曾因在主要景区内兴建大量商业建筑而被联合国遗产委员会出示红牌，勒令整改。云南玉龙雪山也因建索道砍伐了数千平方米的原始森林，加上游客的大量涌入，导致了小气候变化，使原本终年积雪不化的雪山出现了夏秋两季雪山无雪的恶果。这些都将影响生态旅游的发展。

2011 年 4 月 12 日，国家海洋局联合沿海有关省、自治区海洋厅（局）召开新闻发布会，对外公布中国第一批可开发利用无居民海岛名录，名录涉及辽宁、山东、江苏、浙江、福建、广东、广西、海南 8 个省（区）的 176 个无居民海岛。按照规定，取得开发资质的企业或个人，最高可以获得海岛 50 年的开发使用权。但是中国海岛管理存在着体系不完善、管理权分离等问题，致使海洋功能区划、旅游发展规划、环境保护规划等缺乏统一协调机制，易出现区划与规划之间不一致甚至矛盾的状况，也导致海陆之间的用海矛盾和行业之间用海矛盾。中国无人海岛保护不力的一个重要原因就是缺乏规划。由于缺乏规划的统领，一个时期以来，海岛开发利用活动带有盲目性和随意性，甚至给一些海岛的生态环境造成了严重的负面影响。

针对生态风险，在建立旅游目的地资源管理系统时，应与目的地游客监测系统数据相结合，准确采集游客数量以及行为信息，为有效保护建立好相关数据基础。旅游部门根据此类信息进行合理有效的规划，同时对于资源使用过度的单位可考虑征收环境保护基金，专款专用，切实维护好旅游环境。

第二节　行业发展风险分析

一、政策风险

旅游信息化建设在政策层面，还没有得到应有的重视，主要表现在相关的政策文件尚未出台。“十一五”期间，旅游信息化并未作为重要工作进行重点扶持和发展。部分省级的“十二五”规划纲要中提出了旅游信息化的发展目标以及相应工作任务，但至目前还少见旅游信息化引导资金政策的出台。

江苏省旅游业发展第十二个五年规划关于“全面推进我省旅游业转型升级发展，依靠现代科技尤其是以信息化带动旅游现代化的发展，加快旅游支柱产业和旅游强省建设”的要求，进一步明确“十二五”期间江苏省旅游信息化发展的思路、目标、任务、重点和措施，创建全省旅游信息化示范工程，全面提升江苏旅游企业、景区和重点旅游城市的旅游信息化服务水平，已经编制《江苏省旅游业“十二五”发展规划信息化专项规划》。

2012 年 5 月 10 日，北京市发布了智慧旅游行动计划纲要和旅游业态智慧旅游建设规范，其中也提到了较为详细的智慧旅游扶持思路和方法。据跟北京旅游委相关领导沟通，相应的智慧旅游引导资金政策最晚在 2012 年 12 月出台。

从全国范围看，除了北京、江苏、福建、湖南、云南、宁夏、四川等省（市）编制了“十二五”旅游信息化专项规划外，其他省份都处于待编制或无计划编制状态，反映出全国大部分省及直辖市级旅游机关尚未高度重视旅游信息化的政策先导作用。已经编写专项规划的地区中，部分还存在“资金保障、人才保障和体制保障”三大保障没有具体落实措施的现象，规划执行难度大。

二、规划风险

信息化的根本目的是支持发展战略的实现，而信息化战略是信息化规划的总纲，它确定了信息化的使命、愿景和原则，但信息化过程中常见的情况是没有清晰定义的 IT 发展战略，对旅游电子政务、电子商务和网络营销战略的有效支持自然无从谈起；另一种情况是仅仅在形式上给出了与信息化战略相一致的描述，而在实际规划和实施过程中依然是执行和战略“两张皮”。

旅游业的信息化规划通常由信息化管理部门负责推动，其他业务部门缺少参与，使得信息化规划过程无法准确评估旅游业业务现状、问题，难以有效分析旅游业信息化真实需求。

此外，在系统选型方面有两种常见的倾向：一是恪守“少花钱，多办事”的原则，从硬件的购置到系统的选择都走低端路线；二是“要上就上最好的”，走一流配备的路线。对于前者，信息技术发展日新月异下盲目追求廉价的选型方式，只会导致系统和设备加快被淘汰的速度，其结果是增加了信息化再投资的成本；而盲目追求技术的先进性同样会造成系统过度冗余，投资浪费严重。只有在技术选择的最佳标准是与业务需求相匹配时，合理规划方能发挥信息化的最大作用。

三、管理机制风险

旅游业是关联性和带动性非常强的综合产业。旅游业不仅与服务业中的众多行业高度关联，还与第一、第二产业密切相关。旅游业先天具有的与众多行业的高度关联性，在旅游市场秩序规范方面，必然会面临对各相关行业管理的高度依赖性。各级旅游监管部门除对旅行社、导游和团队旅游的监管外，在对涉及旅游业发展食、住、行、游、购、娱六大要素市场的监管方面，还缺乏充足的法律法规依据。

在涉及旅游业发展各要素行业经营主体的进入上，旅游业主管部门还缺乏较为有效的话语权。目前能够调控的只有旅行社和导游，旅游饭店和旅游景区则是依照标准进行管理。在经营主体和从业人员的市场退出方面，也缺乏强有力的长效机制和过硬的手段措施；多部门联动的综合治理机制尚未建立。

这种管理机制的缺失，必将大大影响旅游业态信息化建设工作的有效推进，如果不能改变管理机制，将旅游的行业管理统一起来，旅游信息化的建设工作将依然不能改变分散建设的态势，目的地营销统一以及旅游行业运营协同都将面临较大困难。

四、资金投入风险

目前，旅游信息化建设资金主要依靠政府投入，来源单一。同时旅游信息化的建设公益性和公共服务性，导致旅游信息化的建设投资巨大，短时间效益不明显。投资需求大，各级政府财力有限，重视程度不够，项目预算随意减少，资金不能及时到位或引导资金不足，都将影响旅游信息化的整体建设，并将严重制约智慧旅游的发展。

在有限的资金情况下，完成旅游信息化的建设，考验我们各级旅游信息部门和人员的智慧，从资金投入规则来看，要针对项目用途区别处理：

第一，涉及行业监管的电子政务需要各级政府加大投资，做好对旅游业态的监督管理工作。

第二，涉及旅游服务能够全部或部分商业化的项目，应该及时给予优惠政策，引导民间资金投资形成新的地区经济增长点。

第三，涉及旅游服务且属于公益性的项目，应该在有限资金基础上先期搭建示范工程，收集游客广泛意见的基础上进行改进优化，把此类项目建设成民心工程和政绩工程。示范项目一旦取得成效，那就调动各级政府投入并逐步推广实现。

第四，涉及旅游营销的项目，除了政府专项资金外，更多的要依靠旅游目的地相关企业的参与，本着“谁受益、谁承担；多受益、多承担”原则，由参与企业合理分担，做到区域旅游的营销效益最大化。

第三节　信息化自身建设风险

一、信息安全

实施信息化，首先要建设信息网络。如果信息犯罪的发起方在旅游信息部门内部，相关机构及人员承担一定的法律责任；如果信息部门是损害信息安全的受害方，无论其来源是外部攻击还是内部员工，都会给企业造成损失。

损害信息安全包括：非法侵入特定计算机信息系统罪、破坏计算机信息系统罪、侵犯计算机软件著作权和假冒硬件的犯罪等。比如，因使用盗版 Windows 软件而受到微软起诉的案件就时有报道。

为了便于调查损害信息安全时的取证，2006 年 3 月 1 日起施行的《互联网安全保护技术措施规定（公安部令第 82 号）》中第十三条规定："互联网服务提供者和联网使用单位依照本规定落实的记录留存技术措施，应当具有至少保存六十天记录备份的功能。"违反者可能受到警告、罚款、停机整顿，直至取消联网资格等处罚。

二、技术风险

技术风险的种类很多，其主要类型是技术不足风险、技术开发风险、技术保护风险、技术使用风险、技术取得和转让风险。

技术风险主要来自硬件设备和软件两个方面：

一方面技术创新所需要的相关技术不配套、不成熟，技术创新所需要的相应设施、设备不够完善。由于这些因素的存在，影响到创新技术的适用性、先进性、完整性、可行性和可靠性，从而产生技术性风险。许多企业热衷于提高企业技术水平和科技含量，引进国外先进技术和设备，结果食洋不化，设备闲置，发挥不了效益。

另一方面对技术创新的市场预测不够充分。任何一项新技术、新产品最终都要接受市场的检验。如果不能对技术的市场适应性、先进性和收益性做出比较科学的预测，就使得创新的技术在初始阶段就存在风险。这种风险产生于技术本身，因而是技术风险。这种风险来自新产品不一定被市场接受，或投放市场后被其他同类产品取代，所产生的损失包括技术创新开发、转让转化过程中的损失。这就是说，企业在技术创新上确实存在风险，并不是技术越先进越好。

三、实施风险

实施风险是在实施信息化系统的过程中可能遇到的各种风险，主要包括：实施队伍的组织、项目时间和进度的控制，以及实施质量的控制和实施结果的评价。

实施队伍和实施人员对于信息化系统的成功实施至关重要。由具有丰富信息化系统项目实施和企业流程管理经验的咨询人员和企业内部的管理人员、业务人员以及技术人员一起组成项目实施小组共同进行项目实施工作，可以提高信息化系统实施的成功率，缩短实施周期，减少实施风险。

四、变革风险

旅游业管理变革也是信息化的重要风险源。由于组织机构频繁变化会导致一些应用系统开发项目的需求产生频繁变化，尽管现在的管理信息系统强调要能够适应企业自身的管理变革，但因为随机构的变动而产生的职责变化，会导致时间跨度较长的应用系统开发项目责任人产生变化，使项目成为半吊子项目。因此在实施变革时要高度重视变革的风险，采取相应的策略，避免因为管理变革对信息化工作造成巨大影响。

五、运营风险

虚假旅游产品信息充斥市场，容易蒙蔽旅游者。非法网站发布的旅游产品信息，因为没有与合法企业一样受到监管部门的约束，不用承担发布虚假信息及广告的相应责任，造成其对功效进行不实的宣传、夸大旅游产品的服务内容和范围，对旅游者进行诱导。由于夸张宣传，造成旅游者在实际进行旅游消费时没有获得预期的效果，进而影响其对网上旅游电子商务可信性产生质疑，对网上旅游电子商务发展环境造成负面影响。

根据用户调查显示，80% 的用户投诉都针对黑代理、山寨网站、假冒网站等。此外，调查数据也显示在线订票用户遇到的常见问题中，加价出票，退款不及时，电话无法接通也成为用户最为关心的问题。

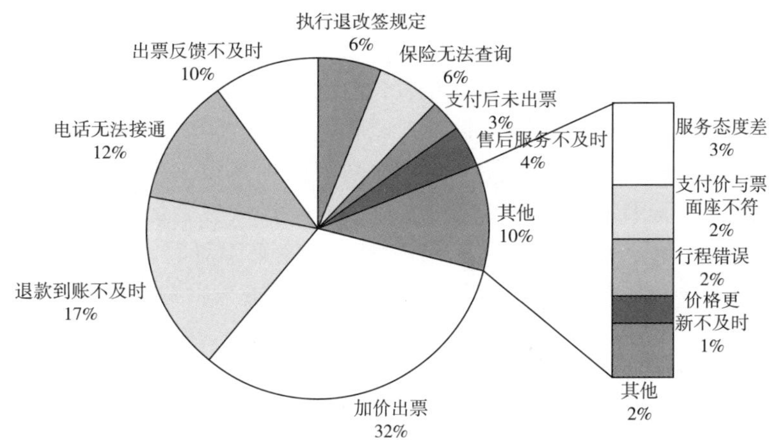

图 9-1　旅游网站机票投诉原因分析图

第四节　未来三年风险评估

一、宏观经济风险降低

在未来三年内，宏观经济增长速度减缓以及全球经济的不确定性都会对旅游业的发展造成一定影响，但在国家“稳投资，保增长”的策略带动下，中国急需转变经济发展方式，着力扩大内需，旅游业是扩大内需的重要手段。进一步发挥旅游业在扩大内需中的作用，关键是提高旅游业增长质量。各地的旅游建设会继续增加，围绕旅游信息化建设提升游客体验以及提升旅游服务质量刻不容缓。

二、管理机制风险将逐步降低

《国务院关于加快旅游业发展的意见》提出，要把旅游业培育成国民经济战略性支柱产业和人民群众更加满意的现代服务业。加快推进旅游业与信息产业的融合发展，充分利用信息技术的新成果来引导旅游消费、提升旅游业素质，被公认为把旅游业培育成现代服务业的关键。这从国家宏观政策上保证了旅游信息化建设的投入，同时旅游信息化涉及旅游业管理部门、旅游业态、旅游信息化技术服务厂商等多个建设主体，建设与运营的复杂性也必将促使国家以及地方政府出台一系列的扶持政策，也会注意以政策落地来引导旅游信息化的整体建设，因此，旅游信息化的政策风险将会逐步降低。另外，伴随着国家“精简机构”体制改革的进行，旅游业管理部门的管理职能将会增加，比如部分地区已经出现由文化、体育、旅游等职能部门合并形成“文化旅游局”，北京、海南等地旅游局已升格为“旅游发展委员会”等。因此，管理机制风险将逐步降低。

三、旅游信息化资金投入风险逐步降低

第一，随着旅游业逐渐向国民经济的战略型支柱产业的转变、旅游业向人民群众更加满意的现代服务业的转变，旅游信息化在整个旅游业建设投入比重会逐步增加。尤其是在“长三角”、“珠三角”及环渤海等经济较为发达地区，通过旅游服务带动旅游经济增长的意识更强，在旅游公共信息服务领域和电子商务领域的投入将快速增长。

第二，中部地区和西部地区目前依然以旅游目的地建设为重点，相应的大型旅游建设项目的信息化管理需求将更为强烈，智慧旅游资金投入会增加。

第三，北京、上海、扬州等城市已经探索出“政策引导、社会参与、市场化运作”的旅游信息化建设与运营策略，社会资本的参与也将会带来旅游信息化建设资金的投入。

四、旅游信息化建设风险降低

国家旅游局信息中心正积极指导各级地方政府建立、健全旅游信息中心的管理体制，加强对各级旅游信息中心的业务指导和支撑，逐步建立起运行有效的旅游信息化管理机制，保障旅游业各项工作的扎实推进。

各地旅游信息化规划工作逐步开展，相关规划工作已经纳入推进体系中，逐步建立一套标准化、规范化的区域旅游信息化规划的体系，用于指导和规范各个区域旅游信息化规划编制工作，从规划体系上保证旅游信息化推进工作沿着正确的方向发展。

技术发展保障了旅游信息化的可持续性。随着互联网的普及而飞速发展，移动网络、多媒体终端、语音电子商务等新技术的发展不断丰富和扩展着旅游信息化的业务形式和应用领域。一是创新应用保障了旅游信息化的实用性，以市场活动为中心，促成旅游电子商务的各种商业行为；二是利用网络重组和整合旅游企业内部的经营管理活动，实现旅游企业内部电子商务。

各地旅游管理部门之间频繁的经验交流也大大降低了旅游信息化建设的盲目性和无序性。

第十章　旅游业及信息化发展趋势

第一节　旅游业整体发展趋势

一、旅游业承接“四化”融合发展的关键作用

旅游业积极与相关产业融合发展，成为国民经济战略性支柱产业的根本基础。通过稳步推进旅游产业与第一产业融合发展，全面提升乡村旅游、休闲农业发展水平；通过扎实推进旅游产业与第二产业融合发展，积极引导旅游装备制造业发展，提高重要旅游装备的国产化比重；加快推进旅游产业与第三产业特别是现代服务业融合发展，积极发展旅游新业态。中国旅游信息化在实现信息化、新型工业化、城镇化以及农业现代化融合发展过程中起了承上启下的关键作用：

第一，通过数字旅游和智慧旅游等旅游信息化工程的建设直接推动物联网、云计算等前沿科技在技术上不断创新；通过大力发展旅游电子商务平台，促进经济发展模式的创新，不断创新电子商务模式和内容，为电子商务应用主体提供灵活、便捷、安全、高效的服务。

第二，数字旅游及智慧旅游是围绕城乡一体化发展、可持续发展、游客核心需求为关注点，将先进信息技术与先进的城市经营服务理念进行有效融合，通过对城市的地理、资源、环境、经济、社会等系统进行数字网络化管理，对旅游基础设施、环境、生产生活相关产业和设施的多方位数字化、信息化的实时处理与利用，构建以政府、企业、游客三大主体的交互、共享平台，为旅游资源的治理与运营提供更简捷、高效、灵活的决策支持与行动指南，为旅游公共管理与服务提供更便捷、高效、灵活的创新应用与服务模式。

第三，旅游信息化支持了以乡村旅游、生态旅游农业等的农业现代化的和谐发展。区域性的大规模特色农产品生产，以区别于周边地区的农产品竞争，实现差异化发展；乡村旅游信息化提升了乡村旅游的产品和形象，为乡村旅游的升级拓展了新方向。

二、政策引导旅游转型升级

《国民旅游休闲纲要》将在 2013 年出台。《纲要》中明确要求，各级财政要逐步增加旅游休闲公共服务设施建设的资金投入，将旅游休闲设施的建设纳入城市建设和地方发展规划，这意味着，政府对旅游休闲产业属性的认识将向公共服务性质方向转化，

并谋求在发展规划中予以保障和支持，这将带动地方对休闲设施基础建设的投入。在“十二五”时期，随着实施《纲要》，制定《旅游法》以及《全民健身计划（2011~2015年）》等重要法规政策的颁布和实施，休闲的公共支撑体系将会成为居民休闲优化的坚实基础。从休闲基础设施投入的板块和项目上来看，针对散客的旅游休闲公共服务设施将进一步加强，目的地公共信息网站、旅游咨询中心、标识系统建设等智慧旅游城市建设项目可望提速。

“十二五”期间，中国将全面加强旅游信息化基础能力建设，全国旅游基础信息资源标准规范及数据库、国家级旅游营销平台、区域性旅游综合信息服务平台、旅游信息化安全保障体系等一批国家级工程的陆续建设开展，将积极引领各地方智慧旅游项目的快速推进。随着以“鼓励物联网、云计算、新一代移动通信等高新技术与旅游服务的融合创新”为代表的一系列专项政策制定和完善，随着面向旅游信息化关键应用技术的攻关项目和实验课题纳入国家计划，包括旅游在线服务、数字营销及旅游服务管理智能化在内的发展项目将实现新的升级。

与此同时，国家将积极研究设立旅游信息化发展专项基金，加快旅游信息化发展相关激励政策制定，完善旅游信息化人才的培养与引进政策，这些也都将为中国旅游信息化今后几年的健康发展奠定良好基础。

三、智慧旅游全面兴起

城市旅游的智慧化是今后旅游发展的一个趋势，随着先进技术设备大量运用到旅游相关的服务中，旅游的智慧化正在普及。

智慧旅游广泛利用互联网等新技术，借助便携的终端上网设备，主动感知旅游资源、旅游经济、旅游活动、旅游者等方面的信息，实时发布，让人们能够实时了解这些信息，实时安排和调整工作与旅游计划，从而达到对各类旅游信息的智慧感知、方便利用的效果，最大限度地为游客服务，让其享受到便捷、智慧的出游体验。

四、旅游新媒体营销成为目的地营销的重要渠道

微博、微电影等新媒体是展示企业形象和产品的另外一个窗口，通过新媒体，发布各地旅游的最新动态与信息，推广相关的产品线路、旅游装备、演讲讲座与安全知识。

从网民互联网应用状况来看，微博是近年发展速度最为迅猛的互联网应用。就政府官方微博来说，旅游系统微博与公安系统微博已经成为政府微博的两大亮点。旅游微博在目的地形象推广方面亲和力强、宣传面广，已经成为政府宣传工作的新热点。目前各省市政府旅游行政管理部门基本都开通了旅游官方微博，很多重视目的地营销的旅游管理部门还设置了微博管理专人岗位，除了常规的资讯发布外，还承担与旅游者沟通，受理投诉；部分地区的旅游微博已经部署有针对性的微博营销规划，设立专项营销资金。2012 年是旅游微电影开始普及发展的一年，全国各个省份都相继推出城市或景区拍摄宣传地方旅游为主题的微电影，取得了良好的宣传效果，微电影的营销价值日益凸显。

五、旅游信息化提升旅游业服务水平

根据《国务院关于加快发展旅游业的意见》及《中国旅游业“十二五”发展规划纲要》，中国将以信息化为主要途径，积极开展旅游在线服务、网络营销、网络预订和网上支付，构建旅游数据中心、呼叫中心，全面提升旅游企业、景区和重点旅游城市的旅游信息化服务水平，未来用3~5年的时间，显著提高信息技术在旅游业应用的广度和深度，打造一大批引领作用强、示范意义突出的旅游信息化先进城市、先进企业。

六、区域旅游更加和谐发展

随着中西部地区在5A、4A等高品质景区建设上不断取得突破，游客旅游行为方式更加大众化、旅游消费更加理性，以奥运会、世博会等为代表的重大事件在推动区域旅游快速发展中的地位逐渐弱化，区域旅游发展将更加注重旅游接待能力建设，高品质、多元化、大众化、以游客满意度提升为导向的发展方式将在区域旅游发展中扮演日益重要的地位，这种方式将进一步巩固现有东部地区效益高、西部地区发展速度快的目的地发展格局。

从实际情况看，环渤海、“长三角”和泛珠三角在区域旅游合作上成效显著，区域内中心城市充分发挥龙头作用，以京津为中心的环渤海地区也积极营造新的旅游区，北京、天津和河北联合发行“京津冀旅游一卡通”；“长三角”地区，尤其是上海、浙江、江苏三省（市）在旅游交通、旅游集散、旅游信息中心、旅游服务标准等旅游基础设施、旅游服务设施和服务规范及营销等方面已经奠定了良好的基础，上海旅游的资讯网站和社区触摸屏已经将“长三角”旅游资源进行了整合，通过信息化实现区域旅游融合发展；泛珠三角积极整合区域内旅游资源，共同策划和推广红色之旅、边境之旅、港澳之旅、海西之旅、生态之旅、民族风情之旅和世界遗产之旅7条个性鲜明、一程多站、适销对路的国际精品线路，共同塑造泛珠三角区域旅游整体形象，充分利用区域内各省区旅游服务网络平台，扩大泛珠三角区域旅游影响力。

七、旅游出行方式的改变推动旅游信息化向多元化方向发展

生活质量的提升，促使消费观念的转变，旅游者将逐步由体验型游客向享受型游客转变；体验型游客更加注重参观知名旅游景点的数量，而享受型游客更关注对旅游目的地的个性化发掘和民俗了解。近些年自由行市场的优异表现源自这种消费类型的转变。旅游出行方式进一步呈现多元化，观光游览、探亲访友、踏青郊游、休闲娱乐、文化体验、体育健身等成为城乡居民假日生活的重要组成部分，自由行、自驾游、半自助游的比例持续上升。旅游者可以通过电子网络，自行设计线路，酒店、机票、火车等的预订，甚至当地特色行程的参与都能事前确定，不同于常规的旅游体验也就能多元地展现。

第二节　旅游电子政务发展趋势

继续加强电子政务建设，提高行业服务监管能力。旅游电子政务网络进一步完善，各级旅游管理部门的办公自动化水平得到有效提升，各类旅游业务管理系统功能和架构得到进一步优化。国家级旅游监测预报体系基本形成，有效支撑节假日和重大活动期间的旅游市场运行。旅游景区的实时监控和应急调度能力得到全面加强，旅游安全得到有效保障。

进一步推进旅游电子政务建设，提高各级旅游管理部门的办公自动化水平，优化行业管理信息系统功能和架构，完善公众旅游投诉和评价反馈渠道，提升对旅游市场主体的服务和监管能力。加强对旅游市场的运行监测，依托旅游电子政务网和信息资源共享平台丰富监测数据的采集渠道，提高数据采集的时效性。加强旅游统计信息的元数据建设，运用数据挖掘技术提高数据分析的针对性、前瞻性，有效增强旅游宏观决策的有效性和科学性，满足旅游业快速健康发展的决策需求。强化与相关部门的信息共享和业务协同，促进旅游业管理实现调控科学、管理高效、监管有力。

一、提升完善旅游业管理类系统、加快建设旅游政务服务类系统

配合旅游电子政务的属地化管理趋势，进一步完善旅行社、饭店、景区、导游四大类行业管理系统，逐渐形成全国数据统一、分级授权管理的信息系统架构，基本实现电子档案的属地化管理和全国联网查询，力争旅游管理信息上传下达的时效性、准确性和一致性，有效提高旅游政务管理效率。初步建立各客源地旅游团队人员信息与行程信息的电子化备案管理和动态查询系统，提高对不规范旅游服务和旅游安全事件的监控。及时公开各级旅游行政管理部门信息和旅游企业相关质量信息，促进旅游服务质量提升。

建立健全省级集中、全国联网的旅游监测预报体系，加强动态信息发布，提高对节假日等旅游高峰期的客流引导能力。完善重点旅游景区视频监控和旅游专业气象、地质灾害、生态环境等领域的监测、预报预警系统，基本实现与各级应急指挥中心信息平台的信息共享、协同联动，提高旅游景区的安全监控和应急调度能力。

加强旅游热线投诉、在线投诉处理机制建设，健全和完善投诉系统和信息发布制度。旅游投诉通道与旅游质监所的功能进行整合，加强与工商、公安、商务、卫生、质检、价格等部门的信息共享与协作，协同相关横向监管执法部门建立以部门协同、处理流程闭环为主要形式的旅游投诉受理和旅游救援服务机制。

二、旅游电子政务建设的重心下移

过去 20 多年旅游电子政务建设主要在国家、省市层面，在下一步旅游电子政务建设中，区县将成为电子政务发展的重点。县、乡、镇是非常重要的领域，现在面临的一个重要问题是县、乡、镇的硬件建设投入还不够。下一阶段，整个旅游电子政务建设重心会下移，即以县为单位，县、乡（镇），甚至延续到村、社区，这些将可能

成为电子政务发展的方向。

三、旅游电子政务将在促进区域经济增长中发挥重要作用

在一个区域经济内部，政府间要建立横向的互联、互通机制，以此促进区域间的经济发展。在这方面，“长三角”、“珠三角”这两个经济最发达的地区已经开始尝试在横向政府之间建立一些联系。电子政务在互联互通方面的优势可以促进区域经济增长。

四、重点发展以游客为中心的服务型旅游电子政务

国家旅游局主要是制定政策和宏观管理，省市、区县政府负责给游客提供主要的公共服务。正是因为大量的服务是由基层政府来提供，所以，各级政府在这方面要扮演重要角色，要通过旅游电子政务提供和改进服务。

五、大力发展基于互联网的旅游电子政务

基于互联网构建旅游电子政务系统，对基层政府来说是一个趋势。就信息安全而言，行政级别越高，对信息安全要求越强；行政级别越低，对信息安全要求相对越低。对大量的基层政府来说，发展基于互联网的电子政务不仅可以降低成本，互联互通方面的要求也很容易实现。

六、适应行政管理体制改革需要，不断完善电子政务的管理体制机制

中国在过去 20 多年旅游电子政务的发展过程中，在管理体制比较健全时期，旅游电子政务推进比较快；如果没有一个好的推进机制和体制，信息化建设就处在低潮。

七、加强旅游电子政务的法治环境建设

目前，电子政务的有关法律法规只有《电子签名法》和《政府信息公开条例》。《政府信息公开条例》刚刚实施，百姓的满意度不高，还有非常大的提升空间。老百姓随时都可以在网上提问题，要求政府公开信息，这对政府提出很大的挑战，旅游电子政务的外部环境还有很多值得改进的地方。

八、探索低成本、集约化、见实效的中国特色电子政务建设道路

这是摆在旅游电子政务工作者面前的重大课题。旅游电子政务的发展不能简单照搬外国的模式，要探索在中国这种政策环境、法治环境和体制环境下，如何走出一条低成本、集约化、见实效的旅游电子政务发展道路。这中间有很多要思考的，比如，加强顶层设计；加强旅游电子政务的统一规划；共性的东西集中建，统一建；业务的东西分散建，使集中和分散有机结合等。从这个意义上讲，统筹规划在整个旅游电子政务体系建设中扮演着非常重要的角色。

第三节　旅游公共信息服务发展的趋势

一、完善旅游公共信息服务体系

（一）制定旅游公共信息与服务标准

加快建立由国家标准、行业标准和地方标准组成的，涵盖游览资讯、旅游市场信息、境内外旅游目的地安全风险提示信息、旅游服务质量信息等内容的旅游公共信息及服务标准体系。完善与相关部门的信息共享机制，整合旅游公共信息资源，推动旅游公共信息数据库建设。

（二）加快建设多样化、广覆盖的旅游公共信息服务渠道

全面推进旅游咨询中心建设，在机场、火车站、汽车站、码头、高速公路服务区、商业集中区等游客聚集区域建设旅游咨询中心，形成由主中心、分中心、信息亭、触摸屏等组成的旅游咨询中心网络。旅游咨询中心由政府统一规划和监管，鼓励各地选择适合当地发展实际的建设和运营模式，可政府独立建设运营，招标选择与公益性服务无利益冲突的企业、其他组织合作建设运营或委托其独立建设运营。形成固定聘用人员、志愿者和实习生等相结合的用人机制和以游客满意度为主的绩效考核机制，确保旅游咨询中心充分发挥公益信息咨询功能，实现可持续发展。

提升优化各地旅游资讯网的服务功能，充分发挥网络全天候、广覆盖的独特优势，面向国内外广大游客提供全面的旅游资讯服务；充分利用手机等移动信息终端以及报刊、电视台、电台等传统媒体发布信息；加大免费旅游地图等旅游资料的发放力度。

整合各地旅游服务热线，为游客提供旅游咨询、投诉受理、旅游救助等服务。

（三）加强旅游重要信息发布机制

建立健全旅游服务质量信息披露制度、假日旅游预报制度、旅游目的地安全风险信息提示等制度，及时发布旅游服务质量警示、旅游企业诚信经营、旅游企业资质、奖惩情况等服务质量信息，假日期间旅游市场供需等动态市场信息，以及台风、洪水、暴雪暴雨等自然灾害、安全生产隐患、传染病疫情、社会安全等旅游安全风险信息。

二、完善旅游安全保障体系

（一）建立健全旅游安全保障法制、体制、机制

进一步完善旅游安全与应急管理法规制度，明确职责，强化企业主体责任；完善政府安全监管和社会监督体系；推进旅游安全与应急管理标准化建设，规范相关设施与服务；完善各级各类旅游应急预案，增强预案的科学性和可操作性，加强预案演练。建立省、市、县三级旅游应急预案报备制度，到“十二五”期末，实现旅行社、A 级景区及星级饭店旅游应急预案备案率达到 100%。加强机构队伍建设，加大安全与应急投入，健全旅游安全信息披露、旅游目的地安全风险信息提示、突发事件信息报告、应急及善后处置、旅游安全与应急宣传培训等工作制度，加强上下联动、部门协作、区域及境内外合作，形成信息畅通、协调有力、应对高效的旅游安全与应急管理工作机制。

（二）加强旅游安全风险防范

督促企业落实主体责任，强化日常安全管理，经常性开展安全隐患排查，切实做到整改措施、责任、资金、时限、预案“五到位”。协同相关部门，加强重点时段、重点部位和重点环节的旅游安全隐患排查和整改，严格查处“超能力、超强度、超定员”组织生产的“三超”行为，对重大安全隐患治理实行逐级挂牌督办、公告制度。推动实施旅游安全服务规范及标准，强化对旅行社用车、用餐、组织高风险旅游项目等重点环节的安全监管。发挥新闻媒体的舆论监督作用，鼓励从业人员和游客监督举报安全隐患和各类违法违规行为。推动“科技兴安、促安、保安”，加强旅游安全及应急基础理论、管理技术的研究和应用。加强与相关部门的沟通与合作，逐步建立健全旅游目的地旅游风险监测、评估和预警体系；建立旅游目的地安全风险发布系统；建立旅游气象网站，推动各类媒体和各类服务窗口即时发布旅游气象服务信息，选择重点景区建立旅游气象观测站，制定重点景区气象灾害风险目录。

（三）强化旅游应急处置能力

强化多部门、跨区域和境内外合作的旅游突发事件应急处置机制，提高协同处置能力。推动实施《旅游紧急救援服务规范》国家标准，完善各类旅游接待单位的应急救援设施设备、规范救援服务、提升应急能力；推动建设国家旅游应急救援黄山队等旅游专业救援队伍；依托公安、消防、医疗、救援、军队、武警等公益性社会救援力量和专业紧急救援机构，形成覆盖旅游活动全过程的，旅游专业化和社会化相结合、政府救助与商业救援相结合的旅游紧急救援体系。推动现代科技及信息技术在旅游安全与应急管理中的运用，提高信息报送和应急处置效率。推动针对旅游活动的安全应急装备的研制。

（四）加强旅游安全宣传教育与培训

广泛利用各类媒体、景区宣传栏和电子显示屏、饭店告示牌、旅行社门市和行前说明会等渠道，通过播放公益宣传片、发放宣传资料、提供应急手册下载等多种形式，持续开展“安全生产月”等宣传教育活动，深入开展“旅游安全与应急知识进社区、进家庭、进农村”行动，加强对游客的安全宣传，提高其安全风险防范意识和自救互救能力，在全社会营造“关注安全，平安出游”的氛围。到“十二五”期末，基本实现旅游安全与应急知识宣传覆盖所有出游人群。

将旅游安全与应急知识纳入旅游职业和高等教育以及在职培训，建立健全旅游从业人员安全教育培训制度，推广使用旅游安全培训系列教材，加强旅游安全与应急知识和技能的培训，提高其安全应急意识和应急处置能力。到“十二五”期末，实现年度旅游安全知识培训覆盖全部旅游一线从业人员。

（五）建立健全旅游保险保障体系

开展旅游保险宣传活动，强化全社会的旅游保险意识。加强旅保合作，鼓励保险机构开发适合旅游企业和游客保险需求的旅游保险产品。进一步推动实施旅行社责任保险统保示范项目，推动完善景区、饭店、车船等旅游各个环节的责任保险，引导游客积极购买个人保险，不断提高理赔效率和保险服务水平，更好地发挥保险在转移风险方面的经济补偿和社会管理功能。到“十二五”期末，旅行社责任险统保示范项目统保率力争达到90%，出境旅游游客购买个人保险比例达到80%。

三、完善旅游交通便捷服务体系

（一）推进完善公共交通的旅游服务功能

推进科学规划公共交通的旅游服务网络。推进增加旅游目的地与主要客源地之间的航线航班及旅游列车和专列，完善火车站、高速铁路和旅游专列的旅游服务功能；推进建设中心城市、干线公路、机场到重点旅游景区的旅游支线公路；推进完善客运码头的旅游服务功能，建设游艇、游船、邮轮码头，开通国内主要港口城市间及与国外港口城市间的游船邮轮；推进城市公交服务网络逐步延伸到周边主要景区和乡村旅游点，开通城市通往各旅游景区的“旅游直通车”；推动主要旅游城市开通旅游观光巴士。推进全国铁路、公路联网售票体系建设，预售往返票、联运票、联程票。

（二）推进建立旅游集散中心体系

根据游客需要和旅游景区的分布及品位，推进合理建设包括集散中心、集散分中心、集散点组成的集散中心体系，逐步完善旅游集散换乘、旅游信息咨询、票务预订、行程讲解等多种功能。逐步实现航空港、火车站、汽车站、码头、地铁—集散中心站点—主要景区的无缝对接。加强各旅游城镇集散中心间的横向联系，推动联网售票、异地订票，实现区域化、网络化运营。

（三）推进建设旅游交通引导标识系统

推进建设通往景区及各类旅游服务设施的旅游交通引导标识，完善重要交通节点、换乘点等的旅游交通导览图，打造规范、简洁、实用、国际通行的旅游交通引导标识系统。

（四）推进完善自驾游服务体系

推进完善高速公路服务区的旅游服务功能。推进规划建设一批自驾车旅游服务区、自驾车营地与汽车旅馆，为自驾车旅游提供咨询、住宿、餐饮、娱乐、购物、加油、维护保养等服务。

四、完善旅游惠民便民服务体系

（一）推进更多的旅游资源优惠或免费开放

积极推进更多的城市公园、博物馆、纪念馆、全国爱国主义教育基地、公共体育运动场馆、公共海滩等免费开放或设立免费开放日。全面落实对老年人、残障人士、学生等特殊人群的免费与优惠措施。鼓励向困难人群如低收入群体、偏远地区农村的学生等推出免费旅游计划、旅游优惠券等优惠政策。

（二）鼓励推出更多优惠和便民措施

深化与银行业合作，推动发行旅游主题银行卡，完善受理环境，整合优惠资源，便利旅游消费；推出一日游、多日游等具备交通、景区游览等功能的组合优惠卡；鼓励发行景点年卡，增加年卡适用景区；鼓励发放旅游优惠券或免费旅游门票；鼓励开展旅游惠民日（周）活动、惠民奖励旅游活动；推动延长博物馆、金融服务网点、邮政服务网点等在旅游旺季的服务时间。

（三）推进惠民休憩环境建设

推进完善城镇旅游功能，加强生态保育和环境保护，实施清洁、绿化、亮化和美化工程，加快城镇旅游化改造。推进重点景区和道路沿线的旅游景观道建设，修建旅游观光步道，规划和发展公益性的观光游览自行车服务体系；推进街心公园、休闲街区、城市绿地等公共游憩区建设，推动形成城市环城休憩带。

（四）推进便民服务设施建设

推动社会医疗卫生、金融服务、供水供电、邮政通信等方面的公共服务设施，完善旅游服务功能，丰富服务网点，基本实现主要景区及沿线的通信顺畅，有条件地实现无线宽带网络在旅游功能区、3A级以上景区及三星级以上饭店的开通；推动建设智慧旅游城市、智慧旅游景区及饭店等；推动建设景区停车场、游客服务中心、导览标识等基础设施及多语种无线导游等服务设施；推动完善无障碍旅游设施的建设；实施旅游厕所建设与提升工程，使各地主要旅游景区、旅游服务设施、旅游城镇、旅游沿线的旅游厕所达到国家星级旅游厕所标准。

五、强化旅游行政服务功能

（一）健全部门间、区域间及境内外的合作机制

强化旅游管理部门与外交、公安、国土、建设、交通、铁路、文化、卫生、质检、安监、民航、气象等部门在提供旅游公共服务方面的协作；推进区域间在信息服务、便捷交通服务、安全保障服务、惠民便民服务等方面的协作和无缝对接，逐步实现区域间无障碍旅游。“十二五”期间，重点推进环渤海、长三角、泛珠三角、海峡西岸经济区、长株潭城市群、成渝经济区、武汉城市圈、长吉图等区域的公共服务合作。加强与出境旅游目的地国家（地区）旅游部门的合作，推动完善ADS协议的签署和修订，简化签证手续、缩短签证时间，增加免签目的地，完善中文语言服务环境，强化安全保障，为出境游客提供安全、便利、优质的旅游环境。

（二）完善旅游服务质量引导、监管、评价和改善机制，保护游客权益

实施《旅游服务质量提升纲要（2009~2015）》，推进旅游产业精神文明建设，宣扬先进典型，倡导诚信经营，引导旅游企业增强质量意识和社会责任感，规范经营管理，提升服务质量；全面推进法规标准的制定与实施，健全旅游标准化体系，实施旅游标准化示范工程。全面加强旅游市场的监督检查，协同相关部门，加强对旅游各要素管理，完善优化旅游环境，规范市场秩序，实现监督工作经常化、制度化、规范化；建立以游客满意度为核心的旅游服务质量评价体系，建立旅游服务诚信体系。依法公正处理旅游投诉，完善旅游投诉机制，不断提高投诉受理率、办结率和满意率，健全非诉讼的争端解决机制。

（三）引导游客文明、理性、绿色出游

引导游客自觉按照《中国公民国内旅游文明行为公约》和《中国公民出境旅游文明行为指南》文明出行，使城乡居民在旅游活动中增长知识、开阔视野、陶冶情操，做传播中华文明的使者；引导游客树立“品质旅游”观念，理性消费；宣传倡导绿色出行，引导游客主动保护环境。

（四）引导休闲度假发展

推动《国民旅游休闲纲要》的制定和实施，推动落实带薪休假制度。宣传中国旅游日，在全社会倡导旅游休闲意识，积极引导休闲度假发展，使国民生活质量在旅游休闲中得到进一步提升。

（五）加强对旅游公共服务的宣传和研究

加强与传统媒体和新媒体的合作，组织开展对旅游公共服务的广泛宣传，在全社会形成共同关注、共同参与的良好氛围。组织开展对旅游公共服务的系统研究，为旅游公共服务的发展提供理论指导。

第四节　旅游电子商务发展的趋势分析

世界旅游组织预测，到 2015 年中国将成为全球最大的旅游市场。从目前市场需求来分析，旅游电子商务平台、旅游信息咨询服务、旅游联盟大网络连接等方面的需求比较突出。从技术上分析，旅游电子商务信息系统将向高智能化和集成化方向发展。从营销方式上分析，微博、旅游点评社交网站将成为主要的营销阵地。

一、网络环境管理规范化

完善法律、健全机制是一个行业发展的先决条件。随着电子商务的蓬勃发展，传统领域的法律法规在某种程度上已经不能完全覆盖这个不断创新的行业。虽然目前已经颁发了一些关于电子商务的法律法规和在线交易规则，但切实应用于旅游电子商务的还为之甚少，如税收、保险、资信评估、电子合同等方面的问题仍亟待解决。就旅游者权益保护方面而言，在未来的发展中，旅游电子商务将通过明确网络交易平台提供商、网络服务提供商及旅游者的法律责任以帮助解决双方合同约定、提供信息与真实产品相符程度、网络交易售后服务等多种问题，以保障在发生纠纷时有规则可以遵循，也使旅游者在纠纷发生之前对从事网络交易过程中涉及的权利和责任有所了解。同时旅游电子商务将着力于网络交易平台提供商对网络服务提供商的经营资质的审核，并通过适当方法公布使旅游者可以查询和知悉。对于涉及网络交易中的个人信息、隐私的保护也将作出相应规定，如通过网络交易平台提供商与用户之间签订隐私权保护协议，借以限定网络交易平台提供商披露用户信息的情况。

二、为个性化旅游提供全方位的信息咨询服务

个性化旅游带给旅行者全新的旅游体验，旅行者可自主安排旅行时间和线路，自主安排食、住、娱、购等内容，从中享受旅游的乐趣。但同时个性化旅游也为旅游服务市场带来了“一站式”的旅行应用服务新要求。经调查统计，旅游者最迫切需要咨询的信息中，景点、住宿、交通和购物信息所占的比例分别为 88%、84.5%、76.5%、71%。旅游者多样化、全方位的服务需求要求服务提供商拥有强大的资源整合能力。

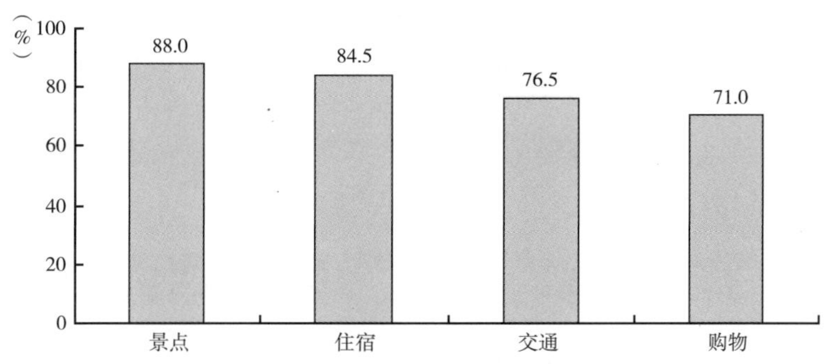

图 10–1　旅游者最迫切需要咨询的信息

三、整合资源，形成旅游电子商务综合服务平台

旅游业是一个综合性强的经济产业，为旅游者提供食、住、行、游、购、娱等多种服务。经过整合资源，在一个平台上将各种旅游产品供给旅游者挑选，比较适合当前旅游者的比较消费需求，是一种很有前途的商业模式。

四、加强智能化旅游信息系统的开发

智能导购机器人、虚拟现实技术、GIS 技术、移动 APP 等不断应用于旅游信息系统。其中，人工智能领域的专家系统能够根据用户提出的问题给出完整的解答，通过辅助和引导为用户服务。专家系统可以应用于旅游企业的信息管理中，辅助管理者进行管理决策，还可应用于建立旅游专家咨询系统、旅游专家预警系统等智能化旅游信息系统。

（一）虚拟现实技术

虚拟现实技术与旅游电子商务的结合，除了能将实际的景区如泰山、故宫等通过 3D 技术实现为完全虚拟的 3D 景区，使旅游者足不出户地体验千姿百态的风景胜迹外，它还将为旅游者提供一个 3D 的社区空间，能够在这里实现与其他顾客的互动，使旅游者有更好更直观的体验感。借助以 WEB3D 为核心的先进技术构建的虚拟景区，旅游者可以通过建立个性化的 3D 虚拟化身，在 3D 的景区环境中直接试玩旅游景点，身临其境地查看拟真的景点信息，由此增加对于景点深层次的了解，引发旅行需求。

（二）智能导购机器人

智能导购机器人是电子商务与智能信息结合的一个新亮点，运用到旅游电子商务中将为旅游者提供一对一的对话机制，克服旅游信息的海量、无序、无方向等问题，实现人性化的购买模式。过去人工烦琐的操作过程可以交由智能机器人代劳，甚至通过实现完全自然语言对话式的销售过程，与旅游者像生活场景中一样进行语言对话。

（三）移动电子商务

移动商务作为新的切入点，结合智能网络技术，随着移动的旅游者提供无处不在的个性化、实时的贴心服务，将会真正实现以人为中心的旅游移动服务应用，这为传统的旅游服务无法解决旅游者在旅游区域和旅行途中临时产生的一些需求，如订餐、租车、购票、订房、更改旅游线路等提供了解决问题的方案。未来旅游业移动商务技术主要应用于移动支付、短信以及基于位置等方面的服务。

对旅游业最重要的移动电子商务技术包括：移动支付——顾客无论在何时何地，通过手机等终端就能完成对企业或对个人的安全的资金支付；手机 APP 服务——以低成本、高效率的信息交流方式，随时随地把顾客、旅游中间商和旅游服务企业联系在一起，预订的结果、航班的延迟等信息皆可随时通知旅游者。

五、旅游网络营销广泛开展，微博与点评社交网站成为营销主渠道

随着网络与电子商务的迅速发展，旅游业市场竞争日益激烈和营销策略的多样化，旅游业也积极改变陈旧观念，跻身于网络营销的大潮之中。旅游业利用互联网对旅游市场进行更有效的细分和目标定位，对分销、渠道、产品的定价、服务、产品理念进行更为有效的规划和实施，实现更多的旅游产品销售机会。旅游管理部门以及旅游企业的网络营销理念和营销方法也日趋成熟，积极触网，开展不同方式的网络营销，使旅游业不断发展壮大。

根据统计数据，目前微博已成为互联网增长速度最快且热度最高的营销渠道之一。随着微博的进一步升温，旅游管理部门及企业纷纷通过开通微博的方式拓展社会化媒体营销，其中 OTA 企业对于微博平台的使用更加灵活，微博已成为查询和订购旅游产品的新途径。目前微博营销已广泛深入了旅游业链的各个环节，航空公司、酒店、旅行社、旅游局和旅游网站纷纷开通了官方微博。对在线旅游企业来讲，微博不仅为商家面向用户提供了绝佳营销平台，也为产品和用户满意度提供了很好的监测平台。

旅游社交化的本质是 SNS 社区与用户推荐系统的结合，以 SNS 社区烘托氛围，以 UGC 内容服务吸引用户，为更多旅游者提供消费决策帮助。旅游点评和社交网站让用户查询点评攻略、制订旅行计划、分享旅程见闻，是社交、用户生成模式在旅游业的突破。目的地需要了解旅游者需求，旅游者也需要更多目的地信息，那就把当前人气最旺的社交网站与广泛且价值巨大的旅游市场结合起来，旅游社交网站正是抓住了这一商机。

对于旅游者来说，出游前在旅游攻略网站下载攻略；旅途中通过移动终端查询目的地交通、天气信息；出游后在旅游点评网站发布点评，在社交网站上分享旅游经历，这一过程中每一阶段的细分需求都有待专业旅游网站实现。应该说未来旅游社交和点评市场的发展空间广阔。

六、网络营销和传统营销紧密结合

旅游市场正呈现出潮流化与大众化、品牌化与感性化、质量化与享受化、多层化与差异化、普及化与社会化等趋势，面对这种变化，旅游业必须强化自己的竞争优势，以适应旅游市场变化的发展趋势。

旅游营销由目的地营销向客源地营销突破、由传统平面营销向多层面立体营销突破、由传统营销向网络营销突破、由国内营销向国际营销突破，在此转变时期，需要线上线下整合营销。只有把网络营销和传统营销紧密结合，扬长避短，才能更好、更快、更有效率地满足旅游者需要，更好地发展旅游市场营销，从而促进旅游市场的繁荣兴旺。

七、横向整合目的地资源，形成统一的目的地营销平台

通过对旅游资源和旅游市场的横向整合，有效地推广目的地各项旅游资源，对上下游产业链形成深刻变革。例如，依托于目的地营销系统平台，整合本地化的各种星级酒店和旅馆资源；以同星级酒店跨区域网络营销联盟，满足该星级顾客特别是固定会员群体的需求；以经典旅游线路为核心整合线路中不同酒店资源，成立网络营销联盟平台；以其他的某种关联属性为基础，成立旅游业网络联盟及其网上营销中心。

附录一　中国旅游信息化“十二五”发展规划

一、现状和形势

（一）发展现状

1. 旅游信息化基础管理工作初见成效

国家、省、市三级旅游信息化管理体系初步建立，旅游信息化规划、管理和组织工作有效推进，全国行业管理数据体系基本形成，旅游信息化管理由办公自动化和面向行政管理的职能逐步发展为整个旅游行业的信息化。各类旅游信息化标准规范的制定及推广应用逐步展开，《旅游电子商务标准（草案）》和《饭店信息管理标准（草案）》两部旅游信息化领域国家标准完成申报，旅游地理信息、旅游遥感信息、旅游卫星定位信息等多部行业标准陆续出台。旅游信息化基础理论及应用研究工作稳步推进，国家 863 重点科研项目《基于高可信网络的数字旅游服务开发及示范系统》取得初步成果，应用示范效果获得一致好评。

2. 旅游电子政务稳步推进

以内部办公网络和业务管理系统为代表的信息化应用得到迅速普及与推广，各级旅游行政管理部门内部信息发布、公文处理等功能基本实现，办公效率显著提升，行政成本有效降低；旅行社管理系统、导游管理系统、景区管理系统、饭店统计管理系统、统计与财务系统、假日旅游预报系统等多个行业管理系统稳定运转，行政管理能力逐步加强；各级旅游政务网陆续开通，政务公开、办事指南和在线服务功能进一步完善，服务型政府形象不断深化。

3. 旅游在线服务市场快速崛起

网络预订渠道快速发展，市场急剧增长。截至 2012 年 12 月底，在网上预订过机票、酒店、火车票和旅行行程的网民达到 1.1167 亿，占网民比例的 19.8%。在线旅游总体规模达到 2530 亿元，较 2011 年的 1319.9 亿元增长了 191.68%。2012 年，整体网民人数大增，达到 11167 万人，整体使用率达到 19.8%。2012 年与 2011 年相比，预订用户数的增长幅度是 265.43%，其主要原因在于计入了 12306 官网的用户数。在线旅游市场产业链不断演变，航空公司、酒店、旅行社等产业链上游供应商积极利用网站开展在线直销业务，并寻求第三方电子商务平台等途径加大直销力度；各大在线代理商的市场角色日益分化，企业在品牌定位、业务方向和盈利模式上的差异化发展趋势逐渐呈现；网络媒介更加丰富，媒体价值得到有效释放，网络口碑传播对于旅游营销的影响日益突显，旅游网络营销平台呈现蓬勃发展态势，垂直搜索类网站、旅游点评网站等新生业态不断涌现，在线服务市场进入高速发展时期。

4. 旅游公共信息服务建设取得阶段性成果

以目的地资讯网站、旅游服务热线、旅游咨询中心、多媒体信息查询终端等为代表的旅游公共信息服务基础设施建设普遍展开，信息服务渠道日益丰富。目的地网站功能由简单的信息发布向集信息查询、投诉受理、产品推介于一体的旅游综合信息服务转变，信息涵盖内容和表现形式更为多样；12301 旅游服务热线工程逐步实施，已完成全国 31 个省区市的安装调试工作，12301 工程的基础性建设工作基本完成，逐步转入完善和运营阶段，以统一接入号码、规范化流程为广大游客提供旅游问询、旅游提示、旅游投诉等服务。旅游公共信息服务已成为贯穿旅游过程的重要环节。

在取得成绩的同时，旅游信息化发展仍存在较多制约因素，主要包括：信息化管理尚处于初级阶段，多数地区的旅游信息化主管部门在机构设置、人员配备和资金投入等方面尚显不足，旅游信息化的相关法规标准相对滞后，旅游管理机构对行业信息化建设的导向作用尚不明显；行业信息化发展整体滞后，行业中占据较大比例的中小型旅游服务企业信息化程度较低，目的地营销体系组织松散，缺乏导向，难以适应不断变化的旅游市场需求；信息化建设所需的资金与人才严重缺乏，面向新型旅游产业化发展所需的生产性信息技术服务能力不足，信息资源开发与利用缺乏良性的循环机制，政府和企业有效互动不足、尚未形成合力。

（二）发展形势

“十二五”时期旅游信息化迎来历史性的发展机遇。党中央、国务院高度重视旅游产业及旅游信息化发展，《国务院关于加快发展旅游业的意见》中提出“将旅游业培育成国民经济的战略性支柱产业和人民群众更加满意的现代服务业”的战略目标，明确指出“以信息化为主要途径，提高旅游服务效率”。《中国旅游业“十二五”发展规划纲要》中提出“以旅游信息化建设为引领，加强现代科技技术特别是信息技术在旅游业中的广泛应用，推进旅游产品和服务的升级，满足多样化的现代需求”。各级旅游行政管理机构已经充分认识到旅游信息化工作的重要性和紧迫性，为“十二五”期间旅游信息化的快速发展奠定了坚实基础。

1. 旅游产业转型升级需要信息化的高效推动

我国旅游业正处在转型升级的关键时期，具体表现在：

——由传统服务业向现代服务业转型。现代服务业较之传统服务业，更突出现代化的新技术、新业态和新服务方式。信息化是提升产业竞争力、推动产业升级的核心要素。

——由粗放服务业向集约服务业转型。重点在于打造区域中心城市的旅游功能集聚能力，由大规模开发建设观光旅游景区向建设旅游目的地转型。信息化是打破区域界限，实现旅游资源整合，塑造统一品牌形象的有效手段。

——由本土服务业向国际服务业转型。高速发展的出入境旅游，需要我国旅游业尽快塑造国际形象，提高国际市场竞争力。信息化是统筹旅游营销资源，建立具备国际水平的旅游产品分销系统的重要保障。

2. 旅游服务水平提升需要信息化的有效支撑

旅游者由过去的求量型旅游方式转向求质型旅游方式，在旅游资讯获取、旅游产品选择、旅游产品购买、旅游在途服务、旅游经历分享等领域产生了更多个性化、多样化的服务需求。通过信息技术获取、加工和利用旅游服务信息，推动产品和服务的多样化发展，实现旅游全过程的电子化，是满足消费者需求，提高旅游服务水平、提升旅游服务效率的重要手段。

3. 区域旅游和谐发展需要信息化的可靠保障

对区域性自然、文化资源的认知利用和开发保护是旅游业持续发展的客观要求。在推动旅游经济高速发展的同时，亟须通过信息化手段加强区域旅游规划和监管，实现旅游资源的合理利用。

旅游业面临复杂局面，世界经济进入调整期，国际环境中不确定性因素增加，国内经济出现了较大幅度的调整，各种自然灾害、疫情等公共安全事件时有发生，迫切需要通过信息化手段推动行业联动和区域协同，提升旅游产业自身的适应能力和可持续发展能力。

4. 信息技术不断演进为旅游业的创新发展提供了动力

现代信息技术的发展和广泛运用对旅游管理、旅游营销和旅游服务等方面都产生了革命性的影响，以互联网、物联网① 、3G 移动通信② 、云计算技术③ 、多媒体技术、数字旅游技术为代表的新技术，为目的地营销模式、旅游文化传播、旅游资源保护、旅游各环节的信息综合服务等领域的发展创新提供了支撑和动力。

二、总体思路与发展目标

（一）总体思路

以邓小平理论和“三个代表”重要思想为指导，深入贯彻落实科学发展观，围绕旅游业“十二五”总体发展战略，积极应对信息化为传统旅游产业带来的机遇与挑战。以深化信息应用为主线，充分发挥信息化对旅游产业发展的支撑与引领作用，提升旅游信息化总体水平；以组织实施重点示范工程为抓手，分类指导、重点突破，显著提升旅游信息化应用深度；以制定和完善旅游信息化政策规范为保障，形成激励旅游信息化发展的政策环境，为推动旅游产业综合竞争力全面提升、实现旅游产业总体战略目标提供有力支撑。

（二）基本原则

“十二五”旅游信息化工作要以科学发展观为统领，围绕需要处理好的一些重大关系，坚持“四个统筹”的基本原则：

——统筹整体与区域的协调发展。从旅游信息化全局出发，统一领导、统一规划、

① 物联网——通过射频识别（RFID）、红外感应器、全球定位系统、激光扫描器等信息传感设备，按约定的协议，把任何物体与互联网相连接，进行信息交换和通信，以实现对物体的智能化识别、定位、跟踪、监控和管理的一种网络。

② 3G（第三代移动通信技术）——英文 3rd-generation 的简称，指支持高速数据传输的蜂窝移动通信技术，3G 服务能够同时传送声音及数据信息，并可处理图像、音乐、视频流等多种媒体形式，提供包括网页浏览、电话会议、电子商务等多种信息服务。

③ 云计算——通过网络以按需、易扩展的方式获得所需的服务，这种服务可以是和软件、互联网相关的，也可以是任意其他的服务，具有超大规模、虚拟化、可靠安全等特点。

统一标准，统筹推进区域旅游信息化建设，避免各自为政、盲目投资和重复建设的现象，促进信息化与旅游业各要素的协调发展。

——统筹各类资源的集约利用。加强信息资源的整合与共享，发挥各方积极性，分工合作，以集约化、整体化建设实现资源效益的最大化，提高旅游信息化建设的质量和效率。

——统筹创新与需求的有效结合。以提高游客满意度、提升社会感知为出发点与落脚点，突出信息技术对传统旅游产业的改造与创新，借助信息化手段改善旅游目的地形象，提升旅游行业服务水平，更好地满足游客多样化的消费需求。

——统筹政府与市场主体的高效协作。发挥政府宏观调控、组织推进、标准规范、政策导向等作用，为旅游信息化发展提供全局指导和环境保障；遵循市场经济规律，充分发挥市场配置资源的基础性作用，有效引导社会各界资源共同投入，提高旅游信息化建设的经济效益和社会效益。

（三）发展目标

贯彻落实《国务院关于加快发展旅游业的意见》和《中国旅游业“十二五”发展规划纲要》的具体要求，全面开展旅游信息化建设，实现旅游信息化基础设施逐步完善，旅游在线营销能力和公共信息服务水平显著提高，旅游行业监管能力进一步加强，信息化带动旅游产业自主创新的能力有效提升，信息化对旅游产业增长的贡献率进一步增大，支撑旅游产业转型升级取得明显成效。到“十二五”期末，东部地区初步达到旅游信息化发展国际先进水平，中部地区建成一批以“智慧旅游”为特色的现代旅游示范城市，西部地区基本实现重点旅游目的地信息服务体系的构建和完善，有效支撑区域旅游产业联合发展和旅游服务质量提升。

“十二五”期间，旅游信息化建设将努力实现三大目标：

——信息服务的泛在化。旅游公共信息服务设施基本健全，信息服务能力显著加强。目的地资讯网站、目的地移动门户、旅游服务热线、旅游咨询中心等标准化旅游信息服务设施基本实现省级层面的覆盖，游客对旅游目的地信息的基础需求得到有效保障。

——市场运行的现代化。在线营销成为旅游营销的重要手段，在线营销预算纳入各级旅游目的地的营销预算；在线预订成为旅游者出行的重要消费方式；旅游电子商务实现交易流程规范化和电子合同标准化，数字签证认证手段在有条件的区域和旅游服务企业中得到有效推广。

——行业监管的精细化。旅游电子政务网络进一步完善，各级旅游管理部门的办公自动化水平得到有效提升，各类旅游业务管理系统功能和架构得到进一步优化。国家级旅游监测预报体系基本形成，有效支撑节假日和重大活动期间的旅游市场运行。旅游景区的实时监控和应急调度能力得到全面加强，旅游安全得到有效保障。

三、主要任务

（一）深入推进信息化基础工作，支撑旅游产业快速发展

全面加强旅游信息化基础能力建设，持续优化旅游信息化发展总体环境，使信息化成为推动旅游产业转型升级的主要动力和支撑旅游产业持续发展的重要基石。完善旅游基础信息采集与更新管理机制，引导和规范旅游信息资源的社会化增值开发利用，促进旅游信息服务传播的规范化、标准化，提高信息的权威性。加快构建适应现代旅游方式的信息服务体系，推进旅游信息化基础设施建设，满足游客日益增长的信息服务需求。加大政府的宏观指导作用，对旅游信息服务体系建设按东、中、西部地区实施分类指导，加强与通信运营商、信息技术服务企业的合作，发挥市场配置资源的基础性作用，探索健康、可持续的旅游公共信息服务运营模式。

1. 加强旅游基础信息资源建设

加快制定涉及旅游信息资源的各类国家标准、行业标准、地方标准与企业标准，形成相互衔接、彼此互补，覆盖旅游目的地、旅游产品、旅游服务、旅游监管、旅游者权益等旅游各环节和各要素的信息资源标准规范体系。选择部分条件相对成熟、资源相对丰富的省市、目的地和企业开展旅游信息资源标准规范试点建设，逐步探索并积累旅游信息资源标准规范在不同领域的建设经验，发挥试点工作的示范效应，加大成功经验在全国范围的宣传和推广力度。

专栏 1　全国旅游基础信息资源标准规范及数据库建设工程

从基础性、基准性、标识性、稳定性的原则出发，对旅游基础信息所包含的内容、范畴进行定义，形成全国统一的旅游基础信息资源标准规范。

建立以元数据为核心，逻辑上集中、物理上分散，可统一管理和服务的旅游基础信息资源目录，建设国家级旅游基础信息资源数据库，为旅游行业信息资源开发以及产品服务创新提供重要的数据基础。结合旅游行业特点，建立准确及时、高效可信的旅游基础信息采集渠道和管理办法，遵循“一数一源”的原则，明确各级单位信息采集和更新权责，以“谁采集谁更新”为原则，保证基础信息的准确、完整和及时更新；积极探索与相关部门基层信息采集的共同需要和特殊需要，对通过信息共享方式从其他行政机关获取信息的成功模式予以鼓励和推广。

以政府监督审查为可信性保障，以信息资源的社会化开发利用为可持续动力，明晰公益性与商业性信息服务界限，引导和规范旅游信息资源的社会化增值开发利用。

2. 加强国家级旅游营销平台建设

建立突出中国特色的国家级主题网络营销平台，以中华民族文明、地域风光特色的宣传介绍、特色旅游文化活动、重点入境游线路的在线互动体验为主要内容开展国际化营销，实现旅游产业的跨区域协同发展，塑造中国旅游国际化品牌形象。加快国家级旅游营销平台在主要海外客源地的多语种网站建设，结合客源市场的旅游需求、民族文化、思维方式与行为习惯优化网站页面设计，增进与客源地媒体、旅游分销渠道的在线营销合作。选择国内优质旅游服务资源，依托国家级网络营销平台进行海外推介，加快国内旅游企业“走出去”的步伐，建立一批有国际竞争力的中国旅游品牌，拉动入境旅游消费规模增长。

3. 提升旅游目的地信息服务能力

推动区域性旅游综合信息服务平台建设，依托 863 课题《基于高可信网络的数字旅游服务开发及示范系统》的示范成果，科学、有序地开展数字旅游营销和在线旅游服务。进一步优化各级旅游资讯网站功能，增强对目的地景区、旅行社、酒店等旅游企业的营销支撑能力。依托本地自然资源和人文资源，围绕重点景区、特色旅游项目加强区域旅游资源的联合在线营销，拓展在线市场渠道，增强在线营销能力，促进旅游目的地的产业协作。

专栏 2　区域性旅游综合信息服务平台建设工程

依托旅游综合信息服务平台，建立公共信息资源在旅游基础数据库与各应用数据库之间的映射关系，完善基础数据的同步更新机制，实现信息资源共享和有效利用；建立基础数据库与各类信息渠道主体之间的标准化数据交换接口，实现政府提供的高可信目的地旅游信息与企业提供的动态旅游产品数据在目的地营销服务中的有机整合。

提升目的地旅游咨询中心、区域旅游集散中心的信息化应用水平，通过互动展示加强对周边旅游产品、旅游线路、文化活动的宣传推介能力，针对休闲度假游、自驾游等新兴旅游模式，为游客提供智能行程规划和自助在线订购功能。加强乡村旅游信息化建设，将家庭旅馆、乡村饭店、休闲娱乐项目、交通设施等各类旅游服务资源纳入目的地旅游信息化管理范围，为旅游者提供相关信息公示及服务保障。

4. 加强旅游信息化基础能力建设

加强旅游信息化的基础设施建设。推动旅游景区及景区交通干线的通信基础设施建设，加强热点区域的无线宽带网络覆盖，构建泛在、智能的信息高速公路，为个性化、便捷化的旅游信息服务应用开展奠定基础。加快旅游公共支撑平台建设，利用云计算等集约化技术为区域范围内的节庆、会展等大型活动提供优质可靠的信息化资源保障，为生态旅游、商务旅游、体育旅游、工业旅游、医疗健康旅游等新兴业态发展提供网络营销的平台支撑，促进旅游产业以高效、集约、低碳的方式发展。

加强旅游信息化的安全保障。构建信息安全基础环境，逐步建立以身份认证、授权管理等为主要内容的旅游信息安全保障体系。开展对重点领域、重点区域旅游信息化系统的容灾体系建设，确保特殊情况下各项关键业务的不间断运行。加强对旅游行业人员的信息安全培训，提高信息安全意识和安全防范水平。

（二）继续加强电子政务建设，提高行业服务监管能力

进一步推进旅游电子政务建设，提高各级旅游管理部门的办公自动化水平，优化行业管理信息系统功能和架构，完善公众旅游投诉和评价反馈渠道，提升对旅游市场主体的服务和管理能力。加强对旅游市场的运行监测，依托旅游电子政务网和信息资源共享平台，丰富监测数据的采集渠道，提高数据采集的时效性。加强旅游统计信息的元数据建设，运用数据挖掘技术提高数据分析的针对性、前瞻性，有效增强旅游宏观决策的科学性，满足旅游产业快速健康发展的决策需求。强化与相关部门的信息共享和业务协同，促进旅游行业管理的科学高效。

1. 提升完善旅游行业管理类系统

配合旅游电子政务的属地化管理趋势，进一步完善旅行社、饭店、景区、导游四大类行业管理系统，逐渐形成全国数据统一、分级授权管理的信息系统架构，基本实现电子档案的属地化管理和全国联网查询，力争旅游管理信息上传下达的时效性、准确性和一致性，有效提高旅游政务管理效率。初步建立各客源地旅游团队人员信息与行程信息的电子化备案管理和动态查询系统，提高对不规范旅游服务和旅游安全事件的监控。及时公开各级旅游行政管理部门信息和旅游企业相关质量信息，促进旅游服务质量提升。

2. 加快建设旅游政务服务类系统

建立健全省级集中、全国联网的旅游监测预报体系，加强动态信息发布，提高对节假日等旅游高峰期的客流引导能力。完善重点旅游景区视频监控和旅游专业气象、地质灾害、生态环境等领域的监测、预报预警系统，基本实现与各级应急指挥中心信息平台的信息共享、协同联动，提高旅游景区的安全监控和应急调度能力。

加强旅游热线投诉、在线投诉处理机制建设，健全和完善投诉系统和信息发布制度。与旅游质监所的功能进行整合，加强与工商、公安、商务、卫生、质检、价格等部门的信息共享与协作，协同相关横向监管执法部门建立以部门协同、处理流程闭环为主要形式的旅游投诉受理和旅游救援服务机制。

专栏3　旅游服务系统能力提升工程

建设全国重点景区游客流量监测和服务系统。建设基于移动通信基站定位的景区流量实时监测系统，配合旅游服务质量提升计划，对主要景区的游客流量、来源等信息进行实时统计分析，并通过此平台为游客提供信息提示和满意度调查，为政府管理部门进行科学决策提供参考。

3. 构建旅游目的地评价与监督系统

加强目的地营销效果监测和评估。完善游客信息反馈分析机制，结合互联网内容监测与分析技术，广泛收集调查评价信息和数据，客观、动态评估目的地的营销效果，实现目的地营销的精确化和差异化。

建立目的地旅游服务质量在线监督机制。充分发挥网络媒介的互动功能，鼓励游客通过各类网络渠道进行旅游目的地评价、投诉与建议。建立旅游目的地游客满意度调查评价系统，以各地各级旅游政务网站为主要界面，联合报纸、广播、电视、手机等媒体渠道，定期发布游客满意度评价报告，促进旅游服务质量提升。

（三）全面深化信息技术应用，注入产业转型升级动力

鼓励以物联网、云计算、新一代移动通信为代表的高新信息技术与旅游服务的融合创新，推动旅游营销能力和旅游服务水平的全面提升。将旅游信息化的重点科技攻关项目和实验课题纳入国家科技支撑计划，加大对相关信息化应用产品与解决方案自主研发的扶持力度。加强科技成果转化，引导大众通过新的应用服务在旅游过程中更好地掌握目的地资讯、了解文化知识并获得更便捷的旅游帮助和消费体验。以信息化创新推动旅游产业创新，逐步实现旅游消费全过程电子化、旅游生产经营数字化和旅游服务管理智能化，推动我国旅游业向现代服务业迈进。

1. 加强互动体验技术在旅游营销创新中的应用

借力“三网融合”发展契机，依托新一代互联网技术应用和网络营销手段，实现传统旅游营销向现代旅游营销模式转变。充分发挥网络营销传播范围广、速度快、展现形式生动多样、互动性强等特点，提高旅游目的地的营销效率，增强营销效果，降低营销成本；充分发挥网络媒介的互动作用，增强线上内容与线下活动相结合的旅游互动体验，促进大众旅游消费者参与旅游信息的创造、传播与分享，丰富旅游主题和文化内涵。

通过加快专业化人才引进和加强行业间经验交流，增强旅游在线营销策划的市场意识和能力，保障营销内容策划和制作的一致性和有效性。加强旅游营销机构与各类网络运营商、网络传媒机构的合作，实现跨网络、跨平台、跨终端的数字旅游营销渠道构建。加强新技术与旅游文化的融合，以网络动漫、影视传媒、网络文学、网络游戏等网络互动元素为依托，积极发展线下主题旅游，利用大型展会、体育赛事、文化庆典等活动示范高新信息技术应用，倡导科技旅游。

专栏 4　面向旅游营销服务的关键技术应用

加强数字旅游文化资源的内容制作，搭建旅游目的地可视数字资源库，促进旅游文化传播与共享。积极利用富媒体技术提升目的地旅游资源和旅游主题活动的生动性和表现力。

鼓励以广播电视频道、专业网络频道、短/彩信平台、互联网门户与论坛、博客/微博客[①]、位置服务[②]、SNS[③]社区等各类渠道作为目的地旅游营销载体，针对其服务的客户群特征组织相应的在线旅游营销活动，提高营销内容的辐射力和影响力，降低营销成本。

加强面向在线应用服务的旅游测绘，利用遥感、360 度实景拍摄、虚拟现实和地理信息系统等技术大力发展线上虚拟旅游，增强城市和景区的互动式营销体验。

2. 推广移动信息技术在游客在途服务中的应用

利用移动终端随时、随地、随身的天然优势，结合标签识别技术、传感器网络技术以及无线定位等技术，实现旅游行为可标记，导游顾问可携带，游览对象可辨识，重点满足游客在旅游过程中对目的地信息的动态性、差异性、位置相关性和互动性需求。

① 微博客——英文 Micro Blog 的简称，是一个基于用户关系的信息分享、传播以及获取平台，用户可以通过 WEB、WAP 以及各种客户端组件个人社区，以 140 字左右的文字更新信息，并实现即时分享。

② 位置服务（LBS，Location Based Services）——又称定位服务，LBS 是由移动通信网络和卫星定位系统结合在一起提供的一种增值业务，通过一组定位技术获得移动终端的位置信息（如经纬度坐标数据），提供给移动用户本人或他人以及通信系统，实现各种与位置相关的业务。实质上是一种概念较为宽泛的与空间位置有关的新型服务业务。

③ SNS（社会性网络服务）——英文 Social Networking Services 的缩写，指旨在帮助人们建立社会性网络的互联网应用服务。

加快建立移动旅游信息门户和移动旅游应用服务平台，为在途游客提供跨平台、跨网络的 WAP[①] 服务、短/彩信服务和各类移动终端应用服务；结合手机智能卡技术，拓展旅游一卡通在目的地通信服务、交通搭乘、消费支付、电子门票、智能导览等方面的综合服务功能，开展物联网在旅游行业的应用示范。

专栏 5　面向游客在途服务的关键技术应用

加强符合移动信息传播需求的数字旅游内容制作，解决各类旅游资讯、营销广告、多媒体宣传内容、旅游地图等信息载体在手机和智能移动终端的内容组织和展现问题。

加快适合游客在途应用的旅游地理信息技术研发，促进电子地图、定位导航与移动智能终端技术的有机结合，重点发展旅游位置服务应用。

利用数字标签技术对游客、景观文物资源进行识别和管理，推广基于 RFID 、二维码 的电子门禁和智能化自助导览应用。

推广集群通信、数字对讲技术在旅游管理、团队管理等领域的应用。

3. 深化动态采集技术在旅游开发管理中的应用

加强对旅游环境的监控预警，在重点旅游景区规划布设传感器网络，基于地理信息系统和物联网等技术手段实施智能化管理，对自然资源、文物资源实施监控保护，为客观评价旅游项目对环境的影响提供数字化手段。提倡节能环保，在宾馆、饭店等旅游企业推行智能化能源控制解决方案，实施旅游企业能耗水平动态抽查，对在节能环保方面具备杰出表现的企业授予“绿色旅游企业”表彰。

专栏 6　面向旅游开发管理的关键技术应用

以地理信息系统为基础，应用遥感测绘、视频监控、数字标签等技术，实现对景区动物、植被、景观、文物等资源的数字化管理和监测；应用 RFID、二维码标签实现重点游览资源的标记联网，形成景区文化物联网资源库。

应用传感器网络实现旅游景区大气成分、水资源质量、地质成分、环境噪声等环境指标的实时采集监控，并通过动态分析技术对潜在的环境变化进行及时预警。

---

① WAP（无线应用协议）——英文 Wireless Application Protocol 的简称，是在数字移动电话、互联网或其他个人数字助理机（PDA）、计算机应用乃至未来的信息家电之间进行通信的全球性开放标准，通过 WAP 技术，可以将 Internet 的大量信息及业务引入移动电话、PALM 等无线终端之中。

② RFID（射频识别）——即英文 Radio Frequency Identification 的简称，指非接触式的自动识别技术，通过射频信号自动识别目标对象并获取相关数据，可工作于各种恶劣环境，同时识别多个标签，识别工作无须人工干预，操作快捷方便。

③ 二维码——利用某些特定的几何图案，按一定规律在平面分布成黑白相间的图形，用以记录数据符号信息，具有储存量大、保密性高、追踪性高、抗损性强、备援性大、成本低等特性，是近几年来国际上流行的数据防伪、携带、传递的高科技手段

4. 以智慧旅游为目标开展新技术在旅游目的地的应用示范

将旅游信息化作为区域信息化的重要组成部分，加大对旅游信息化建设的投入力度。开展“智慧旅游”创建工程，对各类旅游信息化的新应用、新服务、新模式开展试点示范。

专栏 7　智慧旅游示范工程

选取有条件的旅游目的地开展智慧旅游示范工程。示范重点包括：

以云计算等技术平台为核心，实现旅游信息化资源的集约建设、按需服务。聚合 IT 资源与存储、计算能力，形成区域范围内的虚拟资源池，结合供应链、企业资源管理、在线营销、在线预订等专业化服务系统，为旅游企业提供基于网络共享的软硬件环境和按需使用的应用服务，有效降低中小型旅游企业利用信息化手段开展经营活动的资源和技术壁垒，提升旅游信息化应用的研发与服务效率。

以基于高可信网络的数字旅游服务系统为基础，以旅游一卡通、智能移动设备为服务终端节点，支撑跨行业、跨部门、跨企业间的信息共享与业务协同，实现旅游资源网上营销、旅游产品代理分销、电子支付与认证、资讯导游服务提供和投诉建议受理反馈的一体化服务体系，结合物联网、3G 和虚拟现实技术，为游客提供虚拟旅游、位置服务、智能导览等现代科技旅游服务体验，带动娱乐、交通运输、房地产、文化体育等行业发展，推动旅游小城镇和新农村建设。

（四）积极推进旅游企业信息化，优化旅游电子商务环境

鼓励企业利用信息化进行综合创新，引导在线预订与线下服务的融合发展，提高旅游电子商务应用水平。

1. 深入推进旅游企业信息化

支持旅游企业应用供应链管理、客户关系管理、企业资源管理、在线预订服务等信息化系统实现数字化管理和网络化经营，全面提高管理效率、服务水平和盈利能力。鼓励专业性技术服务企业通过专业化人才和集约化平台为传统旅游企业提供网络业务外包和技术服务外包。积极探索旅游企业信息化公共支撑平台建设模式，为各类旅游企业提供从 IT 资源服务到 IT 应用服务的按需使用能力。

针对各类旅游市场主体的业务特征，依据旅游企业信息化体系结构，从信息化基础设施规范、应用系统规范、信息标准（含信息的应用规范）和用户规范等方面，研究和制定旅游企业信息化建设标准规范，并纳入景区、酒店宾馆、旅行社的评星评级体系。

2. 鼓励线上与线下服务的融合发展

加大对旅游在线服务企业的扶持力度，充分引导在线服务企业发挥互联网技术平台的优势，在线上为游客提供旅游资讯、多产品、个性化的组合和预订服务，在线下以信息共享带动地面旅游服务资源的整合与业务协同，促进线上和线下资源的充分结合，构建覆盖旅行前、旅行中和旅行后的服务价值链，为旅游者提供“一站式”服务。

鼓励传统旅游企业和在线服务企业整合各自的优势服务资源，以合作、合资等形式，形成“线上预订”与“线下服务”的综合服务能力，加快“走出去”步伐，联手开拓国际市场。

3. 建立健全旅游电子商务交易规范和技术标准

健全电子认证体系，整合现有资源，完善电子认证基础设施，规范电子认证服务；制定旅游电子合同规范，建立旅游产品安全电子合同系统，明确数字签名、电子商务凭证等的法律法规，保障旅游电子商务产品交易市场公平性、安全性，建立电子合同在线公证平台，维护交易双方的权益；增强旅游电子商务系统与金融系统的对接，推动网上支付、电话支付和移动支付等新兴支付工具在旅游市场的应用；逐步建立电子合同、网上产品与旅游服务信息的监测体系，加强对旅游在线业务的监督和风险控制。

4. 加快旅游电子商务信用体系建设

加强对旅游电子商务的政府监管、行业自律及部门间协调与联合，探索建立以企业属地管理为基础，全国数据统一、分级授权管理的旅游市场主体信用信息管理体系；建立健全信用信息资源共享机制，推进旅游企业信用信息服务平台建设，实现旅游信用数据的动态采集、处理和交换；发展第三方信用服务机构，建立科学、合理、权威的旅游企业信用评估标准，实现客观、公正的旅游企业诚信评估，并逐步实现信用级别与旅游企业等级评定直接挂钩，引导市场消费选择。

四、保障措施

（一）建立健全旅游信息化管理体制

加强旅游信息化建设的统一领导和宏观决策，建立分工合理、责任明确的旅游信息化综合管理体制；加强全国旅游信息化主管机构的组织建设，强化统筹协调职能，促进国家与地方之间、各地方之间旅游信息化工作的协同配合。积极推动各地各级旅游信息化规划工作，以规划作为旅游信息化建设的指导依据；加强对规划实施的跟踪与评估，适时调整旅游信息化发展目标，适应“十二五”期间旅游产业发展大局需要。

（二）加强旅游信息化发展的资金与政策保障

设立信息化发展专项基金，加大对旅游信息化建设重点领域、重点项目的投资力度，加强资金使用的统筹管理与监督审核，提高旅游信息化资金的使用效率；建立和完善与旅游信息化发展相关的法律法规，围绕旅游市场整体需要，加强对信息资源管理、信息资源共享、公共信息服务、旅游电子商务等领域的法律制度研究；促进旅游信息化发展的激励政策，鼓励各地结合实际开展实践，形成旅游信息化发展的良好环境。

（三）加大旅游信息化人才的培养引进力度

制定和完善旅游信息化人才的培养与引进政策；激励和引导有条件的高等院校建立旅游信息化相关专业，培养专业素质高、综合能力强、社会适应性强的人才；积极探索与高等院校的人才定向合作与培养模式，为各级旅游信息化机构输送高层次人才；积极推动以政府为主导、以企业为主体、以大学为人才培养基地、以研究机构为技术创新主要场所的旅游信息化“四位一体”创新体系建设；鼓励各级各类教育培训机构开展旅游行业从业人员的信息化知识和信息化技能培训。

（四）加强旅游信息化的交流与协作

建立跨行业、跨部门的旅游信息化交流共享机制，加强旅游行政主管部门与其他部门在联合执法、业务协同与科技成果转化等领域的信息共享与协作；完善旅游行业内部的信息化工作交流机制，加强各级旅游信息化管理部门之间、旅游信息化管理部门与旅游行业管理部门及旅游企业之间的交流沟通；探索成立旅游信息化推进联盟，充分发挥联盟的桥梁和纽带作用，建立完善行规行约，加强行业协同合作，推进旅游信息化健康发展；加快旅游信息化对外交流的步伐，加强与国际组织的交流合作，不断缩短中国旅游信息化与国际先进水平的差距。

附录二　旅游信息化优秀案例集

旅游电子政务案例

案例一：首都旅游产业运行监测平台

（一）背景介绍

“十二五”时期，是实现北京城市总体规划提出的建设“国家首都、国际城市、历史名城、宜居城市”目标的关键时期，发展旅游产业、打造国际一流的旅游城市成为推动首都“十二五”科学发展的重要任务和推动建设中国特色世界城市的重要支柱。在把北京建设成为国际一流旅游城市的新形势下，必须提高对北京旅游产业的监测水平，提高北京旅游应急指挥的响应水平，提高北京旅游产业发展的科学决策水平。

（二）主要内容

1. 建设思路

按照“信息共享、精细管理”的主导思想，对旅游产业相关数据信息充分整合、共享，利用各委办局、景区饭店已有视频图像资源，坚持科技应用与创新，加强顶层设计、统筹规划、分步实施，提高北京旅游产业监测能力，提升旅游应急调度水平，为旅游产业各级领导的决策提供了科学依据。

2. 系统定位

首都旅游产业运行监测调度中心是集产业信息资源汇总、产业运行监控监测整合、应急调度快速反应为一体的综合系统。在日常工作中，作为产业运行监测平台，统筹协调产业建设；在节假日期间，作为市旅游委假日监测平台；在处置突发事件时，作为应急调度系统，发挥高效联动优势，提高快速处置能力。

3. 总体框架

本期项目整体架构由服务层、应用层、应用支撑层、数据层、IT基础设施层、标准规范体系、信息安全体系共七部分组成，如附录图2–1所示。

4. 主要功能

（1）建立北京旅游产业信息资源库，实现产业信息资源共享

整合北京市旅游委现有内部数据资源，以及与旅游应急密切相关的图像、人流量、交通、气象等外部数据资源，同时，为北京市旅游委未来规划建设的应用系统预留数据接口，实现旅游产业信息资源的有效整合，为领导辅助决策支持系统建设、为旅游信息资源开发利用奠定基础。

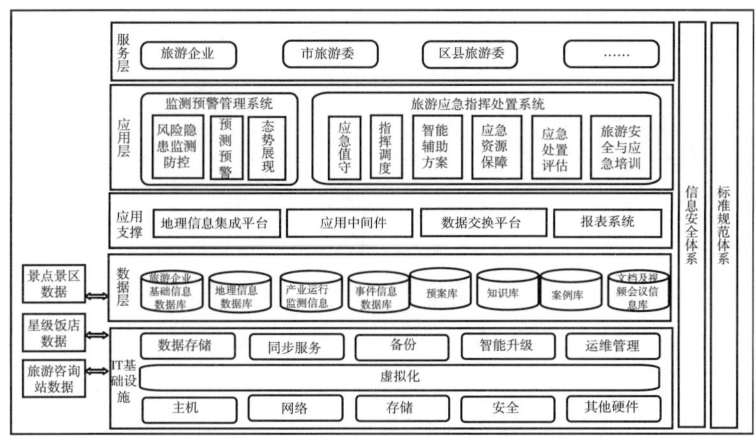

附录图 2-1　系统总体架构

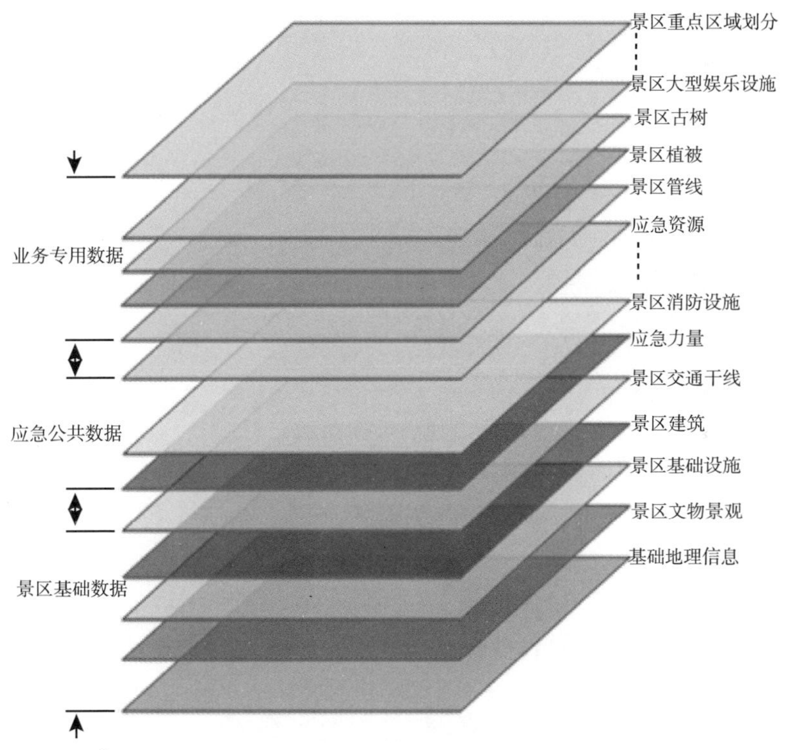

附录图 2-2　数据整合模式

（2）建立互联互通的视频图像系统，实现对重点饭店、景区及其周边道路的视频监控

通过对旅游产业相关的食、住、行、游、购、娱、演、展等不同领域的企、事业单位运行状态进行实时监控，实现对北京市旅游产业运行状态的总体监控和突发事件的及时预警，进一步提升旅游产业运行掌控能力。同时，根据产业运行监控统计分析结果，可以辅助领导决策，有效提升突发事件预防及处置能力。

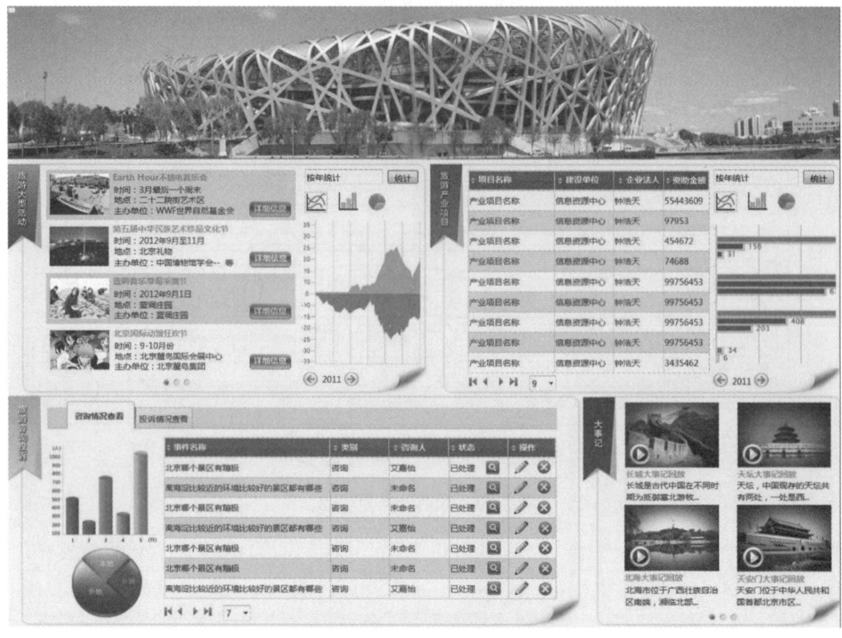

附录图 2–3　应用整合效果

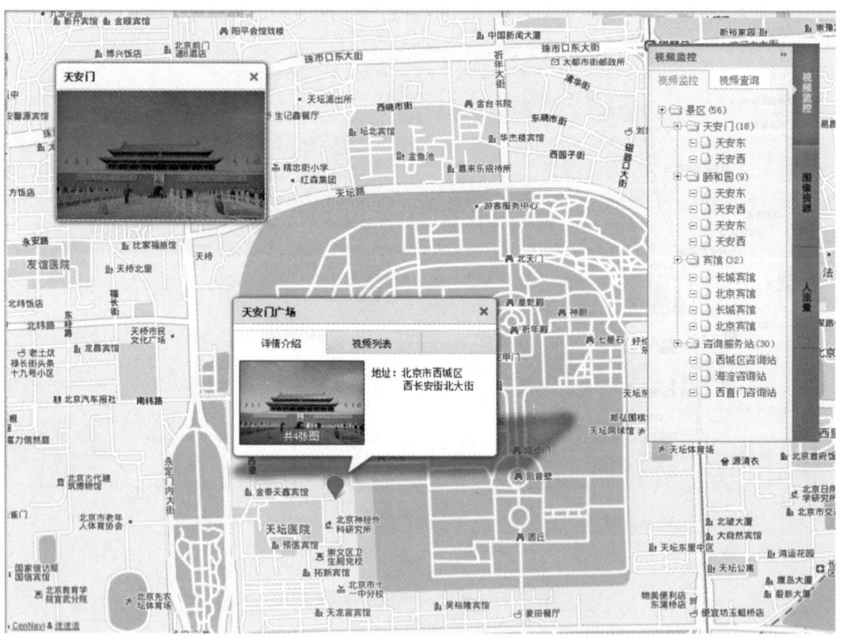

附录图 2–4　北京旅游视频图像系统

（3）建立旅游产业监测及预警系统，实现旅游产业运行状态监测，景区人流量、景区周边道路、恶劣天气的预警

旅游资源管理与监控系统将与旅游相关的旅游资源基础信息、假日监测信息、咨询投诉、旅游大型活动、产业情况及重点部位监控图像等进行分类梳理和汇总，以便市旅

旅委领导整体把握旅游资源、项目、企业、大型活动等相关情况。包含旅游资源图层展示、旅游资源检索、图像接入点整合与查询定位、假日情况运行监测及统计分析、景区人流量监测与统计、旅游大型活动信息汇总及查看、旅游咨询投诉信息汇总及查看、旅游产业项目信息汇总及查看功能。

节假日运行监测信息，主要包括节假日旅游住宿设施出租情况、节假日住宿设施接待情况日报信息、节假日主要旅游区接待情况、节假日滑雪场接待情况、节假日旅行社接团和组团情况、节假日旅行社组织出境游情况、节假日北京民航客运情况、节假日铁路预售情况、节假日铁路客运情况、节假日客运情况、节假日商业及餐饮业经营情况。这些数据来源于北京市旅游发展委员会首都旅游协调与区域合作处的假日旅游监测系统。

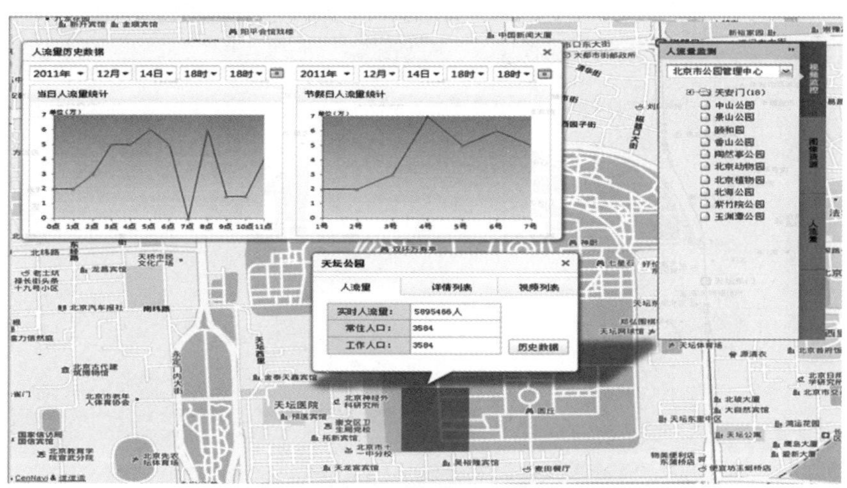

附录图 2–5　动态选择需要检测的区域

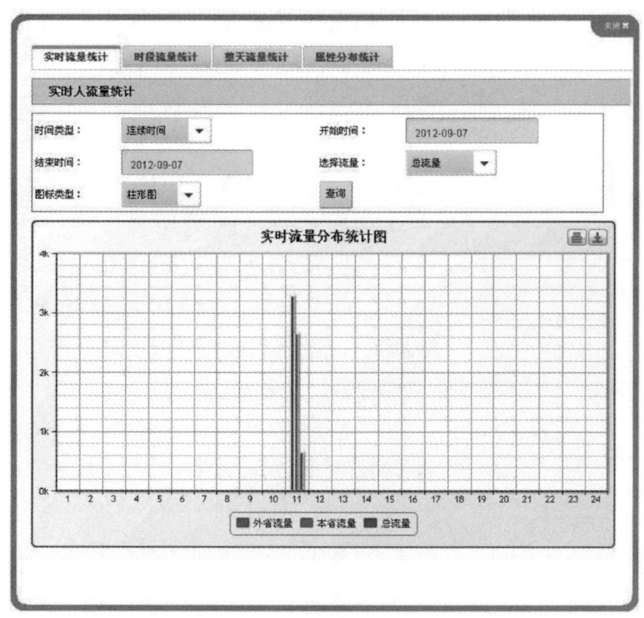

附录图 2–6　实时游客流量监测

（4）建立旅游委市、区两级视频会议系统

实现与区县旅游委甚至企业的会议沟通手段，允许用户在可视的情况下交换信息，可用于传达上级指示精神、旅游宣传活动、重大事项动员、人员培训、管理信息，增强各区县的办公协作，当决议内容涉及其他同级或不相隶属机关或部门的职权范围时的会商。

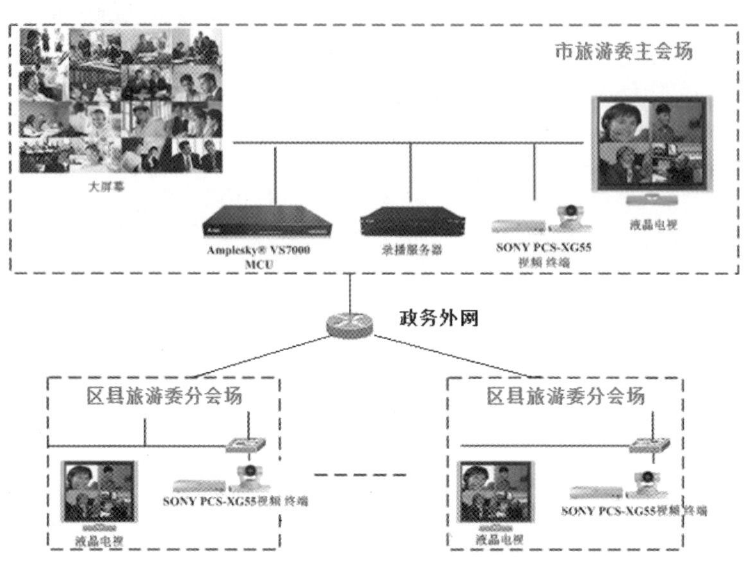

附录图 2-7　视频会议示意图

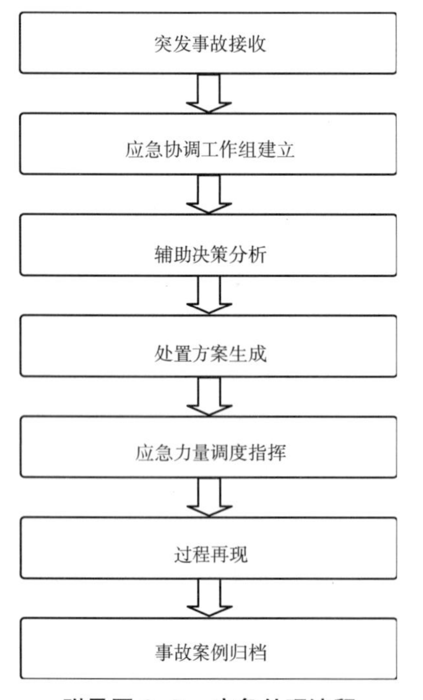

附录图 2-8　应急处理流程

（5）建立突发事件应急调度系统，实现应急事件快速响应

满足市旅游委、区县旅游委非常态下的突发事件应急处置工作。主要包括值班值守、辅助方案、指挥调度、应急保障、处置评估、信息报送等。

智慧调度以旅游突发事件发生地点为核心，基于 GIS 空间分析功能，快速检索和定位突发事件周边的应急联动单位及救援单位。通过这些单位提供的通讯录信息，应急处置人员能够立即基于通信调度系统，将突发事件的处置任务或求助事项下达到各个单位，以减少突发事件的响应时间。

（三）主要成效

首都旅游产业运行监测平台实现了一个大厅（应急调度大厅），两个平台（基础设施平台、应用支撑平台），一库管理（旅游信息资源库），监测和应急智慧并重（产业运行监测系统、应急指挥处置系统）的工作要求，在全国旅游产业具有非常典型的示范意义。该平台在 2012 年十一黄金周发挥了积极的作用，

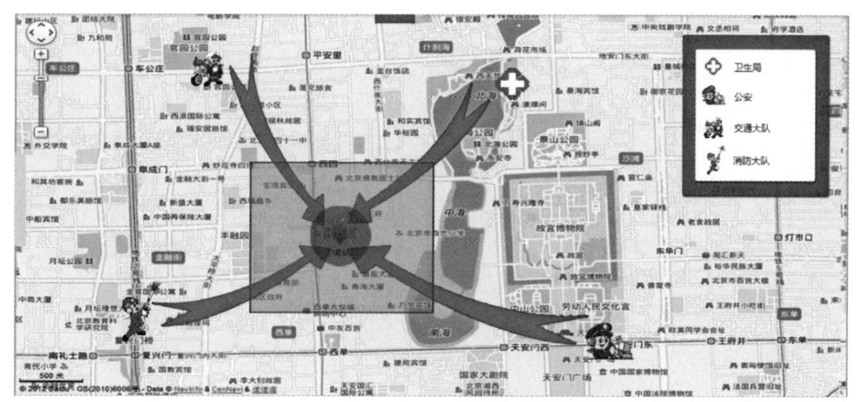

附录图 2-9　智慧调度示意图

在此期间对 40 家重点景区、区域的运行情况和实时人流量进行了监测，实时发布景区游览舒适度指数及人流量预警信息，实时发布与游客相关的气象灾害和路况拥堵信息，受到了国家旅游局和北京市政府领导的高度肯定。2012 年 12 月，该项目在第三届中国物联网产业与智慧城市发展年会上，荣获“2012 中国智慧城市智慧旅游示范工程奖”，2013 年 1 月，在第二届中国旅游产业发展年会上，荣获国家中国旅游风云榜 2012 中国旅游公共服务项目 TOP 10 大奖。

该平台也是北京市在夯实智慧旅游建设环境基础上，进一步疏通渠道，协商整合资源，有序地推进智慧旅游建设进程的关键组成部分。目前，该平台正处于初建期，更多的功能和应用将进一步开发，将为未来其他城市智慧旅游建设提供可借鉴的宝贵经验。

案例二：湖南旅游目的地管理“一诚通”系统

（一）背景介绍

近年来，我国的旅游业蒸蒸日上，不断取得新的进展和突破。但是，旅游企业诚信问题引发的旅游投诉及纠纷的数量和类型呈现不断增加的趋势，黑旅行社、黑导游、黑车、强制购物、价格欺诈等问题屡禁不止，严重扰乱了旅游经济秩序，阻碍了旅游业的健康、持续发展。

湖南旅游监管（一诚通）系统是通过现代信息技术，集成旅游资源信息和管理信息，将旅游行业诚信建设的要求贯彻到食、住、行、游、娱、购以及旅游企业经营、旅游企业管理、游客服务等各个环节，实现对旅游企业的高效服务和有效监管，保障旅游目的地对游客的诚信服务，提高旅游目的地旅游品质和游客旅游体验，提升旅游目的地的游客满意度和美誉度，促进旅游产业链动态平衡，保障旅游产业稳步、健康、协调、可持续发展。

（二）主要内容

1. 建设目标

以旅游企业、旅游从业者、旅游消费者和旅游行政主管部门为服务对象，搭建集旅游行业行政审批及政务公开、旅游市场及旅游质量监管、旅游统计分析、旅游从业培训等功能于一体的旅游主管部门管理及服务、旅游企业及从业人员自律、旅游消费者监督的旅游监管平台。

为旅游行政主管部门掌握、研究、分析湖南省旅游企业（旅行社、旅游酒店、餐饮、购物、休闲娱乐、旅游交通等）的经营状况及从业人员使用状况、客源情况、突发事件处理提供真实、及时、全面的基础数据。

在线完成旅行社审批或备案、旅游企业的各类等级或星级评定及复核、旅游从业人员的各项培训考核等行政许可工作。

为旅行社、景区等旅游企业提供行业信息查询、内部管理、统计分析等功能。

开辟网上旅游消费者满意度反馈渠道。

作为旅游执法监督平台，实时依法发布旅游质量监督管理和执法检查信息。

2. 系统架构

系统分为三大模块，依次实现公共服务、行业监管和决策分析的功能。公共服务模块包括旅游信息收集分析子系统；行业监管模块包括导游管理子系统、旅游业态评定子系统、旅游企业审批备案子系统、行业运营监管子系统、旅游财务结算子系统和突发事件应急子系统；决策分析模块包括旅游信息收集分析子系统。

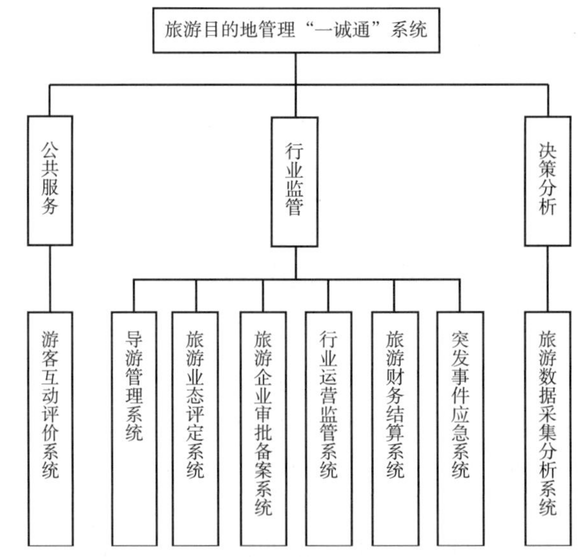

附录图 2-10　湖南旅游目的地管理“一诚通”系统架构

3. 服务对象及功能

系统的功能模块包括旅游主管部门、旅行社、星级饭店、导游、景区、消费者等部分。

旅游主管部门：各级旅游局使用，主要用于旅游企业的批准登记、备案；旅游处理投诉及旅游质量监控、旅游执法检查信息发布；导游管理及网上年审；旅游市场统计分析、突发事件应急处理等。

旅行社：新社网上申报及分社、网点的网上填报备案；旅行社的星级评定管理；旅游团队计调管理、导游管理、售后服务管理等；制作可查的每团旅游行程安排合同附件及可查的导游员带团任务单。

星级饭店 / 家庭旅馆：星级饭店评定、复核；家庭旅馆的网上申报与评定。

导游：资格审查、年审年检及带团业务管理。

景区：等级旅游区的评定与复核及评定人员的管理；旅游团队销售折扣管理、账务结算。

消费者：在线查询旅游行业管理信息，在线核查旅游合同附件内容，在线提交投诉建议，反馈每团质量满意度。

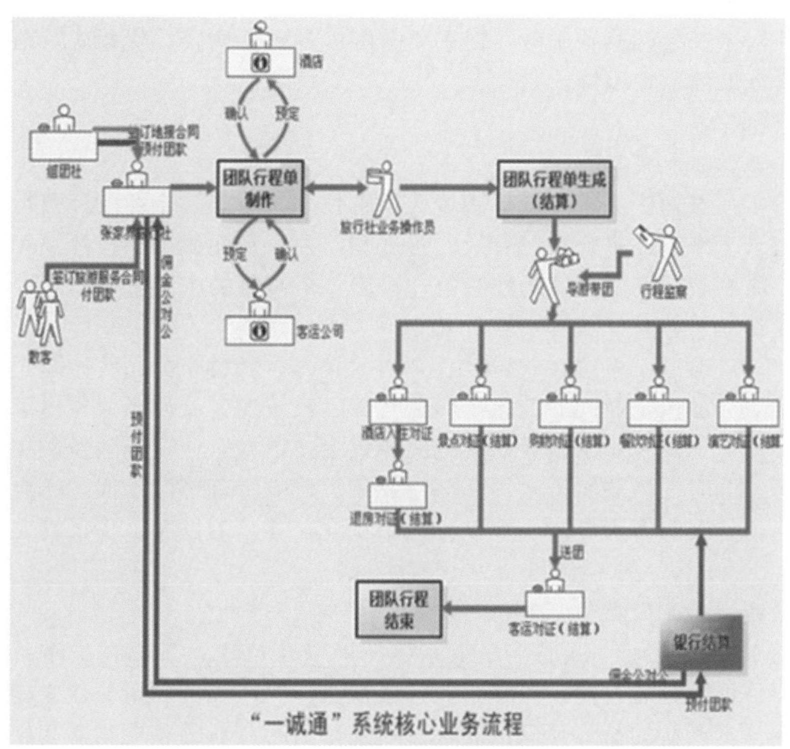

附录图 2–11　“一诚通”系统核心业务流程图

4. 创新点

该系统引入信息化科技手段，以旅游目的地市场为单元，以旅行社为交易起点，在景区、酒店、餐饮、购物、娱乐、旅游客运等旅游服务单位之间，按照湖南旅游监管（一诚通）系统电子行程单所记载的内容，进行旅游目的地市场全信息的网络监管，从而规范旅行社及其相关旅游经营单位的经营行为，实现对旅游企业的高效服务和有效监管。建立旅游目的地涉旅行政资源共享的政府工作机制，形成旅游目的地现代化的旅游服务体系，打造广大游客和企业满意的、诚信的旅游目的地市场环境。

从游客的组团合同等接待服务开始，从诚信数据中提取相关信息形成电子行程单，以电子行程单为载体，引入旅游质量监察部门的监察体系，促进旅行社与各旅游商品供应商之间高效、便捷的工作流转。系统建设切入点为旅行社团队行程档案之建立、保存、检索，稽查之电子、网络、数字化需求，以及建立旅游目的地市场以电子银行结算为主的交易体系和目的地旅游市场政府行业监管信息化服务体系。

通过信息技术和互联网的支撑，建立旅游目的地市场诚信数据库，并实现旅游、税务、工商、物价、公安、运管等各个涉旅行政工作环节的信息化、数字化的工作管理模式，为旅游企业提供一个公平、公正的市场经营竞争环境，为游客提供一个健康、有序、安全的旅游环境，广泛提升游客的旅游满意度。

实现湖南旅游监管（一诚通）旅游结算子系统。该系统的电子结算管理功能引入资金管理，进一步提高监督管理旅游目的地市场秩序的能力，全面提升旅游目的地各项管理工作水平，大力提高旅游目的地各项服务品质。结算管理的运用大大激活旅游市场资本效应，注入了长短期融资服务，促进旅游资本的良性周转，优化旅游市场的资本环境，大力提升当地的税收税源。

（三）主要成效

1. 建立了诚信旅游市场

旅游监管（一诚通）系统系统运用现代信息技术，对旅游企业的经营行为准确、及时、完整地记录下来，并进行及时有效的管理和监控，从而规范旅行社及相关旅游经营单位的经营，遏制旅行社之间的恶性竞争，打造一个诚信的旅游市场。

2. 提升了企业和行政管理部门运行效率

旅游监管（一诚通）系统在旅行社、酒店、景区、旅游车公司等旅游企业间搭建了一座信息桥梁，可加快企业间的信息传递和共享。系统还为旅游企业提供了方便、快捷的结算功能，大大加快了旅游企业的资金周转效率，增加企业资金效益，扩大企业资金再投入的来源。同时，为旅游行政主管部门及相关行政管理部门掌握、研究和分析全省旅游企业的经营状况及省内导游、车辆等使用状况、客源等情况，提供真实、全面的基础数据。

3. 加强对旅游行业的监管

通过实施旅游监管（一诚通）系统系统，可以有效建立行业利益体系，加强旅游行业协会建设，加强行业自律，保障企业合法权益，提高服务质量。建立能够有效保障规范、合法经营者利益的长效管理机制，保障整个旅游行业的长期利益和旅游产业的健康、协调、可持续发展。

4. 为旅游规划决策提供重要参考

及时、准确、完整地将旅游相关信息收集上来，并对这些信息进行查询、统计、分析，能及时、全面掌握相关情况，为决策层在管理和决策方面提供依据；所生成的各种报表和图表能给决策层以最直观的信息展示。

5. 提升旅游业服务质量

通过现代信息技术，将食、住、行、游、娱、购等信息及时采集，然后由行政主管部门、行业协会、监察部门从各个层面、各个环节监督指导各企业按照共同制定的行业规则经营，可提高整个旅游服务过程的服务质量，提升旅游业的综合效益。旅游监管（一诚通）系统为规范旅游市场秩序提供了强有力的手段。

6. 打造旅游品牌，不断提升产业综合实力和竞争力

将新的管理制度，依托信息化管理平台，动态平衡旅游产业链食、住、行、游、娱、购各企业的合理利益，打造一个诚信的市场，建立良好的旅游体验环境，创造健

康、协调、可持续发展的健康产业生态链，整体提升湖南省旅游产业综合实力。

案例三：贵州文化旅游规划和招商管理系统

（一）背景介绍

旅游项目管理、项目招商引资管理和旅游景区管理经营等系统的信息上报统计等工作大都均采用人工管理方式，工作烦琐，信息不及时、不统一，管理难度大，同时，对规划项目的跟踪管理也亟须加强。

随着社会信息化和旅游信息化的发展，采用计算机通信技术，通过先进的信息管理平台进行项目管理的条件已经成熟。

2012 年，贵州省人民政府、国家旅游局和世界旅游组织联合编制《贵州生态文化旅游创新区产业发展规划》，为了落实发展规划，贵州省旅游局组织开发《贵州文化旅游规划和招商管理系统》，该项目经过 6 个月的开发，现已投产使用。

（二）主要内容

1. 总体框架

贵州省旅游项目规划实施管理平台以规划的旅游项目为中心、以规划方案为主线、以招商引资和规划项目跟踪管理为重点，基于地理信息系统（GIS）提高系统的易用性、直观性和准确性，加强过程管理，提高后续建设项目的监管，充分考虑与国家和省内相关系统的集成性，建立较为完整、规范的旅游项目规划实施管理的信息化处理业务流程，为贵州省旅游项目的规划实施管理提供信息化处理手段，提高工作效率，提升管控效果，实现良好的社会、经济效益。系统的整体应用架构体系见附录图 2-12。

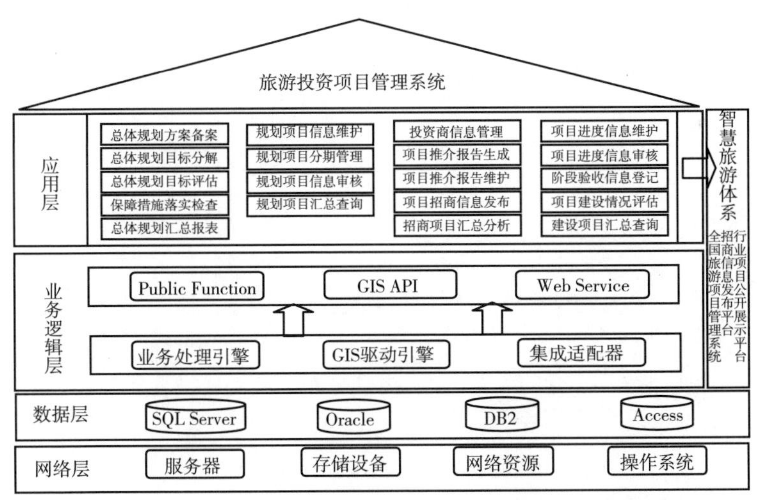

附录图 2-12　贵州省旅游项目规划实施管理平台应用架构体系

2. 核心功能

通过对总体规划方案本身及按模块对规划方案的分解，对规划方案的评估及保障措施的监管、检查，实现总体规划的综合管理。以期实现对规划方案的宏观把控，为规划方案的推动落地打下坚实的基础。

该项目已经实现了旅游规划管理、旅游规划数字地图、规划项目招商管理、规划项目分期管理、项目建设跟踪评估、信息统计 6 个方面的功能。

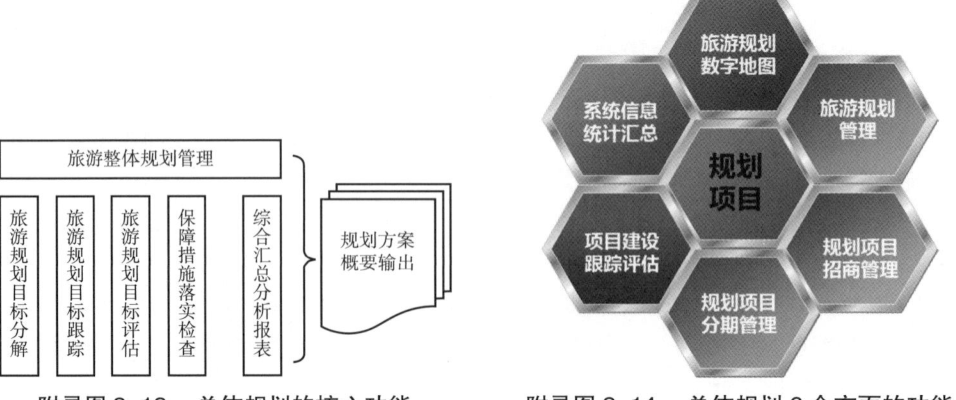

附录图 2–13　总体规划的核心功能　　附录图 2–14　总体规划 6 个方面的功能

3. 主要内容

（1）地理信息系统（GIS）的应用

地理信息系统是融计算机图形和数据库于一体，描述和处理地理环境参数的高新技术，本系统把地理位置和景区资源、旅游项目有机结合起来，准确而真实地反映实际地理环境。满足政府部门、民众及投资者的实际需要，借助其独有的空间分析功能和可视化表达，协助进行各项管理和决策，全面提高旅游管理的效率、质量和水平，促进招商引资工作的快速推进。

景区资源分层标识，直观表达：

可选择不同图层单独查看某类景区或项目，也可集中显示所有图层所有标识的信息。

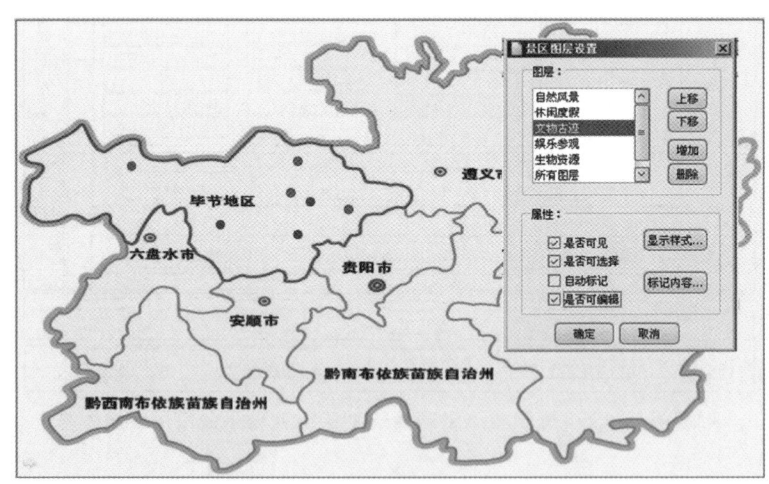

附录图 2–15　GIS 的景区资源分层标识

可视化标识旅游项目、景区分布及景区资源：

可基于数字地图在线标识景区、项目或景区内资源，鼠标移到标识位置上时，即可

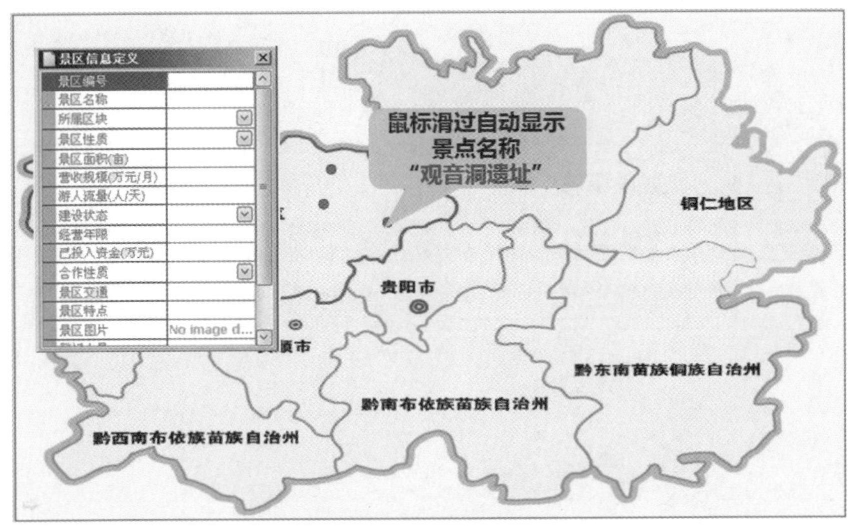

附录图 2–16　GIS 的可视化标识

附录图 2–17　GIS 显示景区资源详情

显示当前对象的主要信息，双击则显示详细信息，简单易用。

另外，本系统可将数字地图直接输出到相关网站和推介报告中，方便受众了解详细信息。

（2）自动生成图文并茂的规划项目投招商推介报告

基于维护的项目信息，系统可自动生成项目推介报告，且报告可进一步修改、完善。推介报告可根据登记的项目数据，也可通过数字图直接输出。

（3）智能分析评估功能

对在建项目的监管、评价是管理部门管理的重点。规划项目建设出现问题容易出现“烂尾”项目或“烂尾”工程，造成不良的社会影响及各方的经济损失，通过“智能分析评估”功能，监管机构能实时、全面地掌握项目建设状态，及时发现项目建设中的风险，

附录图 2-18　GIS 生成项目推介报告

“未雨绸缪”，提早启动应急预案，将项目建设问题及风险及时排除或降低。

（4）良好的系统集成应用特性

“旅游项目规划实施管理平台”可作为旅游主管部门信息化的基础，进而作为“智慧旅游”体系的有机组成部分，其与异构系统的无缝集成是首先要考虑的问题。本系统支持“系统直接对接”、“数据导入导出”、“调用接口按需传递”和“利用 ESB 数据总线”等多种方式来实现数据的交互，这样可以实现数据的单向传递也可以实现数据的双工交换。

与“全国旅游项目管理系统”的集成中，后台支持“数据导入导出”和“调用公用接口”两种方式，将招商项目信息由“旅游项目规划实施管理平台”自动上报到“全国旅游项目管理系统”中，用户可根据实际情况选择使用。解决了传统的手工填写、工作量大的弊端，提高了工作效率。

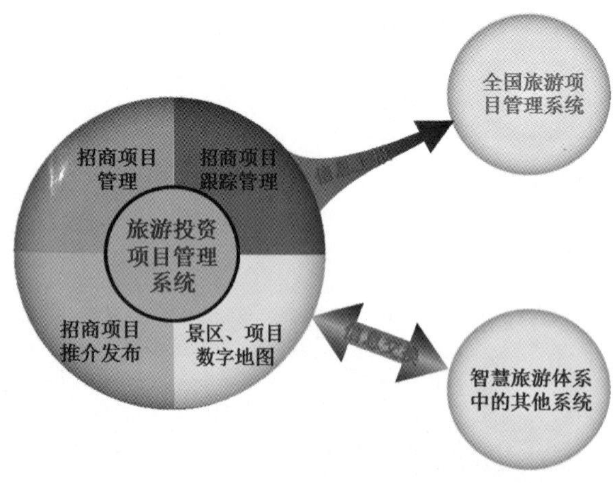

附录图 2-19　旅游项目规划实施管理平台的系统集成应用特性

（三）主要成效

通过对贵州文化旅游规划和招商系统的建设，能够全面、及时、准确地了解和掌握贵州旅游在建、建成和招商项目情况，科学指导旅游建设项目的顺利建设和有序开发，实现旅游招商项目的动态跟踪和常态化管理。系统还为旅游招商项目投资提供决策依据和信息支撑，同时为旅游招商项目提供投融资公共服务平台。

该项目是创新旅游项目规划实施管理的重要举措，采用信息技术推动贵州省旅游项目管理走向“网络化、专业化”。加强贵州旅游项目的规划实施管理，切实提高全省旅游的管理质量和效率。

该项目作为贵州省“智慧旅游”的有机组成部分，通过信息技术手段提高旅游主管部门的办事效率、降低行政开支、提高旅游行业管理和服务水平，在促进旅游信息化建设方面发挥了良好的示范作用。

案例四：山东旅游政务网

（一）背景介绍

2012 年，为进一步完善和改进山东旅游政务网，更好地为公众提供详细、准确、全面的旅游信息服务，建立更加畅通的信息沟通网络，加强各城市之间的信息交流，建立覆盖全省旅游系统的业务管理平台，实现各项业务处理的网络化、自动化，山东省对旅游政务网进行改造。

随着政务网的逐步完善，目前山东省的旅行社、酒店宾馆、旅游区点的管理活动许多已在网上进行，在业务管理处室的日常业务工作中发挥了极大的作用，不仅提高了工作效率，同时系统中的分析功能还提高了管理信息处理的速度、准确性和科学性。同时，省内旅游企业的最新信息也通过政务网及时更新，方便了行业内人士和旅游者查询。

（二）主要内容

1. 主要特点

（1）针对用户分类，有针对性地开发浏览页面

面向全省旅游从业者的山东旅游政务网改版建设工作顺利完成。国内旅游电子政务服务类型一般可以分为政府对市民（G2C）、政府对企业（G2B）、政府对政府（G2G）三种，常用的服务内容包括政务公开、机构介绍、办事指南、法律法规、下载（程序、文件等）、在线系统服务等。

附录图 2-20　山东旅游政务网首页——使用者分区

（2）网上办公分类清楚，方面用户使用，提高旅游服务效率

（3）栏目设置合理、条理清晰

附录图 2-21　山东旅游政务网首页——网上办公栏目

附录图 2-22　栏目快速通道

附录图 2-23　通知新闻专题分类展现

2. 栏目设置

山东旅游政务网的内容主要包括行业公告与旅游动态、省旅游局介绍、网络办公系统、信息查询、特别专题等内容，其中网络办公系统是政务网的核心内容。如今全省 80% 的旅游行业管理工作都将在旅游政务网上进行。

目前山东旅游政务网的主要栏目与功能有：

（1）政务公开

该栏目主要介绍省局各处室（中心）职能、电话信息以及局领导信息、有关的任命等信息。

（2）政务大厅

该栏目是政务网旅游管理部门政务办公的核心部分，包括局长致辞、局长信箱、政

附录图 2–24　山东旅游政务网首页——导航栏

策法规、规划统计、市场营销、教育培训、行业管理、旅游商品、旅游信息化、招商引资、监督投诉、电子认证、电子邮件、旅游人才、在线咨询等。

（3）办事指南

办事指南主要服务对象为旅游经营者，部分内容针对旅游管理者。内容包括各项业务的办理流程、办公软件等。

办事指南为了让浏览者快速找到自己所需要的信息，通过对旅游管理者、旅游经营者、旅游从业人员、旅游者划分，将各办事指南内容采用点击分项条展开具体流程内容的形式。

附录表 2–1　山东旅游政务网分角色办事指南

针对旅游管理者	针对旅游经营者	针对旅游从业人员
政务网新闻发布系统	A 级景区评定	导游员培训
旅游资源数据库	旅行社审批	导游 IC 卡年审
旅游项目管理	制作领队证	导游 IC 卡办理指南
旅游区等级评定	星级饭店评定	旅游咨询
旅游统计网上报送系统	星级餐馆评定	投诉指南
旅游预报系统	旅游商品“六真店”申请	
人力资源管理	参加旅游商品大赛	
导游网络调配系统	成为金穗中国旅游卡会员单位	
山东省导游人员公示系统	如何使用旅易通旅游线路发布系统	
导游员培训	在《12301 山东旅游资讯》上刊登信息	
导游 IC 卡年审	发布旅游新闻	
星级饭店管理	上传我的信息到山东旅游资讯网	
旅行社申报系统	监督投诉	
旅行社业务年检系统		
中国优秀旅游城市创建		
申报旅游商品“六真店”		
旅游资料库		
旅游线路发布系统		
监督投诉		

（4）旅游资料

旅游资料包括内部资料、资料检索两部分内容，其中内部资料允许有账号的工作人员使用；资料检索面向公众。

（5）其他栏目

包括宣传促销片 / 图片、宣传营销活动、旅游媒体平台、机关党委学习园地等。

3. 主要系统

山东省旅游政务网已经建成使用的网上政务管理系统包括：

（1）山东省旅行社管理及团队品质系统

系统主要包括旅行社申报管理、旅游行业信息发布管理、旅行社出境游申报、团队品质保障和旅行社统计五大功能。

主要使用者为：监管处、监察总队、各市局、全省旅行社、导游。

（2）政务网新闻发布系统（政务网后台）

系统主要包括政务信息发布、旅游动态、处室业务信息、各市快讯等功能。

主要使用者为：全局各处室中心、各市局。

（3）旅游项目管理系统

系统主要功能是对全省建设的旅游项目进行动态跟踪管理。

主要使用者为：规划处。

（4）山东省旅游人力资源管理系统

系统主要包括山东省导游网、导游考试报名系统、导游在线培训系统和导游日常管理等功能模块。

主要使用者为：人事处、监察总队、各市局、导游。

（5）旅游预报系统

系统主要包括黄金周监测点数据汇总、旅游景区数据上报、各市简报上报等功能模块。

主要使用者为：假日值班室、信息中心、规划处、各市局、景区。

（6）市级旅游工作绩效考核系统

系统主要实现对各市旅游局全年工作的全面考核功能。

主要使用者为：全局各处室中心、各市局。

（7）山东省旅游投诉案件网上报送统计系统

系统主要实现对全省旅游投诉情况的统计汇总功能。

主要使用者为：监察总队、各市局。

（8）山东省旅游媒体平台

系统主要包括媒体报道、记者专栏和媒体聚焦等功能模块。

主要使用者为：省内主要媒体。

（9）山东省旅游统计网上政务综合平台

系统主要包括通知公告、统计数据、统计便览、统计公告、他山之石和旅游数据等功能模块。

主要使用者为：规划处、各市局。

（10）山东省政务信息管理系统（政务应急系统）

系统主要包括政务信息、短信发送、邮件发布、上报数据和数据汇总等功能模块。

主要使用者为：办公室、监管处、各市局、涉旅企业。

（11）旅游电子认证系统

系统具有官方认证及流量监测等功能。旅游企业可通过该系统获得唯一的电子认证代码，将其嵌入企业网站首页，网站首页即可出现认证图标，同时旅游企业也可获自身网站的各类访问数据，同时可与搜索引擎公司合作，开展企业搜索电子认证。

主要使用者为：规划处、管理处、旅游企业。

（12）旅游景区动态流量监控系统

全省景区游客流量动态监测系统能够实现游客流量的实时动态监测及游客来源分析。系统功能包括旅游景区内的游客数量统计、游客来源分布统计、游客增量统计、游客驻留时长分析等功能，并以报表、图形等方式提供实时展示。

主要使用者为：省、市旅游局、旅游景区。

（三）主要成效

山东省旅游政务网有效地提高了行业管理人员工作效率，加强了对旅游企业的监管力度，提升了旅游管理部门的公共服务能力。山东省成为全国旅游行业业务管理信息化程度较高的省份之一。

山东省旅游政务网在全国政务网站中属于领先地位。首先，网站更新很快。2009年至今，已经做了两次重大改版，现在的版式符合互联网最新的发展趋势，把web2.0的理念融合到政务网站中；其次，山东省旅游政务网根据用户角色和流程设计旅游政务网站流程，对用户非常友好；再次，网站运营用心。网站新闻更新及时，全面展现山东省旅游政务的全面情况，网站流量稳步增长，受到用户的一致认可。

山东省旅游政务网的建设不仅带动了整个山东地级城市的旅游政务网建设，也为全国旅游政务网站建设树立了一个标杆。

案例五：安徽旅游诚信网

（一）背景介绍

安徽旅游诚信网由安徽省旅游局主办、省旅游质监所负责实施与管理，从2008年6月开始进入试运行阶段，这是继海南、云南、湖北、山东、天津、江苏六省（市）之后，全国第7家建成开通试运行的省级旅游诚信网。网站开通8个月时间就实现网站累计访问量已突破100万次，现在日访问量均在5000次左右，在全国省级旅游诚信网中名列前茅。

（二）主要内容

安徽旅游诚信网分工作区域、借鉴区域、互动区域三大功能区域，共十个栏目，具有权威性、客观性、广泛性、便捷性和实效性等突出特点。

安徽旅游诚信网除了具有全面的相关旅游诚信信息外，更在全国首家建立健全旅行社诚信档案。安徽省对全省1284家旅游企业进行了诚信登记，目前全省95%的旅行社诚信档案在诚信网公布，并开展对旅行社诚信等级评定等工作，此项工作在全国所有旅游诚信网领先。

附录图 2–25　安徽旅游诚信网首页

安徽旅游诚信网通过优化注册投诉的流程，提高了投诉的有效、真实程度，在接到在线投诉后可以直接处理，也可以按设定的处理流程将有效的投诉信息在线实时地转发给“某指定地区”的相关人员处理，责任到人。同时，工作人员也可通过网络了解投诉双方与投诉的事实和理由并开展立案处理。

Notice 投诉咨询

姓名：

手机：

标题：

留言：

提交留言

附录图 2–26　方便快捷的投诉窗口

安徽旅游诚信网实行诚信档案进行动态量化管理。按照《安徽省旅行社诚信等级划分和评分标准》对旅行社按 5 星级到 1 星级、黄牌、红牌公示所有档案，并随时根据发生的投诉与违规进行减分降级公示。这也是旅游诚信的曝光台和光荣榜。

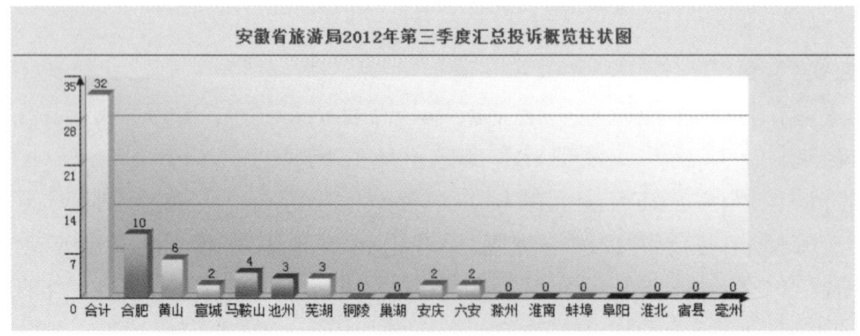

附录图 2–27　安徽旅游诚信网投诉汇总表

2012年11月全省旅游投诉受理情况公示

采编时间：2012-12-5 13:48:29 来自：安徽省旅游质量监督管理所

2012年11月份，全省旅游秩序良好，未发生任何重大旅游投诉。全省共受理6件旅游投诉，其中，六安市、黄山市各受理1件，合肥市、宿州市各受理2件均已办结，结案率为100%。

投诉情况概览：

序号	投诉时间	投诉地	被投诉单位	种　类	办结情况
1	11月	[illegible]市	[illegible]	服务质量	办结
2			[illegible]	服务质量	办结
3		[illegible]市	[illegible]旅行社	拖欠团款	办结
4			[illegible]旅行社	拖欠团款	办结
5		[illegible]市	[illegible]度假村	服务质量	办结
6		[illegible]市	[illegible]风景区	服务质量	办结

附录图 2–28　公示投诉受理情况

（三）项目成效

安徽旅游诚信网在全国省级诚信网虽然不属于最先建设的诚信网站，但整体网站建设注重实效，除了做好旅游诚信文化建设外，更注重诚信监督体制的建设，定期公布旅游企业的诚信评级，及时处理诚信投诉，搭建起有效的旅游诚信体系。

安徽旅游诚信网的建设促进了安徽旅游行业信用体系建设，建立健全旅游企业诚信档案，逐步建立安徽旅游诚信文化和促进诚信企业发展。建成后的旅游诚信网是旅游者投诉和维权以及旅游者安全消费的参考平台，也是旅游企业反视自己的镜鉴；是旅游企业与旅游者良性沟通的平台，更是记录、查询旅游企业和旅游从业人员信用的平台，从而促进安徽省旅游业的健康发展。

案例六：四川省旅游电子政务办公

（一）背景介绍

随着政府服务意识的不断强化、公众服务要求的不断提高和电子政务建设的不断深入，政府通过电子政务门户网站为公众提供服务的能力、形式和手段也将变得更为多样。虽然目前各级旅游管理部门大多都建立了独立的电子政务门户网站，但由于缺乏全局性的统筹规划，各级旅游管理部门各自主导自身旅游电子政务门户网站建设，导致重复投入，资源浪费；由于人才储备和建设经费不足，网站建设后期的运行、维护十分困难，导致电子政务建设的长效机制难以建立；由于数据标准和建设规范不统一，信息报送渠道不畅通，导致信息孤岛普遍存在。

（二）主要内容

建立基于集群技术架构的旅游电子政务门户网站管理系统，整合各级、各类旅游信息、服务和管理资源，打造具有“整合、集成、统一、共享、协同”特色的旅游电子政务门户网站集群体系。

1. 整合：将分散在各级旅游管理部门的信息、服务和管理资源进行组织、分类和优化，按不同用户对象，提供覆盖用户生命周期的各种信息和服务。

2. 集成：建立旅游管理部门对公众服务的各类应用系统间的联系，社会公众可以通过网站获得“一体化服务”。

3. 统一：统一数据标准和接口规范，建立统一的用户管理机制和数据交换机制，提高网站集群的整合性、集成性和扩展性。

4. 共享：将信息资源按一定的规范进行集中组织和管理，提高利用效率，避免同类信息的多个部门重建，减少部门间信息“缺失”和信息“盲点”。

5. 协同：建立“外网申请、内网办理、外网监督”的协同工作机制，强化不同部门之间的协同和总站与子站之间的协同。

四川省旅游电子政务网站集群平台通过建立“省 / 市（州）/ 县（市、区）”三级一体的“集群”管理模式，实现了各级旅游管理部门电子政务门户网站信息之间的信息相互共享，简化了流程，减少了工作量，降低了信息化建设成本，打通了信息上传下达的沟通渠道。该平台的主要建设内容如下：

1. 四川省旅游局综合信息平台。既是政务信息发布、展示的平台，也是各类业务信息查询、汇总、分析和内部行政事务管理平台。为内部工作人员、决策人员提供统一入口，具备办公办事、信息共享、在线交流等功能，实现内部办公自动化、信息传输网络化、内部管理规范化，有效提升办公效率。

附录图 2-29　四川省旅游电子政务门户网站首页

2. 四川省旅游电子政务门户网站。满足国家旅游局及省政府对旅游职能部门的各项工作要求，建设政府信息管理和信息发布等功能的旅游电子政务平台，促进政务信息公开；建设领导信箱、投诉举报、在线咨询和网上投诉等公众参与平台，提高网站的交互性，加强省旅游局与社会的沟通，保障公众对旅游业的行政知情权和参与权；建设统一的在线办公管理平台，规范业务工作流程，提高办事效率。

3. 市（州）/ 县（市、区）旅游电子政务门户集群。集群实现了市（州）/ 县（市、区）网站的集中管理、协同维护、分布式部署的统一。各市（州）、县（市、区）旅游管理部门一方面拥有独立的域名和管理权限，可独立地对各自的电子政务门户网站进行管理维护；另一方面，各级门户网站的信息可以互相共享推送，实现以数据信息为纽带的纵向行政职能部门的业务管理。

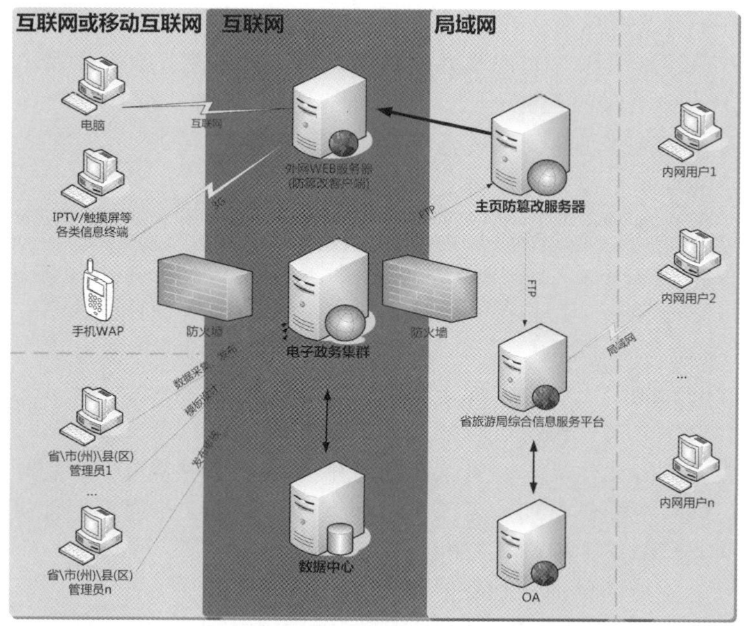

附录图 2–30　“统一数据中心”的省 / 市（州）/ 县（市、区）旅游电子政务网集群网络拓扑示意图

4. 四川省旅游手机 WAP 网站和省旅游局党政网。将省旅游电子政务门户网站的相关信息发布到 WAP 网站和党政网。

5. 旅游行业高清视频会议系统。四川省旅游行业高清视频会议系统是省旅游局多媒体通信的重要应用平台。具体建设内容如下：

（1）构建稳定、安全的网络平台

高清视频会议要求稳定的网络和快速的传输速度。为满足上述要求，该系统选用由四川省政府建设的四川省电子政务网作为网络平台。该网络通过专用光纤接入 21 个市

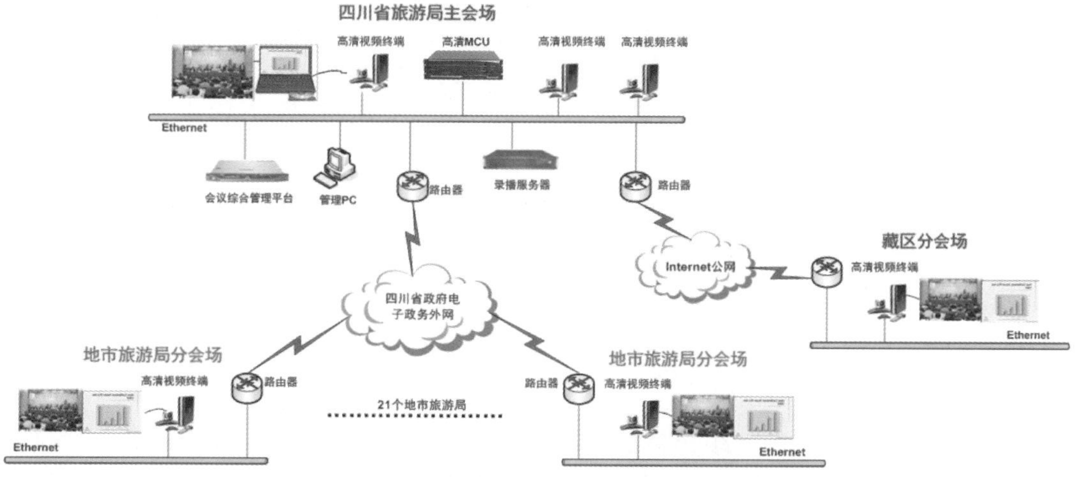

附录图 2–31　四川省旅游行业高清视频会议系统架构图

（州），和 Internet 网逻辑隔离，在确保网络稳定、高速的情况下，保证网络平台的安全性。由于四川省藏族聚居区（如稻城县旅游局、亚丁景区管委会）没有电子政务外网铺设，为满足与藏族聚居区的视频会议，则采取依托互联网，MCU 视频会议控制器双网无缝切换来实现与藏族聚居区的视频会议。

（2）高质量的视频会议硬件设备支撑

选用国际领先的视频会议设备，主会场（四川省旅游局）选用 1080P 的高清视频会议终端，分会场（21 个市、州）选用 720P 的高清视频会议终端。同时，该系统提供优秀的网络纠错机制、360 度立体话筒、10 倍变焦高清摄像头等高端技术，保障视频会议顺利召开。

（3）多功能的视频会议软件管理系统

由于视频会议包含文件传达、教学培训、多点讨论、轮流发言等多种会议形式，为满足全省各类会议的多元化需求，省旅游信息中心结合用户需求，定制开发了视频会议后台管理系统。该系统提供自动点名、多功能字幕、自定义排序、远程摄像头控制，话筒自动静音等功能，满足了视频会议的个性要求。

（4）全面的系统维护培训和制度保障

为保证系统的高效应用，省旅游信息中心建立了《四川旅游视频会议系统管理制度》、《四川省旅游局各地市视频会议设备维护手册》、《四川省旅游局视频会议系统常见故障处理手册》等一系列管理制度和培训手册。建立技术交流群，提供完善的线上和 24 小时电话技术支持，保证各视频会议操作人员能熟练使用视频会议设备。定期对设备进行巡检和维护。

四川省旅游电子政务网站集群平台已在 2012 年建成，该系统主要特点如下：

1. 以旅游信息资源为基础构建政府信息资源库体系；

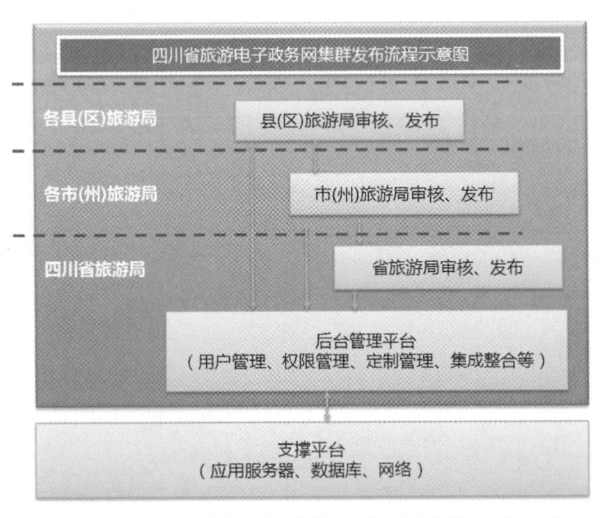

附录图 2-32 “省 / 市（州）/ 县（区）”三级一体的信息发布流程

2. 建立信息交互式传递的通道，实现信息共享；

3. 建立分布式网站构架，实现网站群的集中管理、协同维护、分布式部署的统一；

4. 多站点的内容管理，实现信息的协同管理和多点发布相结合；

5. 网站内容和样式分离，使得网站群的改版升级灵活容易，信息维护人员易上手操作；

6. 旅游行业应用和内容的整合实现内外网一体化，以及逻辑隔离和物理隔离的技术实现；

7. 实现数据共享与整合。

（三）主要成效

网站集群平台提高了全省旅游电子政务门户网站建设水平，加快了各级旅游管理部门网站建设速度，有效避免了分散建设、重复投资以及重复规划、标准技术线路混乱的弊端。通过对分散在各级旅游管理部门电子政务门户网站之间的信息进行整合、利用，实现了更好地为广大游客和旅游企业服务的目标。截至2012年年底，通过本集群平台，共为全省150多个市（州）/县（市、区）旅游局提供了旅游电子政务网站建设服务，占比达75%，共发布信息85000余条，上报至省旅游局的信息共计近5万条，其中省旅游电子政务网的ALEXA排名居于全国省级（含直辖市）的旅游电子政务网站第四位。

视频会议建设完成后，受到全省旅游系统一直好评。仅2012年，全省旅游视频召开20余次，大幅提升了工作效率，节省了会议成本，加强了省旅游局与市（州）旅游局的互联互通。为了进一步扩大四川省旅游视频会议系统的影响范围，四川省旅游局拟继续依托省政府政务外网，逐步实现各级旅游局与涉旅行业的视频会议。

建立旅游电子政务门户网站，有利于各种信息和资源的整合，可强化旅游管理部门和社会公众之间的联系和沟通，从而使政府可以更快捷、更高效地开展工作；通过集群管理平台，可以实现通畅的政务信息上传下达，解决信息孤岛问题，实现“从一群网站到网站群体系的蜕变”，最大限度地节约了成本，为旅游电子政务门户网站建设在机制上的创新提供了借鉴。

案例七：湖北智慧旅游“四个一”

（一）背景介绍

2013年1月18日，湖北省旅游局召开智慧旅游成果发布会，宣布一卡游遍、一机玩转、一键敲定、一厅全看的“四个一”智慧旅游项目正式建成，这标志着湖北省旅游业迈向了智慧旅游的新阶段。

2012年，湖北省旅游局确定这一年为旅游信息化建设推进年，通过政府主导、企业参与、市场运作的方式，推进旅游信息化重大项目建设。一年内，灵秀湖北旅游卡公开发行，灵秀湖北掌上游正式开通，湖北旅游资讯网和电子商务网上网运行，湖北旅游数字体验厅全面建成，基本实现了一卡游遍、一机玩转、一键敲定、一厅全看的信息化推进年目标。智慧旅游“四个一”项目的建成，基本形成了要素健全、功能完善、方便快捷的旅游信息公共服务体系，全面提升了湖北省旅游信息化服务水平，受到广大游客的欢迎。

（二）主要内容

“一卡游遍”是指在全省范围内发行享受旅游景区门票和星级宾馆优惠的旅游服务卡，为游客提供涵盖食、住、行、游、购、娱各环节的“全程优惠服务”和“电子支付服务”。目前已经推出了灵秀湖北旅游联名卡、旅游储值卡、旅游景区套票卡以及重点地区的旅游市民卡，持卡游客均可以在相应的范围内实现一卡通刷、一卡游遍。

“一机玩转”是“灵秀湖北掌上游”，建设EQ软件系统，游客通过手机下载安卓和IOS客户端软件，可随时随地欣赏荆楚风光并进行旅游信息查询和预订。

“一键敲定”是指融湖北旅游资讯网、湖北旅游电子商务网和12301旅游热线为一体的旅游信息服务体系，游客可以通过互联网、移动互联网查询旅游信息和预订服务。同时可以为旅游企业提供网上旅游宣传营销服务。

“一厅全看”即通过4D影厅、投影沙盘、全息幻影成像、虚拟现实等高科技多媒体技术与声、光、电的结合，打造湖北智慧旅游数字体验厅，做到虚拟旅游“一厅全看”。

案例八：天津旅游云数据中心项目简介

（一）背景介绍

按照《国务院关于加快发展旅游业的意见》中将旅游业“培养成国民经济的战略性支柱产业和人民群众更加满意的现代服务业”的具体要求，围绕天津“十二五”旅游业“33641”的发展目标，结合天津城市信息化和旅游业发展实际，以满足多层次、多元化信息与数据需求为目标，开发建设“天津旅游云数据中心”。将全市各类旅游信息进行聚集、整合与分类，通过不同的载体和媒介为政府、行业和公众提供全方位、一站式、一体化、交互式的信息数据服务。

（二）主要内容

“天津旅游云数据中心”是天津智慧旅游“1369”工程的基础工程，承载着全市旅游行业政务信息、对外公共服务与宣传营销的全部信息和数据。

1. 建设目标

天津旅游云数据中心发挥云计算的服务功能，通过云端汇聚全市旅游信息和数据并传输至数据中心内，由云计算自动为其调配所需要的空间及存储位置，再由后台系统对全部信息数据进行统一管理与发布。

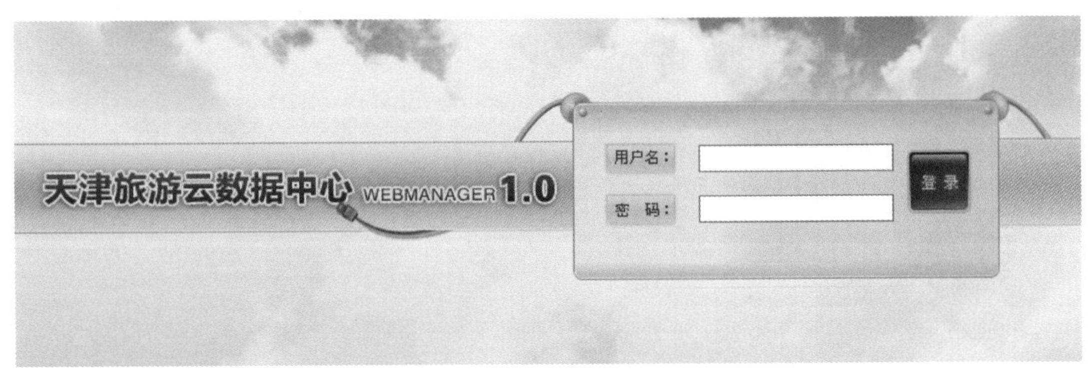

附录图 2-33　天津旅游云数据中心

2. 系统架构

旅游云数据中心平台系统技术架构基于云服务，采用面向服务的 SOA（Service Oriented Architecture）系统分层架构设计。应用层可以适应各类展示终端的显示和操作；业务层实现了信息发布和数据采集的流程化管理、标准化管理；数据层实现了各类旅游资源的统一存储、统一管理，并对外部系统提供统一的数据接口服务。

3. 应用功能

（1）旅游政务与行业管理

云数据中心汇聚全市十余个政务与行业管理系统，通过将原业务系统中的原始数据按照统一的格式和规则进行一系列的转换，加载到云数据中心内，完成行业基础信息的统一汇总和业务系统的整合。优化了政府与行业之间管理与服务的职能，强化了信息上

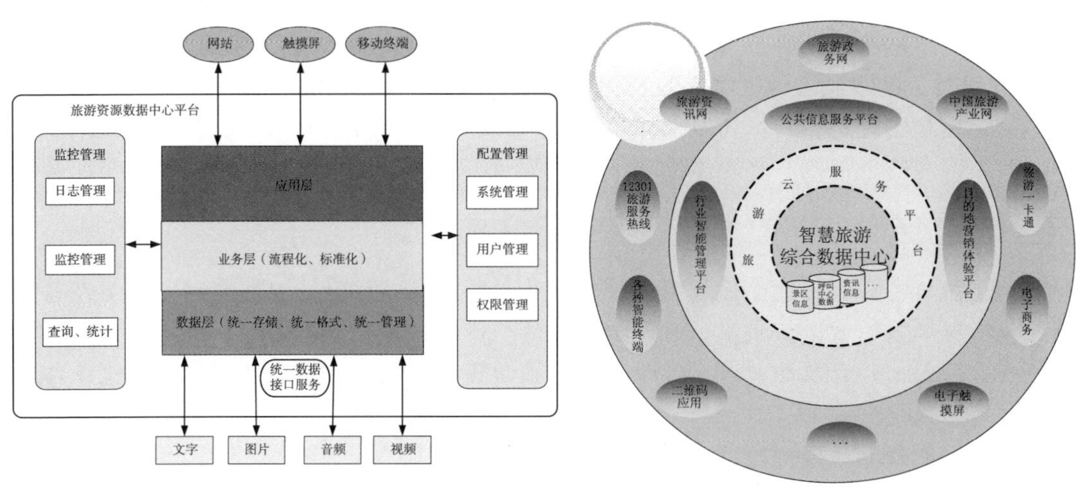

附录图 2–34　天津旅游云数据中心系统框架

传下达的通达性，同时实现了市、区（县）、企业三级单位之间数据的共享和同步。

（2）旅游数据来源与应用

按照《天津旅游信息数据采集规范与标准》，实施了市级旅游管理部门—区县旅游管理部门—旅游企业三级报、审、签机制，实现了云数据中心动态报送、审核、签发、更新，解决了信息采集更新和信息孤岛的难题。通过天津旅游对外宣传媒介，如天津旅游资讯网、天津旅游官方微博等发布调查问卷，收集旅游企业诚信评价信息，由云数据中心自动计算并处理生成旅游企业诚信排行榜。督促旅游企业诚信经营，引导游客正确消费。

（3）云数据中心信息系统

包括系统管理、旅游资源管理、信息审核管理和信息统计等主要功能。

系统管理栏目：字典维护、用户维护、角色维护、部门维护、权限维护等。市旅游局管理端可根据数据中心内栏目设置需求，随时修改、增加或删除信息栏目。针对旅游

天津旅游云数据中心　　当前用户：admin【修改密码】【退出登录】

功能菜单
系统管理
旅游资源管理
游览点
住宿
旅行社
餐饮
娱乐场所
购物场所
游客服务中心
旅游资源查询
节庆活动管理
产品推介管理
区县风采
审核管理
统计

旅游资源信息列表（游）　　导出　返回

名称关键字：　搜索　设置排序　删除　增加资源信息

□	排序	名称	品牌	区县	类型	审核状态	发布载体	操作
□	99999	天津利顺德大饭店	海河风光	和平区	游/	市局已审核	网站 触摸屏 WAP	【编辑】
□	1	天津文化中心	都市博览	河西区	游/	市局已审核	网站	【编辑】
□	99901	“天津之眼”摩天轮	海河风光	河北区	游/	市局已审核	网站	【编辑】
□	99999	蓟州溶洞	山野名胜	蓟县	游/	市局已审核	网站	【编辑】
□	99999	五大道风情区	近代中国看天津	和平区	游/	市局已审核	网站	【编辑】
□	99999	津湾广场	海河风光	和平区	游/	市局已审核	网站	【编辑】
□	99999	北塘古镇	无	滨海新区	游/	市局已审核	网站	【编辑】
□	99999	滨海鲤鱼门	无	滨海汉沽	游/	市局已审核	网站	【编辑】
□	99999	天津盘山滑雪场	山野名胜	蓟县	游/	市局已审核	网站	【编辑】
□	99999	天津蓟州国际滑雪场	山野名胜	蓟县	游/	市局已审核	网站	【编辑】

附录图 2–35　天津旅游云数据中心信息系统

管理部门、旅游企业不同用户身份，分配其相对应的操作与管理权限。

旅游资源管理栏目：游览点、旅行社、住宿、餐饮、购物、娱乐、资源查询等。按照旅游相关要素将信息进行分类汇总，栏目内共涉及十大类信息，各条信息细项数据达45项。通过关键字或条件筛选可对各类资源信息进行查询检索。

信息审核管理栏目：区（县）风采信息审核、旅游资源信息审核、节庆活动信息审核、产品推介信息审核、多媒体信息审核。按照《天津旅游信息数据采集规范与标准》，在线动态报、审、签旅游相关信息为游客提供了全方位的数据保障，确保游客获取到真实、准确的信息。

信息统计栏目：排名、区（县）、上报量、采用量、总分。根据各区（县）及各旅游企业信息填报的数量与质量，进行数据统计与排名，并在数据中心系统内和天津旅游政务网进行公示，有效地促进了各区（县）旅游管理部门与旅游企业对信息填报工作的关注度与积极性。

（4）云服务的优势与特点

通过云服务功能，将分散的数据源整合在一起，实现数据的交互与共享。通过云计算服务功能，游客可将云数据中心内的旅游资源点位连接成旅游线路，并可自动计算生成行程规划书和游览示意地图，包括景点之间的距离和采用不同交通方式所需要的时间，使游客可以轻松自主地规划旅游行程。针对当前众多宣传媒介对信息质量的需求，云数据中心按照不同载体的规格和标准，自动处理各类信息的格式和质量，确保信息对外发布的良好效果。

3. 主要成效

天津旅游云数据中心的建立，使众多的旅游政务与行业资源得到了有效的统一和整合，实现了全市旅游相关资源的同步与共享。解决了旅游信息数据采集不规范、对外发布内容不统一、信息更新不及时等的诟病。同时，发挥旅游云数据中心的云计算功能与优势，使行业管理、信息发布和公共服务更加规范化、便捷化和人性化。

旅游公共信息服务案例

案例九：“基于高可信网络的数字旅游服务系统开发及示范”课题省级示范

（一）背景介绍

目前网络推广已成为旅游业一种重要的推广模式，人们也越来越多地通过浏览旅游网站来了解相关的旅游信息。2009年，国家旅游局申报并承担国家863项目——“基于高可信网络的数字旅游服务系统开发及示范”课题，山东省旅游信息中心是课题参与单位之一。

（二）主要内容

国家科技部863计划——“基于高可信网络的数字旅游服务系统开发及示范”课题是国家旅游局信息中心承担旅游行业的第一个863项目，主要依托新一代高可信网络试验床，通过整合旅行社信息系统、景区信息系统、酒店信息系统等资源，建立旅行社信息发布和产品营销、景区多媒体推介、交通、住宿和餐饮等信息资源的采集、管理、分发、共享与分析机制，开展以互联网、电视终端和移动终端为主的三网融合型旅游在线服务业务的研究和实施，最终实现面向游客、旅游企业、旅游管理部门的数字旅游服务系统，形成一套基于高可信网络的、面向三网融合的数字旅游服务运营模式。

山东省旅游信息中心作为课题参与单位主要负责该课题在省级旅游行业开发示范工作，即山东省目的地数字旅游服务体系建设，山东省联合金色世纪商旅网、德比软件（上海）有限公司、数位港湾科技（北京）有限公司、青岛相智信息技术有限公司等做了大量的尝试。项目研发完成后，山东省旅游信息化工作出现新的跨越，实现在目的地旅游网站上能够提供包括旅游宣传营销、旅游信息指南服务、旅游产品预订的一体化服务。课题成果还包括制定一系列的旅游信息化、旅游信息服务工作标准以及旅游信息交换接口标准，从而进一步提高旅游信息服务工作的规范化、标准化和通用性。

附录图 2–36　项目成果展现方式——山东旅游资讯网

整个课题于 2009 年 9 月全面启动，2012 年 4 月通过国家科技部专家组验收，目前正在全省范围内积极推广应用山东省目的地数字旅游服务体系。截至 2012 年年底，山东省已有 10 个地级市、7 个县建设完成旅游资讯网。项目研发完成后，山东省旅游信息化工作出现新的跨越，实现目的地旅游网站能够提供包括旅游宣传营销、旅游信息指南服务、旅游产品预订的一体化服务。课题成果还包括制定一系列的旅游信息化、旅游信息服务工作标准以及旅游信息交换接口标准，从而进一步提供旅游信息服务工作的规范化、标准化和通用性。

1. 设计目标

（1）完成省级数字旅游服务系统的设计、开发、整合与部署，开发山东省目的地数字旅游服务系统。

（2）制定数字旅游服务系统的上行下行接口标准和管理接口标准。

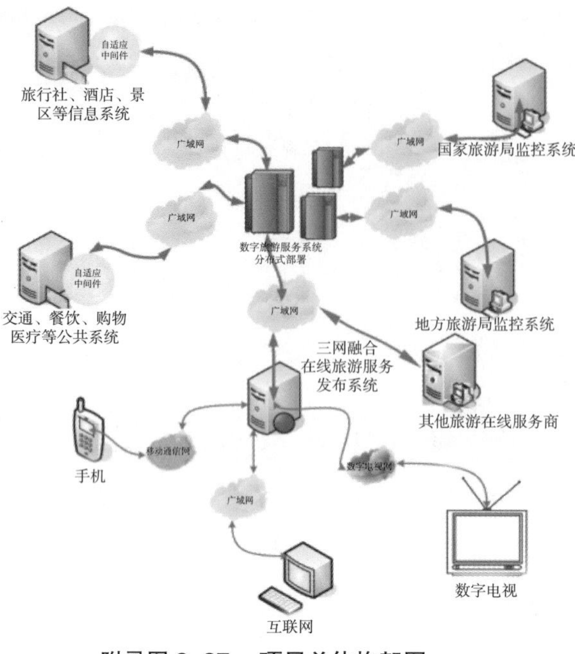

附录图 2–37　项目总体构架图

（3）完成数字旅游服务系统与旅游企业、渠道商、服务商信息系统之间的接口中间件的设计、开发、推广、部署。

（4）协调整合全省各试点旅游城市、旅行社，试点景区，试点酒店，试点区域交通、住宿、餐饮等旅游要素单位，配合参与项目各项研究开发测试工作。

2. 应用对象

目的地数字旅游信息系统的应用方是目的地旅游信息化、旅游信息工作管理机构和其他实体，如目的地旅游信息中心、旅游咨询服务中心等。系统的服务对象

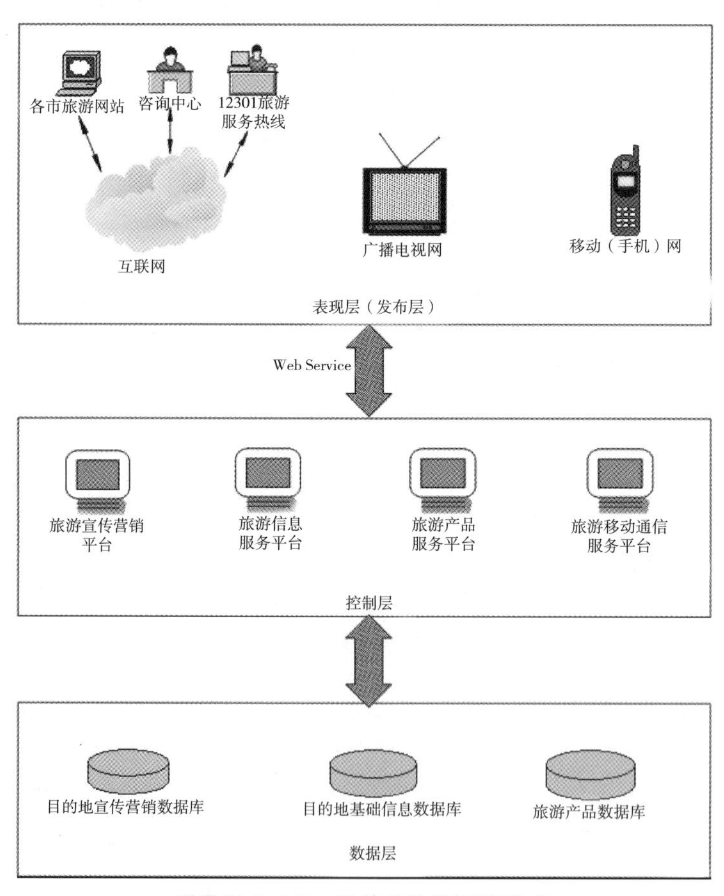

附录图 2–38　系统结构和研究重点

具体包括：

（1）目的地旅游管理机构。各级旅游局、旅游委员会可以通过系统开展目的地旅游宣传营销、旅游信息服务、旅游产品营销等工作。

（2）目的地旅游企业。系统为目的地旅游企业提供基于网络平台上的产品直销、促销信息、指南信息和优质服务信息的发布，同时为旅游企业提供国际国内主流产品营销渠道的对接。

（3）旅游电子商务运营商、渠道商。系统为各大旅游电子商务运营商、渠道服务商提供标准化旅游产品和旅游信息接口，结成互惠互利的合作伙伴关系，发挥目的地信息提供方和旅游产品运营商的优势，细化市场客户，提高收益率，共同营销目的地旅游产品。

（4）游客。系统为各类旅游者，包括商旅、散客、自助游、团队游、特种旅游等游客提供一体化的出行解决方案，包括全面细微智能的旅游信息服务和多样化、高质量的旅游产品服务。

3. 主要功能

（1）目的地多媒体宣传促销功能

该系统是目前国内第一个系统化的专业性旅游多媒体宣传平台，能够实现针对网络、手机和广电三网，按照规范统一的标准进行展示演示，支持兼容多样化终端和媒体格式。另外，还能够实现旅游宣传信息的集中管理和存储、分布展示并支持高清晰旅游流媒体。主要功能包括：图片、视频、示意图、音频、多媒体动画数据库运维管理；旅游电子小册子平台；CRM 旅游客户管理系统；浏览者数据库后台管理系统等。

（2）目的地专业旅游搜索引擎

目的地专业化的旅游搜索引擎是以标准化信息源和有组织的信息展示方式为核心。该搜索引擎突破目前传统搜索引擎的列表式搜索模式，能够对目的地数据库中的各类标准指南信息、产品信息进行搜索，同时对系统中设置的旅游区、城市以及主题旅游等关键字和根据游客对目的地信息需求设计的各类标签项进行搜索。目的地旅游搜索系统还具备可移植、可扩展等特性。系统不仅能够在省级数字

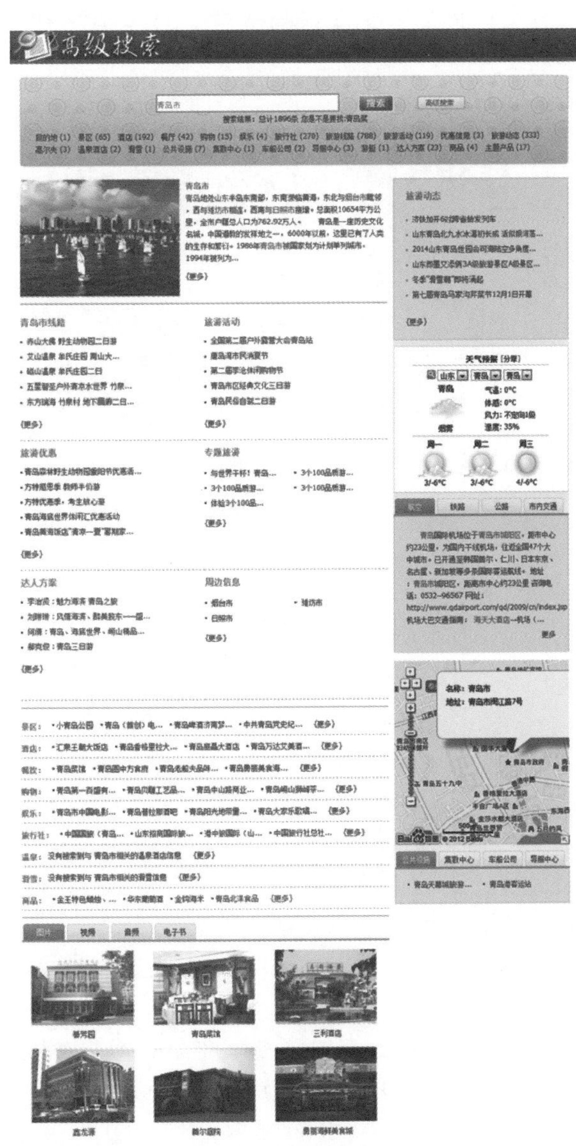

附录图 2–39　全方位的目的地搜索功能

旅游平台进行搜索和信息组织，同时能够支持向各级旅游管理机构、旅游企业信息源进行拓展搜索，实现整个行业内的专业化旅游搜索功能。另外，该搜索系统还能很方便地被移植到市（县、区）级旅游网站以及旅游企业网站系统中，实现区域性、企业内部系统的搜索功能，同时针对咨询中心系统、12301 旅游服务热线系统等专业性系统也能够进行便利的功能支持。

（3）目的地智能行程安排系统

系统能够为游客在安排行程时提供目的地详细丰富、及时准确的旅游要素信息，同时通过与各类旅游产品服务商、旅游企业的产品接口系统，为游客提供最新、最及时准确的旅游产品信息。另外，还提供广泛的预订渠道和预订方式，便于选择。游客可对这些行程方案根据自己的需求进一步添加、删除其中的元素进行修改，同时根据行程和计划的变化动态调整自己的行程方案，方案可以下载至手机、可以打印或发送给朋友分享。

附录图 2–40　目的地智能行程安排

（4）目的地数字旅游专家推荐系统（旅游达人）功能

旅游达人将目的地旅游专家、导游、有资深经验的旅游者等“旅游达人”的旅游出游体验、出行建议、出行提示、推荐的旅游线路、旅游方案等内容聚集到该平台，通过发布、管理这些内容，为广大游客提供合理化建议，达到政府旅游网站搭建平台、广大游客互动分享信息的目的，可以提高旅游目的地官方旅游网站的访问量，加快旅游指南信息的更新频率，增强目的地数字旅游服务平台的活力。同时达人方案也共享到系统的智能行程安排系统中，便于游客在安排行程时作为模板或参考。

（5）目的地旅游地理信息公共服务平台（电子地图）系统

该系统借助山东省国土资源厅建设的全省地理信息公共服务平台，构建旅游行业地理信息数据库和旅游地理图层，建设为游客提供地理服务和旅游信息服务的旅游目的地公共电子地图系统。系统以满足游客查询需求为目标，根据旅游行业特点进行定制式开发，重点实现旅游要素定位、自助游行程规划服务、目的地区域查询服务、旅游区游览路线服务等，同时能够为游客提供景区三维虚拟游览等体验服务。系统主要由旅游要素定位、自助游行程规划、目的地区域查询、旅游景区游览线路、景区三维浏览查询、要素位置接口 6 大功能模块组成。系统的主要功能包括：旅游要素定位、自助游行程规划、目的地区域查询、旅游景区游览线路、景区三维浏览和要素位置接口。

（6）12301 旅游服务热线后台支撑

在目的地数字旅游服务系统基础数据层上，根据 12301 旅游服务热线的需求特点，制定开发 12301 服务热线信息查询系统，为 12301 对外提供服务提供信息支撑。主要功

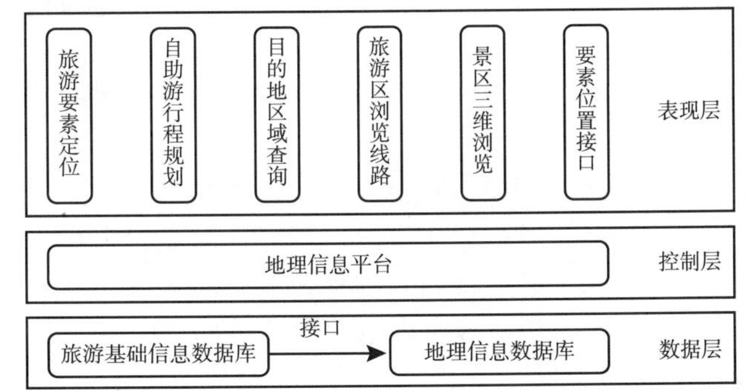

附录图 2–41　目的地旅游地理信息公共服务平台（电子地图）系统

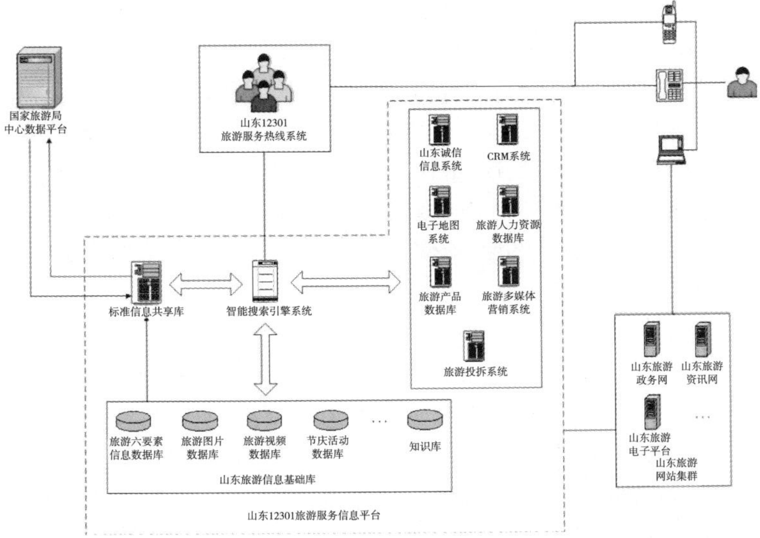

附录图 2–42　12301 服务热线信息查询系统结构

能包括：基于电话热线平台，提供快速、智能的座席员旅游搜索引擎系统；提供信息反馈系统；提供电话旅游宣传营销系统。基于目的地数字旅游服务系统中的各类优惠营销服务体系，通过热线对外提供优惠活动信息的发布、优惠券的发送、有奖活动的推广等，开展各类有奖宣传促销活动。

（7）关键字互联及关系型信息模块调用（内部、外部）的组织结构

根据旅游信息服务综合性、关联性的特点，在目的地数字旅游服务体系设计中，引用了关键字互联以及内部、外部信息模块调用型的组织结构。在所有的系统展示网页中，包括静态及动态网页，只要出现关键字，都要以动态链接的方式显示。系统能够灵活便捷地进行各类信息组织和调整，做到“以游客需求为中心”进行信息组织结构和信息服务。另外，系统还设计了目的地信息服务对外调用接口，各旅游企业网站系统、各旅游电子商务运营商、渠道服务商等外部系统可通过该接口方便地调用目的地基础信息、指南信息以及政府认证类信息，提高网站的公信力和信息服务的准确性。

（8）目的地数字旅游移动通信服务控制平台

目的地数字旅游服务系统面向手机通信网的应用主要通过旅游移动通信服务平台来实现。该平台的作用主要是通过整合目的地服务系统中的各类信息资源，按照移动通信平台环境、条件以及应用习惯进行信息和功能的组织设计，通过短信、彩信、手机多媒体、语音（手机导游）、手机网站及位置定位等方式为游客提供信息服务和旅游产品服务，主要包括建置基于移动平台的旅游信息数据源和开发建设旅游移动通信服务控制平台两大功能。

（9）目的地数字旅游分级管理发布功能

根据目的地数字旅游服务系统的应用需求，项目还重点研究目的地各级旅游服务系统的分级管理和聚合管理机制，其主要研究内容、特点和实现的功能包括：

- 现在的省级旅游目的地服务系统可以很快地拆分出地市级、县（区）级旅游网站系统，平台共用同一个数据，保障对外提供信息服务的一致性。
- 各级目的地旅游网站系统可以随意、快速、便捷、简单地调用各种应用模块功能，同时可根据目的地自身特点和宣传重点，随意设计不同的风格和布局。

（10）目的地旅游产品发布预订系统

根据目的地旅游系统的特点和游客的需求，目的地旅游产品服务包括两部分内容：一是目的地平台通过标准化接口从集中式旅游产品预订商、分布式旅游产品渠道供应商以及旅游企业自身动态获取最新旅游产品信息提供给游客；二是目的地的旅游信息内容通过标准化接口提供给上述三类旅游产品服务商，为选择产品的游客提供目的地旅游信息服务。即将旅游产品和旅游信息进行整合，为游客提供更加完善的旅游产品服务。

4. 系统标准化及规范研究内容

（1）信息描述标准

信息的描述标准包括：基本数据库的描述标准，目的地描述标准，交通数据库的描述标准，演出、温泉、滑雪、游艇、高尔夫、租车产品描述标准，旅游线路产品描述标准，旅游达人描述标准，酒店产品描述标准，机票产品描述标准，优惠产品信息描述标准，旅游活动、旅游商品描述标准，旅游营销数据标准，旅游客户数据标准，导游数据库标准，旅游公共设施描述标准。

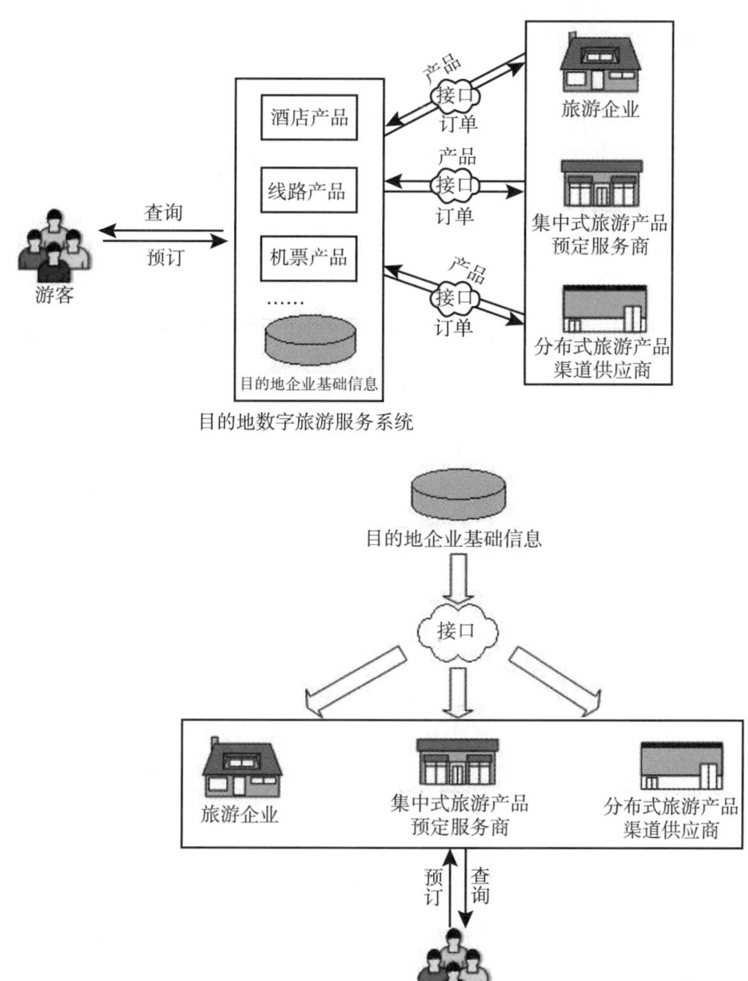

附录图 2–43　目的地旅游产品发布预订系统具体结构图

（2）接口标准

接口标准包括：旅行社产品接口（单体旅行社产品接口、集中式旅游线路产品供应商接口、分布式旅游线路产品渠道商接口），酒店产品接口（单体酒店产品接口、集中式酒店产品供应商接口、分布式酒店产品渠道商接口），机票产品接口（单体航空公司机票产品接口、集中式机票产品供应商接口、分布式机票产品渠道商接口）以及度假等旅游产品接口。

（三）主要成效

目前，山东省 863 旅游信息化项目已经上线运行，各类基础数据库逐步丰富完善。2012 年年底，全省 17 个市按照 863 旅游信息化的规范标准完成城市旅游资讯网的建设上线，在全国率先形成覆盖省、市、县、企业四级的目的地数字旅游服务系统，推动智慧旅游城市、智慧旅游企业的快速发展，形成省、市、县、企业四级互动的智慧旅游发展体系。

（四）经济效益和社会效益

“基于高可信网络的数字旅游服务系统开发及示范”课题的多项研究成果在国内属于首创，得到了国家旅游局、科技部专家的高度评价和认可。该课题是国家 863 计划信息技术领域“新一代高可信网络”重大项目，标志着中国旅游业在信息化领域迈出了新的一步。山东省旅游局作为该项目的主要参与单位和示范省份，做了大量的研发工作，对山东省旅游信息化建设也起到积极的推动作用。

863 旅游信息化项目是以山东省旅游资讯网为载体，通过整合旅游产业链要素旅游信息资源，以互联网、电视终端和移动终端三网融合为平台，构建集旅游宣传营销、旅游指南服务、旅游产品预订、旅游服务保障、旅游市场监管等多功能于一体的旅游信息化服务体系。通过全省数字旅游服务系统的建设，更好地为广大游客提供详细、准确、全面的旅游信息服务，加强省、市、县（市、区）、企业之间的信息交流，搭建长效、便捷、快速的旅游市场宣传营销推介网络体系，最终在全省建立一个集旅游宣传营销、旅游信息指南、旅游电子商务以及旅游服务保障于一体的综合性目的地旅游信息化平台。

863 旅游项目的完成和推广还将不断创新山东省旅游网络营销方式和旅游信息服务模式，利用各种新技术、新渠道包括手机、微博、社交网站、网络视频、网络游戏等新兴网络媒体，开展多样化网络营销，利用智能手机、iPad 等移动互联网载体，构建移动智慧旅游信息服务体系，提高旅游业公共信息服务水平，提高游客服务满意度。

随着在山东全省、全国范围内的推广和应用，863 项目在传播旅游信息、网络宣传营销、电子商务合作、旅游产业发展等方面，将发挥越来越重要的作用。

山东“基于高可信网络的数字旅游服务系统开发及示范”项目是旅行社信息、景区信息、在线旅游服务等资源横向整合，担当目的地信息服务建设的隐形后台，提供统一接口，从而实现旅行社信息发布和产品营销、景区多媒体推介、交通、住宿和餐饮资源的整合，在高可信网络上开通新型数字化旅游综合服务。该平台的使用高度人性化，使得旅游者充分感受到智慧旅游的方便便捷。

该项目在全国旅游行业中属于首开先河的目的地管理后台系统，是旅游信息化发展和区域城市经济发展高度融合的项目。该项目已经投入使用，对其他省级旅游目的地数据平台的建设有着巨大的示范效应。

案例十：北京旅游网

（一）背景介绍

“北京旅游网”于 2001 年开通，全面介绍北京丰富的旅游资源，多角度展示北京深厚的历史文化，力求为海内外旅游者提供最新、最权威、最准确的北京旅游信息。

（二）主要内容

面向全球，以政府为主导企业运作的方式，实现“一、二、三、四、五”的建设目标。即建设国际一流的旅游城市门户网站，围绕国内、国际两个市场，以旅游者、政府各级管理者和旅游企业三方为服务对象，打造展示、营销、服务、管理四个平台，健全完善资讯、商务、互动、监测、诚信五大网站功能，成为对全球来京旅游者和潜在旅游者最具影响力的网站，成为展示北京形象的城市名片。

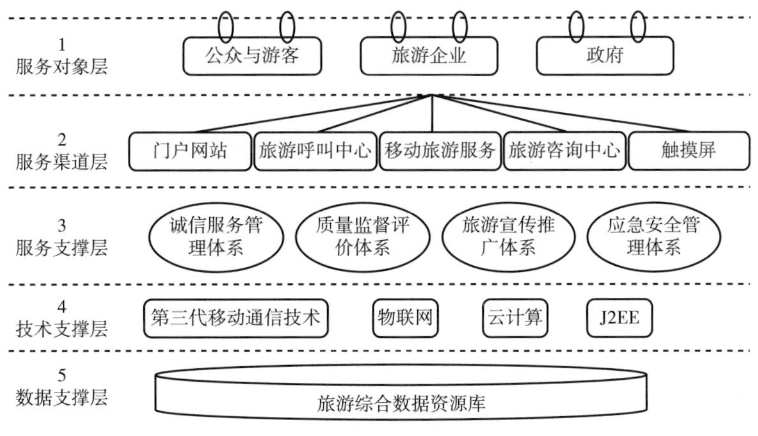

附录图 2–44　网站总体定位的框架图

1. 网站目标

建设国际一流的旅游城市网站，以畅游北京网站的建设推进优化旅游产业升级，努力把旅游产业培育发展成首都经济支柱产业和新的经济增长点的重要抓手，也是实现北京旅游业未来 3~5 年"一、十、百、千、亿"目标的重要手段；发挥网站在实现政府城市形象宣传、旅游信息服务、旅游产品和服务网上预订一体化的功能效应，从根本上转变政府的管理模式，推动产业管理机制创新。

与现代化国际大都市功能相匹配，建设面向全球，以政府为主导的最健全的旅游信息综合服务体系。

2. 市场目标

（1）整合北京旅游资源，为游客提供规范的"一站式"平台服务；

（2）为商家提供规范、安全的交易平台。

3. 社会目标

（1）展现北京旅游文化及服务，繁荣北京市旅游市场；

（2）面向全球展示北京都市风貌；

（3）通过平台监督管理旅游行业，规范市场。

4. 运营目标

（1）打造全新的平台服务模式；

（2）政府在线服务平台的市场化运作模式探索；

（3）探索新的盈利模式。

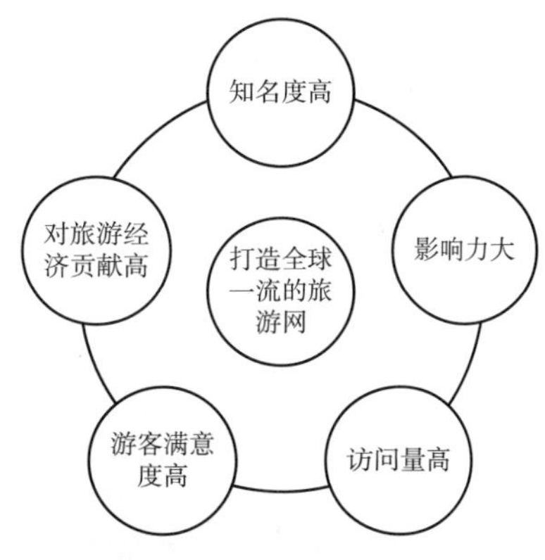

附录图 2–45　网站建设目标

5. 2012 主要成绩

2012 年着重提高网站的商务服务功能，并依托网站建立起旅行社、导游和乡村旅游等旅游企业的信用公示体系；在北京智慧旅游的总体发展规划下，做好网站的应用支撑，包括智能手机终端的开发、个性化旅游预订平台以及覆盖旅游八大业态的电子商务预订平台等建设工作。

（1）中文网站改版

中文网站在 2012 年再次改版，主要突出以下特点：

突出公共服务功能：在整合北京旅游各方面资源的基础上，为游客提供包含交通、住宿、餐饮、线路、个性化、导游、景区、展演和乡村等在内的在线查询与预订服务。

关注北京旅游攻略：以精编和原创为基础，整合网民互动、点评、论坛与俱乐部，形成北京较全面与权威的旅游攻略。

更加清新的页面设计风格：对页面布局与设计风格进行调整与优化，更加符合网民的使用习惯与感受。

（2）加强内容建设

新增俄语和繁体版网站，使网站语言增加到 10 种版本。

附录图 2-46　北京旅游网首页

附录图 2-47　北京旅游网外文版的版式和内容与中文版不同，符合国外游客的阅读习惯

新增展演频道、休闲娱乐频道、“北京礼物”频道、自助游频道、出京游频道、区县专区频道等 7 个频道，使频道数量增加到 20 个。

加强外文版网站建设。在做好英、日、韩版网站的基础上，加强繁体版和德语、俄语、法语、西班牙语等 6 种语言网站建设，并针对这些语种客源国家或地区用户习惯，对现有网站栏目结构及内容进行重新编排，以便更好地为境外游客提供贴心服务。

（3）深化电子商务运营

电子商城的二期升级，实现商业街和对外导购功能，扩展在线支付渠道，实现基于不同旅游产品的在线预订。

个性化旅游平台建设与运营。建设基于个性化服务需求（高端游客和商务旅游）的电子商务预订平台，整合优质旅行社和志愿者资源，建立高质量、多语言的旅游咨询顾问与实施协调团队。

智能手机终端开发。开发基于苹果、安卓和塞班系统的智能手机终端，实现 GPS 定位、查询搜索、导航、语音导游、点评、预订、在线支付和与网站数据的更新功能。

2013 年电子商务运营的主要目标：

- 90% 以上的北京 A 级景区实现网上预订电子门票；
- 80% 以上旅游特色餐厅实现网上预订特惠套餐；
- 70% 以上的成熟一日游线路实现网上预订；
- 70% 以上旅游文化演出场所实现网上订票；
- 主流“北京礼物”品种实现网上预订；
- 部分乡村游实现网上预订试运营；
- 在各旅行社参与的基础上，建立中、英、日、韩语言的在线北京旅游咨询与调度团队，落实个性化旅游。

（4）搭建企业诚信服务管理平台

建设旅行社、导游和乡村的诚信服务管理平台。对所有正规旅行社、导游和乡村进行认证，认证后的旅行社、导游和乡村除了官方数据由网站定期更新外，还可实现自我信息与产品发布，实现信息发布及时、权威与透明。游客可通过网站查询，辨别旅行社、导游和乡村的真伪。

诚信服务管理平台主要包含以下信息：联系方式、自我介绍、官方评级、奖惩信息、产品与价格发布、博客发布等。平台上的旅行社、导游和乡村接受网民的投票、投诉与咨询。

（5）加强网站宣传推广活动

大力进行网络广告投放，结合网站和北京旅游的特点，在优秀网站上投放广告，宣传网站与北京旅游；将网站宣传融入北京市旅游委整体宣传平台，在北京市旅游委的电视、平面、路牌、高铁、宣传册等宣传媒体上融入网站元素；以网站为基础，举办多次大型主题评选活动，逐步树立网站在业内的品牌；定期举办网友俱乐部活动，带领网友体验和讲述北京旅游，体验作品在网站上定期发布。

（6）成立北京旅游网站联盟

由北京旅游网倡议，北京旅游网站联盟在京交会上正式成立。联盟是以规范北京旅游、宣传北京旅游、为北京旅游企业服务、共创旅游类网站繁荣为目的的非营利性组织，由北京旅游网倡导、联合各区县旅游委（局）官方网站、旅游企业网站、专业旅游网站以及大型门户网站旅游频道等，作为联盟的首批成员单位，共同构建组成北京旅游网站联盟。2012 年 9 月 24 日，北京旅游网联合网站联盟成员：e 龙、百度旅游、搜狐旅游、蚂蜂窝等，共同对“迎国庆心系房山免费票发放”活动进行了推广工作。

（三）主要成效

北京旅游网无论从内容还是应用效果看都是国内目的地系统建设的典范。从内容看：一是计划性强，网站运营提前制订年度计划，有计划地展开全年的运营工作。二是原创内容丰富，基本做到原创内容 100%，且内容更新比较快，吸引人。同时，北京旅游网是国内少有的全平台网站，电子商务运营出色，观察最近一个月的流量，电子商务流量一直排在网页浏览量第一位，有效地实现目的地营销的最终目的。三是差异化经营，针对读者有针对性地优化网站内容，北京旅游网现在有 10 个语种的子网站，这些子网站能够做到版式、内容与中文网站有很大区别，推广计划也根据不同语种的游客假日习惯制订不同的推广方案，运营精细化。四是注重效果，北京旅游网除了用心经营外，还积极制订了推广计划，使用搜索、网站以及微博等做全面网络推广，实现目的地旅游网站的有效运营。

北京旅游网的运营效果也是成绩显著的，网站 Alexa 排名在旅游旺季能够达到全球 20000 名左右，淡季也能达到 80000 名左右，在全国所有省（自治区、直辖市）级旅游目的地网站中遥遥领先；电子商务运营也非常出色，电子商务的页面不仅网站访问量最大，页面访问深度也是最大的，说明电子商务成交率比较高，实际运营效果显著。以上说明北京旅游网是国内非常务实且具有实际效益的目的地旅游网站。

北京旅游网的网站建设、运营与推广为北京旅游带来良好的社会效益和经济效益。北京旅游网在“2011 年第六届中国特色政府网站”评选活动中荣获“最佳用户体验奖”，北京旅游网荣获了中国旅游电子商务大会颁发的“2012 优秀旅游目的地网站”。促进了北京旅游网健康、持续、创新发展，也为全国其他城市的目的地建设提供了一个很好的参照蓝本。

案例十一：上海旅游信息公共服务体系

（一）背景介绍

随着社会的发展，人们生活水平的不断提高，旅游业发展迅速，越来越受到人们的关注与青睐。在自驾游、自助游等旅游消费方式逐渐“升温”的时代，上海初步构建全方位的公共服务体系，方便市民游客实现“我的旅游我做主”。上海以旅游咨询服务、旅游集散服务、旅游安全管理、旅游支付环境建设为重点，积极推进旅游公共服务体系建设。目前已基本建成以数字化、网络化、智能化为主要特征的旅游公共服务框架体系。

（二）主要内容

上海初步建立了“三纵五横”城市旅游公共服务网络。“三纵”中的“12301”和“962020”上海旅游热线是全国为数不多的、可 24 小时提供中英文电话咨询服务的“Call Centre”，“五横”是：上海旅游政务网、上海旅游政务微博（乐游上海）、上海旅游人力资源网、上海旅游集散网和上海旅游会展网；而上海第一代手机导游“itravels”

新近已上线启用，客户端结合智能手机的各项技术，能展现旅游景点相关信息，满足游客在景点、目的地城市所需的即时旅游新闻浏览、景区导览、景点导游、目的地导航等一体化的旅游公共服务需要。上海旅游网旅行服务公司有关负责人表示，将开发英文和日文版的手机导游，快速提升上海旅游公共服务的国际化水平；同时将在客户端内添加社区功能，提升智能旅游的交互能力和互动体验。

旅游咨询服务中心建设列入上海市政府实事项目，集全市之力先后投入近亿元，在全市 18 个区县共建成 45 个咨询服务中心，保证了旅游咨询服务覆盖到机场、火车站、码头、重要商业街区和景区景点等人流密集场所。2012 年，上海市政府又将“旅游信息服务进社区”活动列入实事项目之一，上海 100 个街道社区文化活动中心最近全部安装了上海旅游 e 点通触摸屏，其运行的旅游信息查询系统为社区居民提供了丰富的旅游服务信息，内容包括沪上景点、美食、交通以及周边旅游线路等，使上海居民出游有了家门口的“电子导游员”，进一步支撑了上海旅游市场的规范化、标准化发展。上海 2011 年接待游客达 2.3 亿人次，同时有人均 4 ~ 5 次出游率，而且散客化程度很高，使旅游公共服务的需求十分迫切。为了使中外游客在旅游信息获取上更加便利，上海市旅游行政部门近年来加大对旅游公共服务能力的建设，把新建 100 块街道社区电子信息触摸屏作为 2012 年的市政府实事项目列入了计划。

附录图 2–48　上海旅游网提供丰富的目的地信息，成为市民出行的好帮手

进入街道社区的上海旅游 e 点通触摸屏系统，是上海旅游信息服务的重要组成部分，与上海旅游政务网、上海旅游热线 962020 以及遍布全市的 45 个上海旅游咨询服务中心共同构成了上海旅游公共服务体系。目前，上海旅游 e 点通触摸屏在全市各星级饭店和经济型连锁旅馆放置 400 台，

附录图 2-49　上海旅游咨询服务中心部署的上海旅游 e 点通

全部通过互联网接入，统一后台管理，涵盖中、英、日三种语言版本，月均点击量超过 700 万次。社区居民通过点击触摸屏即能获得上海“食、住、行、游、购、娱”等各类权威旅游信息，这对一些打着“买保健品送旅游”等“游击队”式非法旅游招徕构成正面打击，对净化和规范上海旅游市场有很大帮助。

全新制作的旅游 e 点通多媒体触摸屏，采用 42 寸大屏幕触摸屏，通过互联网实现信息更新，时效性更强，操作体验也更好。屏幕展示的旅游信息网站包含上海正在举行的各种旅游节庆活动介绍、旅游热点新闻和市民的出游温馨提示，并且制作了上海概况、交通换乘、乐游上海、餐饮美食、时尚购物、文化娱乐、集散中心、上海出发、四季上海、视频点播、公众服务等小专栏，涵盖了上海全方位的出游信息，成为社区居民出游前的指南和好帮手。

同时，上海已初步形成延伸到周边主要景区和乡村旅游点的旅游公共交通网络，建立了连接空港、邮轮港和铁路高铁站等交通枢纽的旅游线路网络，建立了覆盖长三角的旅游集散分级承运网络，完善了指引、停车、换乘、自驾等服务。

旅游公益服务体系则为自助游客提供便利，上海借鉴世博会的预约、志愿者和承载力预报等机制，完善了城市公共信息标志和导向系统，建立了假日旅游预报制度和旅游警示信息发布制度，公共交通、博物馆、金融服务网点、邮政服务网点等在旅游旺季已经适当延长开放和服务时间。

应对突发事件，是旅游的难点。上海联合公安、交通、卫生、安全监管、质量技监和旅游等相关部门，共同加强旅游交通、旅游设施、旅游餐饮等安全监督检查。旅游突发事件监测、报告网络体系、旅游紧急救援资金、网络和机构也已逐步建设到位。

（三）项目成效

上海旅游信息化建设主要着眼人民群众满意目标，始终坚持政府投入为主导、信息化建设为支撑，以旅游咨询服务、集散服务、安全管理、支付环境建设为重点，积极推进旅游公共服务体系建设，基本建成旅游公共服务框架体系，确保为人民群众提供满意周到的旅游公共服务，受到了市民游客普遍认可，游客满意度逐年提高，有效提升了上海旅游软环境建设。

旅游信息服务点一经推出，便受到了市民的欢迎和好评。特别是在上海旅游节期间，发布了大量活动信息，成为新的都市旅游宣传窗口。随着社区旅游信息服务点的投入使用，上海市旅游局还将不断完善触摸屏网站的功能，根据实际需求和使用情况反馈，更为精确地收集社区居民喜闻乐见的旅游服务信息，加大更新力度，做好设备运维保障工作，努力提供便捷周到的服务，让旅游公共服务的成效深入人心。

案例十二：天津旅游目的地公共服务平台

（一）背景介绍

随着我国旅游业作为促进经济发展和提升人民生活质量的重要产业，旅游公共服务体系的建设已成为旅游业发展的重要环节。《中国旅游业“十二五”发展规划纲要》中明确提出：“以旅游信息化建设为引领，加强现代科学技术特别是信息技术在旅游业中的广泛应用，推进旅游产品和服务的升级，满足多样化的现代需求。”近年来，天津加大公共服务体系建设，重点推动各区（县）和景区旅游信息化建设，大力发展电子政务、电子商务、电子信息等方面的旅游产品和服务，充分应用现代信息技术，开发天津旅游目的地公共服务平台，提升天津旅游公共服务综合水平，优化旅游发展环境。

（二）主要内容

“天津旅游目的地公共服务平台”依托天津智慧旅游“1369”工程，建设泛在、智能的旅游公共服务体系和一体化、国际化的旅游营销体系，集合了天津旅游资讯网、移动手机终端、12301旅游服务热线、旅游一卡通、遍布全市的电子触摸屏和人工咨询服务网点六大服务载体，充分发挥政府公共服务的职能作用，合理有效地整合旅游公共服务资源。

1. 天津旅游资讯网

天津旅游资讯网顺应旅游发展新趋势，以提升游客体验为主要着力点，进行了全新的改版升级。新版天津旅游资讯网集形象宣传、信息提供、互联营销和商务交互于一体，增加了行程规划、电商平台，为游客提供权威、全面、及时、准确、个性化的旅游信息和便捷的旅游综合服务。主要有以下特点：

（1）页面设计简洁大气，令人耳目一新。不拘泥于传统官方旅游网站样式。以天津的代表色蓝色为网站的主色调，贴近天津“大气、洋气、清新、靓丽”的城市风貌，实现了时尚、现代、稳重的设计初衷。

（2）打破了传统网站格局，重组了全网架构。主页栏目突出重点，甄选“精彩推荐”、“全景天津”、“计划行程”、“旅游地图”、“图说天津”五大栏目作为主菜单，在二级、三级栏目设置上做了精心设计和安排，并在每页中注重网站引导，让游客能够更加快捷、方便地找到所需要的信息。

（3）囊括丰富的旅游信息，成为游客好帮手。在天津旅游云数据中心的支撑下，调取全面、及时、准确的旅游信息，并进行合理筛选和分类，让游客足不出户就能掌握第一手的食、住、行、游、购、娱资讯，成为外国、外地游客来津旅游必备、必查的旅游资讯网。

附录图 2-50 天津旅游资讯网

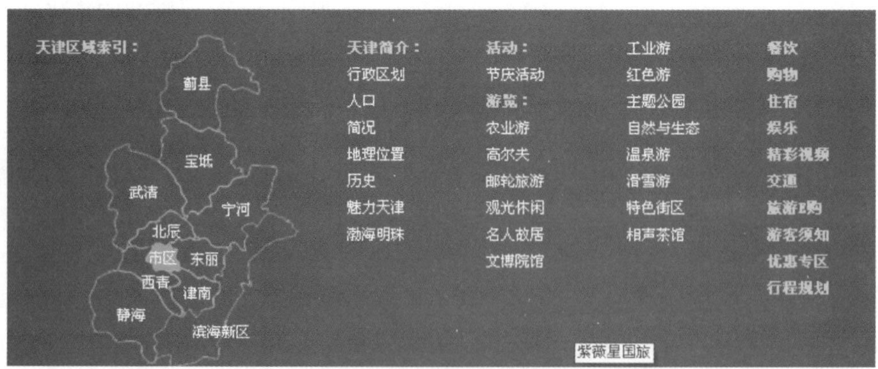

附录图 2-51 天津旅游资讯网网页

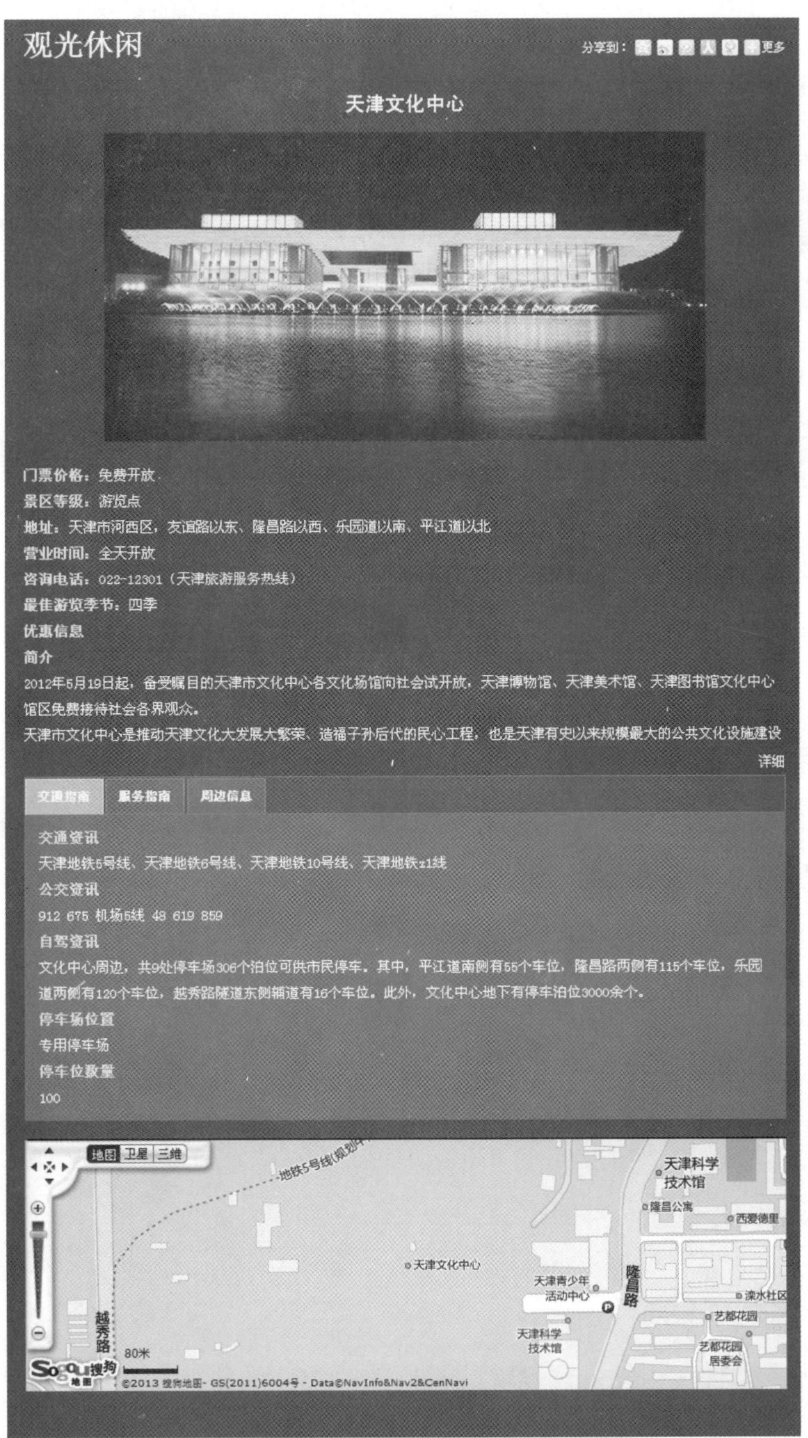

附录图 2–52　天津旅游资讯网网页

（4）全新开发行程规划系统，简化行程安排过程。行程规划系统解决了困扰自助游客的信息不对称难题，在大资讯量的基础上，保证了信息的准确性，将全市的景点和酒店信息囊括其中。游客设定好行程天数后，根据兴趣选择出行点位，可看到景区间通过自驾、公交、步行三种交通方式到达的时间，并能一站式快速预订酒店，手持自动形成的路书，实现轻松游津城。

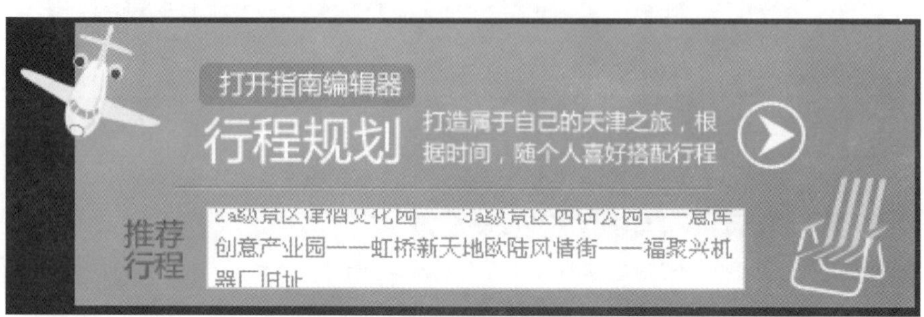

附录图 2-53　天津旅游资讯网网页

（5）引入评价排行，注重与游客互动。由网民对景点、酒店、旅游活动进行评价，分为去过与没去过两种情况，对想去程度和再次参与程度进行选择，实现对旅游资源的受欢迎程度的评价，引导旅游消费。

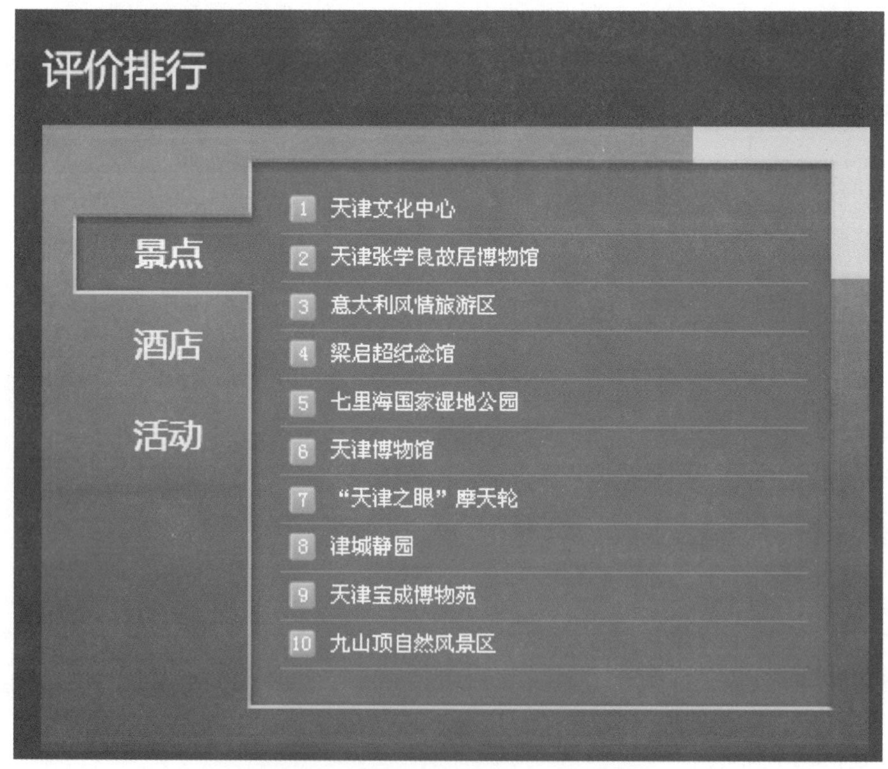

附录图 2-54　天津旅游资讯网网页

（6）增加了新浪微博和腾讯微博实时转播栏目。将天津旅游微博群中的内容与网民实时共享，借助新媒体实现网民零距离。

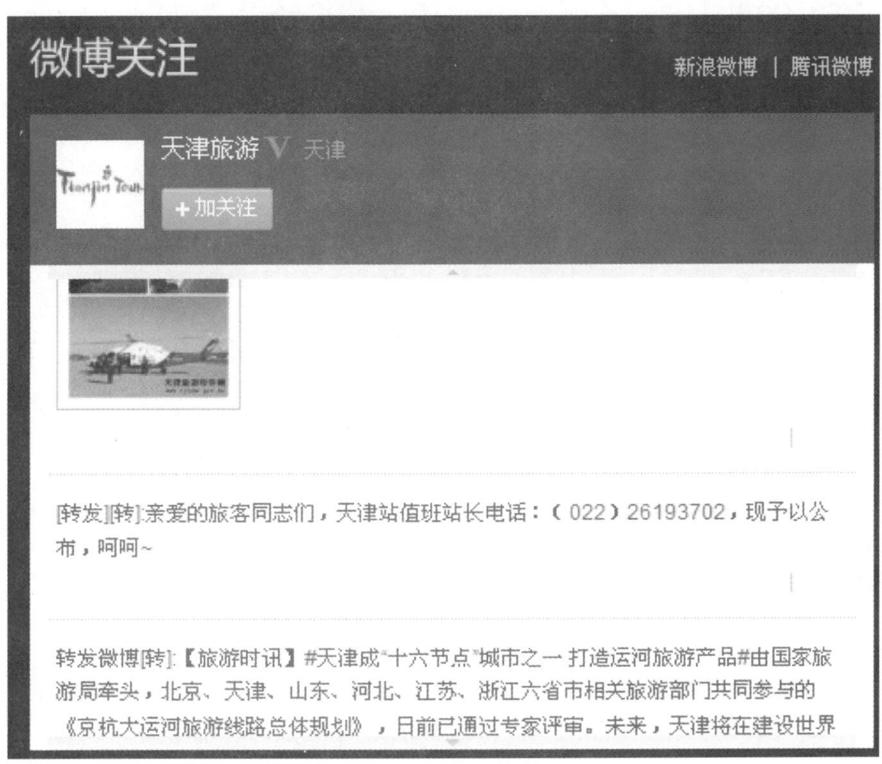

附录图 2–55　天津旅游资讯网网页

2. 手机客户端

天津智慧旅游1.0版已在全球苹果商店发布，结合手机用户的特点，从食、住、行、游、购、娱角度为游客提供丰富的资讯类和指南性信息，并可根据当前位置推荐周边的食、住、行、游、购、娱点位，实现了智能行程规划。

附录图 2–56　天津旅游资讯网网页

智能行程可以根据需求确定行程名称，设置旅行时间，对旅游类型（自然游、人文游、特色游）定位，通过手机自带的定位功能，显示游客当前位置到预计点位的距离，并能在地图中显示出行进路线。

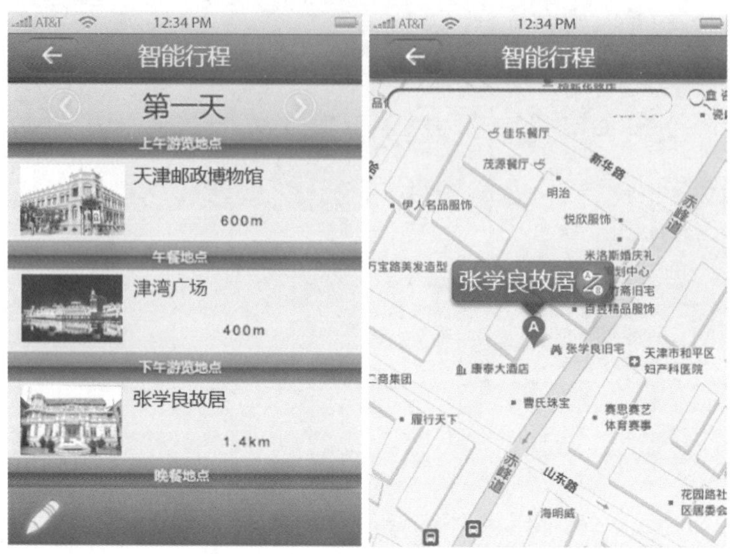

附录图 2–57　天津旅游资讯网网页

旅游线路栏目分为自助游、当地报团、出发地报团、旅游导览四大模块，游客可以根据不同的出游目的进行选择性浏览。如对目的地情况不是特别了解，还可在搜索栏输入要查找的信息，进行模糊查找，并能分类筛选。

天津智慧旅游 · 盘山客户端具有 360 度全景体验、景区导览、二维码验证、网上售票等功能。

附录图 2–58　天津旅游资讯网网页

附录图 2–59　天津旅游资讯网网页

360度全景体验目前包含云罩寺和万松寺两个景观。通过手指拖曳，就能看到景观、天空和地面，有身临其境的感觉，并由此引发出游热情。

景区导览将主要景观按照游览线路一一列出，在游览中，游客可随时用手机拍摄点位上的二维码，就能听到该景点播音级的语音讲解。手持客户端相当于跟随着讲解员游览。

网上售票通过填写游玩时间、门票数量、姓名、手机号码等信息，就能实现优惠预订，持短信中的预约码即可在景区售票处进行验证支付。

苹果和安卓两个版本的客户端已在全球苹果商店和安卓市场发布，可供公众下载。

附录图 2-60　天津旅游资讯网网页

附录图 2-61　天津旅游资讯网网页

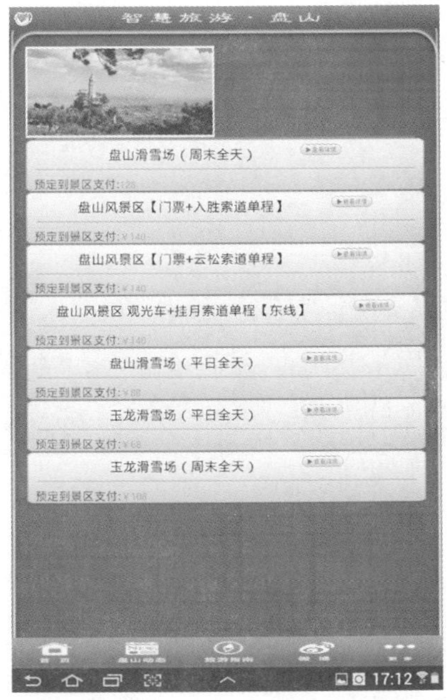

附录图 2-62　天津旅游资讯网网页

3. 升级 12301 旅游服务热线服务功能

天津为国家首批开通 12301 旅游服务热线的城市之一，截至目前已正常运行 4 年，累积接听话务量达 7.6 万余次。2012 年在现有的 12301 信息查询系统上进行了改造升级，由天津旅游云数据中心提供全面信息支撑，确保查询结果全面、准确，提高了咨询服务质量。

导游员讲解员：	有
导游员讲解员价格：	5人以下100元，6人-12人120元，13人-20人以上150元。
景区内主要景观：	飞行甲板、舰载武备、鱼雷发射舱、航母机库、作战指挥中心、拖曳式声纳、108通道、机库、航母发展史展馆、环舰大厅等。
景区内游览项目：	参观"基辅号"航空母舰、乘坐航母水陆两用车、观看4d电影、观看好莱坞大型实景海战表演剧"航母风暴"、参加航母野战营真人激光对抗游戏、参观上海世博会天津馆、观看奇人绝技及歌舞风情表演等项目。
景区常设活动：	清明风筝节、五一国际舞蹈嘉年华、十一俄罗斯风情文化节、元旦春节民俗活动等活动。
推荐线路：	观看动感4d电影—参观航母（欣赏民族风情歌舞表演、奇人绝技表演）—观看好莱坞实景海战表演剧《航母风暴》—航母特色餐厅就餐—乘坐水陆两用车环航母游览—驾驶水上碰碰船体验水上刺激—参观世博天津馆了解天津历史与文化—体验军旅生活与战争文化的真人cs对抗—多姿多彩的航母一天生活
景区提示：	温馨提示：因演出需要，舰载区域会在航母风暴演出过程中暂时封闭，敬请理解！
配套服务：	餐饮服务：航母内设有航母舰上酒店、航母西餐厅、水果捞餐厅；航母园区设有美国加州牛肉面餐厅、士兵餐厅、航母风情小吃街。
游览本景区时间：	6 小时
最佳游览季节：	每年三月份至十一月份

附录图 2-63　天津旅游资讯网网页

4. 与金融部门联合发行了京津冀旅游一卡通

"京津冀旅游一卡通"是旅游与金融相融合的创新产品，具有银行借记卡功能，持卡人可在指定旅游相关商户享受消费折扣，并能在高速公路 ETC 通道使用，发挥了整合区域旅游资源、促进区域间合作的作用。

京津冀旅游一卡通 IC 卡

附录图 2-64　天津旅游资讯网网页

5. 与市城投集团合作城市旅游地理信息系统触摸屏

2012 年陆续在全市主要景区、星级饭店、交通枢纽设立近 800 台旅游电子触摸屏，兼具信息查询和商业支付功能，为游客提供一站式服务。

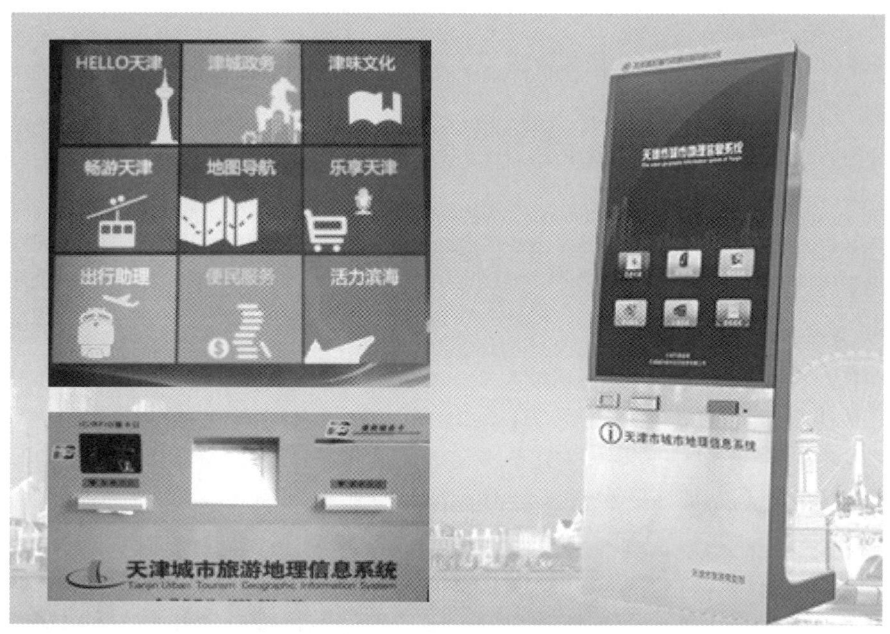

附录图 2–65　天津旅游资讯网网页

6. 开发人工咨询网点智能管理与信息查询系统

在汇总多年来天津旅游服务热线和网站在线咨询栏目关于游客咨询中的特点难点，开发建设了天津市旅游信息咨询系统，以统一的云数据中心内的数据为来源，为遍布全市的旅游咨询服务网点提供精准的信息支撑，并通过电子化手段对各网点进行在线的智能管理，包括电子签到、热点问题汇总、问询情况统计等。

附录图 2–66　天津旅游资讯网网页

（三）主要成效

天津旅游目的地公共服务平台的建立，充分整合了天津旅游公共服务信息资源，完善了旅游管理部门公共服务的职能，产生了以天津旅游资讯网为中心的旅游信息服务集群效应，拓宽了信息服务窗口，扩大了公共信息服务的覆盖面，形成了全方位、多层次、多元化的天津旅游目的地公共服务体系。

案例十三：河南省旅游云计算公共信息服务平台

（一）背景介绍

为加快河南旅游产业增长模式的转变，广泛提高省内旅游企业的信息化水平和能力，满足日益个性化的游客信息需求，河南省旅游局以河南省旅游服务中心筹建为契机，着手构建了云模式的公共信息服务平台，基本形成了全省资源共享、分级聚合的旅游信息综合开发和利用体系，创建了公共旅游信息服务新模式。

（二）主要内容

已完成基于虚拟化、自动化和标准化技术的云计算平台建设，实现了对外数据中心提供 Iaas 服务，解决了系统内数据共享、相互协作、关键数据复用的基础支撑。

依托旅游云计算平台，先后部署完成基于 Saas 理念的旅游综合信息采集系统、目的地营销管理系统、旅游假日预报系统、旅游资源库管理系统、旅游监督管理系统、旅游投资项目管理系统、旅游团队管理服务系统、导游人员资格考试报名管理等系统，构建了集食、住、行、游、购、娱六大产业要素于一体的共享数据库，为上千家旅游企业提供高水准的信息化支撑服务，降低旅游企业的信息化成本，推动了旅游企业转型升级。

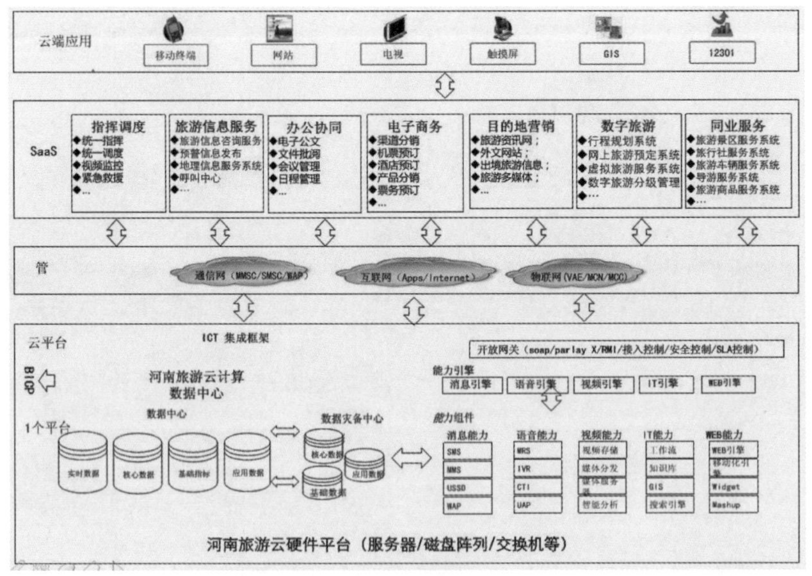

附录图 2–67　河南旅游云计算示意图

（三）主要成效

河南省旅游云计算公共信息服务平台是河南设计理念先进、服务功能齐全、旅游服务综合性强的信息化项目，对提升旅游行业应用信息化的水平和效率，加速全省旅游信息化的建设力度具有重要意义。平台以旅游主管机构、目的地旅游企业、旅游电子商务运营商、渠道商和游客作为服务对象，在旅游数据管理、云桌面办公、旅游企业云服务、旅游服务示范方面具有巨大的应用价值。

1. 绿色旅游数据中心

截至 2012 年 11 月，已有 2430 家旅游企业注册开户并进行了基本信息上传。对数字地图、三维城市、景点互动和图像、音频、视频、文字等形式进行了有机整合，为全省数据共享提供坚实的基础。

河南旅游云计算机房通过自服务方式高效灵活地管理数据中心的 IT 资源，包括服务器、存储、网络、中间件和软件，构建动态、弹性的 IT 架构，使得数据中心的计算资源利用效率提升 50% 以上的同时，管理费用、技术支撑和运行成本降低 40% 左右，真正为全省数据共享和智能决策提供坚实的底层架构。

2. 云桌面办公

已部署 120 台瘦客户机终端，通过云桌面管理系统实现了局 OA 办公的集中部署和管理，使局机关的办公不再受场所制约和设备的局限，异地办公也成为可能。

云桌面系统支持高清用户体验，分权分域管理、服务器虚拟化、实时监控、虚拟机自动迁移和故障自动恢复，节约了维护成本，提供了维护效率，能有效防止外界盗取旅游信息资产，保障信息安全。

3. 旅游企业云服务

平台一期即可为超过 2000 家旅游企业提供随时随地、按需分配、自主配置的 IT 资源和技术服务。有效减少旅游 IT 资源的浪费和低水平重复建设，每年减少旅游企业 IT 资源重复投入 60% 以上。

平台利用 SaaS 模式为旅游企业提供了新型信息化服务系统，如云 OA、云邮箱、自助建站、电子超市、旅游同业和产品预订等，使企业利用电子商务健康快速地发展壮大，从根本上解决中小型旅游企业的发展瓶颈问题。

4. 建立现代旅游服务业示范基地

河南旅游业正面临着从传统服务业向现代服务业的转型时期，旅游云服务平台的实施，势必需要大量高科技人才的介入和支持，引进新的、现代化旅游技术手段和服务模式，成为河南旅游创新发展的示范，并为各地市旅游信息平台建设提供标准、规范和技术支撑，对于进一步完善全省旅游服务体系有不可替代的作用。2012 年，平台被国家发改委确认为国家服务业综合改革试点重大服务平台项目。

毫无疑问，河南省旅游云计算公共信息服务平台开了地方旅游公共信息服务建设的先河，为未来的河南省智慧旅游的建设奠定了坚实的基础。该平台的开发模式、运营模式及结果目标对于全国省级旅游管理部门有很强的借鉴意义，是建立旅游公共信息服务平台的典范。

该平台的建设为日后河南省旅游管理部门以及旅游企业在加快产业升级换代、降低信息化建设成本、提供管理效益方面提供了有利的条件。后期实施的或即将实施的旅游地理信息以及行业运营监控信息等内容，将旅游行业静态和动态信息进行全面整合，实现对旅游信息化的价值提升和对整个河南旅游多产业的带动效益。

案例十四：海南省旅游电子监管平台

（一）背景介绍

备受2012年全国“两会”关注的海南省旅游风险保障体系是海南省旅游业在“项目建设年”中的一项重要建设项目，是加快发展海南国际旅游岛，促进旅游产业转型升级、加快提高国际竞争力的重要措施。体系由海南省旅游发展委员会牵头，由海南旅游信息和咨询服务中心、12301服务热线、海南省旅游协会以及多家具有投资实力和先进技术的企业共同建设。

通过海南旅游风险保障体系的旅游监督管理系统，旅游移动监察设备及系统，旅游服务团队综合管理系统，旅游车GPS定位监控调度系统，旅游车快速路检系统，景区设备及系统，景区、酒店、客栈销售终端系统，景区/酒店预订系统、海南旅游服务（游客查询网）等电子信息化平台为游客提供旅游咨询、旅游投诉、旅游救援、旅游安全警示等全方位服务，实现对海南省各旅行社、旅游景点等的实时监控和管理，预防、减少旅游事故的发生，并在发生保障事故时能够给予及时处理，协调解决游客和旅游经营者、旅游辅助服务者之间因保险服务引发的矛盾纠纷。

（二）主要内容

1. 建设思路

（1）建设统一平台：建立统一的数字旅游管理平台，使之成为旅游企业操作和资源调度平台、旅游行政管理部门的旅游管理和执法平台、旅游安全生产的事故防范和责任追溯平台，并最终成为各级领导的旅游决策信息平台。

（2）建立三个体系：一是强化旅游安全预警系统建设，逐步建立多层次的旅游安全应急保障及救助体系，积极推进旅游保险的全面实施；二是强化旅游诚信体系建设，通过建立游客广泛参与的诚信等级评价体系，更好地规范和监督旅游企业的经营行为；三是建设旅游信息服务体系，建立全省统一的旅游呼叫中心、游客投诉中心、保障救援中心。

（3）服务三类对象：一是为旅游管理机构提供行业管理、诚信体系管理、旅游促销创新手段、旅游商务运营平台服务；二是为旅游者提供目的地的食、住、行、游、购、娱的信息咨询、旅游预订、会员互动交流等“一站式”服务；三是为旅游企业的经营降低交易成本、降低推广成本、增加更多客户、增加营业额、实现交易方便快捷。

（4）创新运营机制：构建支持项目运营的合作格局，明确了海南旅游发展委员会、平台运营商和其他社会资源的职责、分工及合作界面；进行深入一线的调研，组织专家评审；采用平台化运作方式，在合理和高效的内控机制下，开发式地引入多个服务提供商，以区域化手段构建合作上的准入、考核、更换和退出机制；建立项目管控体系、建立项目推进小组，实现平台自身运转的良性发展局面。

2. 主要内容

（1）旅游监察管理系统

附录图 2–68　海南旅游监察管理系统登录页面

旅游监察管理系统设置监察机构、政策法规、政务信息、教育培训、旅游须知、在线受理、旅游企业和从业人员资质认证等栏目，彻底改变了因信息缺失导致政府决策依据不足的被动局面。以旅游企业和旅游从业人员档案信息库为基础，以旅游团队电子行程单为链接，建立旅游行政管理机关与旅游企业双向互动的网络办公管理平台，从而实现对旅游企业和旅游市场的动态监管。

（2）旅游移动监察设备及系统

旅游监察手持终端系统由手持终端（手机）、小型热敏打印机、控制软件三部分组成，手持终端（手机）可在较大的范围内组网并与旅游信息管理中心数据库中服务器数据对接，无线数据进行交换，实现旅游行业数字化、信息化管理，旅游监察无线办公。

（3）旅游服务团队综合管理系统

附录图 2–69　海南旅游服务团队综合管理系统登录页面

旅游服务团队综合管理系统是依托互联网，集旅游行业职能、办公、监管、交易功能于一体的综合管理平台，也是旅游产业的大型综合管理、服务、交易类软件。

（4）旅游车 GPS 定位监控调度系统

系统采用多种技术，解决车辆定位和车内图像监控，可监控司乘人员导游的服务质量。

（5）旅游车快速路检系统

快速路检系统由 RSU 定向束控读写天线、射频控制器、控制软件三部分组成，接收天线设在高速路出入口、景区景点出入口、旅游购物店出入口等重点路口（无人值守），射频发射器安装在旅游汽车前风挡玻璃处，当旅游车行驶至上述路段，接收天线读取该车相关信息，通过软件进行数据处理，将违规数据上报行管部门及时处理，同时将该车违章数据记入黑名单。

（6）景区设备及系统

采用自检技术及模块化功能插件，特别便于系统的自检维护实时、准确查询和统计门票发行数量、销售额、类别、时间及流量，并可打印日、周、月、季、年报表，便于企业内部审核及科学化决策管理，有效地杜绝了财务上的漏洞，确保了企业的经济效益。

（7）景区、酒店、客栈销售终端系统

销售终端系统由景区、酒店终端 PC 机、二代身份证识别器、热敏打印机、系统软件组成，旅游团队、散客（手机）网络预订付款后，酒店、客栈终端 PC 机上自动生成团队入住分房表，景区终端 PC 机上自动生成团队电子门票。

（8）景区 / 酒店预订系统

旅游团队、散客（手机）网络预订付款后，酒店、客栈终端 PC 机上自动生成团队入住分房表，景区终端 PC 机上自动生成团队电子门票。

（9）海南旅游服务——游客查询网

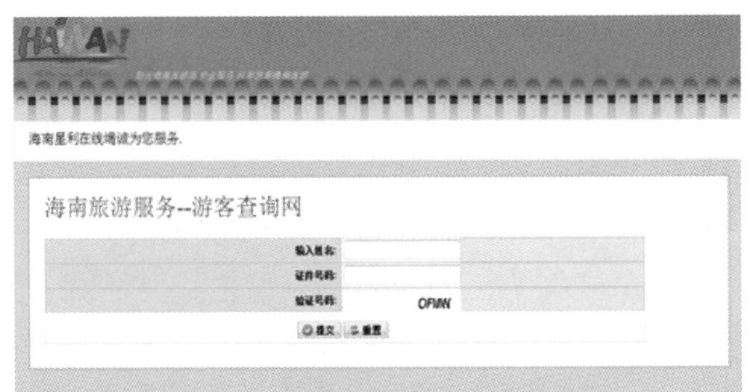

附录图 2-70　海南旅游服务——游客查询网

根据旅客输入证件号码识别归属行程单、保险及案件、追踪历史。旅客在线投诉及建议同步至监察网。

（三）主要成效

1. 旅游团队数据统计：可以根据日期范围、客人来源地对行程单数量、旅客数量进行统计，以及根据景区和酒店对当日所在的行程单数量、旅客数量进行统计；可以根据日期范围、旅行社列出对应的行程单清单。一是团队数据统计；二是旅客数据统计；三是客源地人数统计；四是酒店景点客流数据地图查看；五是团队订单查询。

2. 旅游保险数据统计：根据日期范围、旅行社对投保人数进行统计；根据日期范围对旅游事故案件进行列表查看，可以查看事故发生地、对应旅行团的资料以及理赔进度。一是投保数据统计，二是理赔进度查询。

3. 旅游车辆数据统计：根据旅游车公司、旅行社、日期范围，统计旅游车辆接待的行程单数量以及接待的旅客数量情况；根据旅游车公司、起保日期和到期日期查询旅游车辆的保险投保情况。（注：旅游车以及旅游车公司的相关数据必须在系统中，方能完成上述数据统计）。一是旅游车辆运营情况查询；二是旅游车辆保险情况查询。

4. 旅游购物数据统计：根据旅客进店日期范围、旅游购物店对行程单数量和旅客数量进行统计。（注：旅游购物店的相关数据必须在系统中，方能完成上述数据统计。）

5. 景区数据统计：根据行程单的发团日期范围、景区所属区域对行程单数量和旅客数量进行统计。

6 酒店宾馆数据统计：根据行程单的发团日期范围、酒店宾馆所属区域对行程单数量和旅客数量进行统计。

7. 行业公告管理：监察网首页公告内容管理。

8. 企业数据库管理：对应的旅游企业（旅行社、导游公司、导游、旅游车公司、旅游车、景区、酒店宾馆、旅游购物场所、农家乐、旅游小镇）的企业数据增、删、改、查询。一是旅行社数据管理；二是导游与导游协会数据管理；三是旅游汽车公司与旅游汽车数据管理；四是景区数据管理；五是酒店数据管理；六是购物场所数据管理；七是农家乐数据管理；八是旅游小镇数据管理。

9. 监察部门组织机构管理：省、市、区（县）旅游委监察部门机构的数据增、删、改、查询。

旅游监管是各地旅游部门最重要也是实现难度最大的问题，海南率先在全国建立旅游风险保障体系，于 2012 年 5 月 1 日正式投入运行，海南省旅游电子监管平台是海南旅游风险保障体系核心组成部分，整合了“海南省旅游信息服务平台”、“理赔服务平台”、“紧急事故处理救援平台”等。该系统的建成标志着游客进入海南后，所有权益都得到了保障。

使用科技手段建设海南“国际旅游岛”，从游客保障的角度出发搭建起一个海南大旅游的监管平台是一项非常有效的工作。通过旅游信息综合管理系统、景区电子门禁等，综合了旅游的六大要素。从旅游行业的电子化、信息化建设入手，特别是研发的中国旅游服务网系统，展示了旅行社、景区、酒店、餐饮等整个行业链的关系图，旅行社通过制作电子行程单，旅游汽车的计调，酒店、景点等费用的预付，严格控制了“零负团费”现象。整个旅游行业的管理，在于细节上的服务，游客可通过这张小小的电子行程单，为出行游玩提供安全保障，还给行业监管部门路查提供凭证。

通过电子行程单和电子合同逐步规范海南旅游，加强海南旅游监管，做到投诉有人管，重大安全问题有人赔付等“一条龙”的服务，提升“国际旅游岛”的服务形象。

案例十五：杭州无线旅游城市建设

（一）背景介绍

杭州是中国信息化程度最高的城市之一，宽带和数字电视普及率均居全国首位，甚至超过了很多发达国家。比如道路自动监控、道路指示牌自动传输、全市联网的自行车租赁、停车收费等。另外，杭州是中国最佳旅游城市、世界旅游名城，如果游客在美丽的西湖边能方便地享受无线宽带，将大大提升旅游感受。所以，市政府信息化工程需要一张无线网络来支撑，同时更希望通过无线城市项目提升城市的综合竞争力。

（二）主要内容

杭州无线城市的建设思路是先城市管理，然后行业应用，最后才是民用。先解决重点应用，比如城市管理、交通监控以及旅游需求等，来提高城市形象和整体竞争力，然后才是广泛应用。

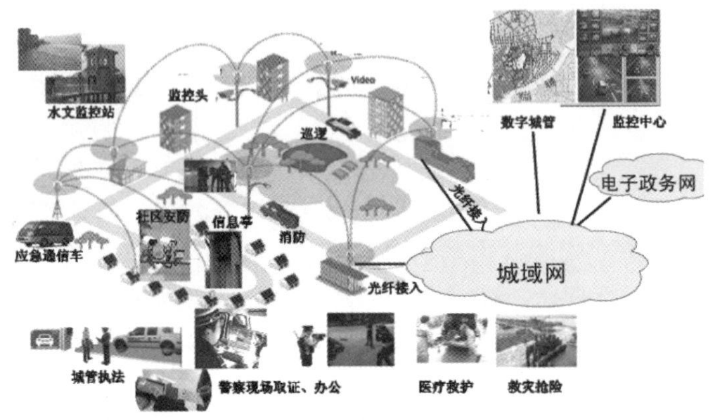

附录图 2–71　杭州无线城市信息化应用图

第一期工程开始于 2008 年，主要覆盖杭州市六个主城区，进行热点、主要街道、楼宇、景区的建网，以微蜂窝建设为主，主要是解决带宽问题，提供专网业务、个人业务为主。2009 年是第二期，主要完成市区和郊区覆盖，开始建设宏蜂窝基站，来做一个广义覆盖，与移动多媒体结合起来，形成一个无线交互数字电视业务。第三期是 2010 年，主要完成杭州地区包括市区和二区五县的无缝覆盖，融合通信和交互数字电视业务。

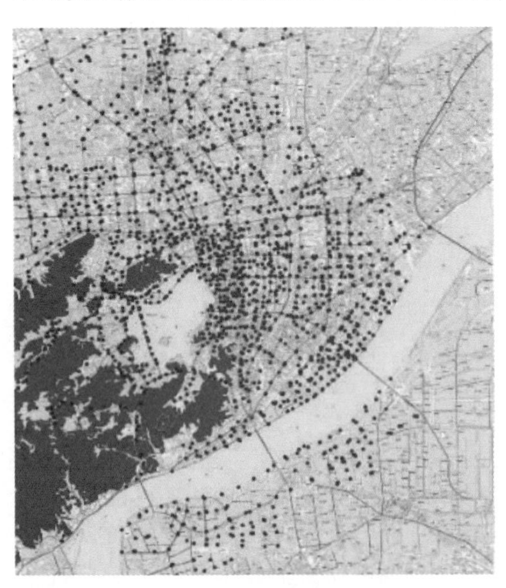

附录图 2–72　杭州无线城市全部热点分布图

杭州无线城市的商业模式是政府推动、企业运作，该项目建设压力大，从建网初期就进行了综合部署：

1. 建立一个运营级的网络架构（thinAP+光纤 +AC），便于业务的统一配置、统一管理。

2. 扇区化覆盖。一期工程以道路为主，2008 年形成了主要道路的微蜂窝连续覆盖。采用定向天线形式进行带状覆盖，减少临街商铺、写字楼等原有的 WLAN 网络对在建网络的影响，尽量减少相互干扰。

3. 基站设备与天线分离，虽然加大了工程量，覆盖也受到影响，但方便了维护，另外也方便后续设备的维护升级。

4. 解决信号覆盖、带宽服务等多层次的

网络覆盖。

5. 充分利用市政杆路资源，节省投资，并与城市环境建设协调一致；在实际的天线架设时，考虑和周围环境和谐，避免出现视觉污染。天线颜色基本与灯杆保持一致。同时根据特殊环境的需要，也可以定制特殊形状的天线。

（三）主要成效

杭州无线城市以覆盖杭州主城区为主，包括环湖景区、武林广场和梅家坞、龙井村等大块大面积区域，共建设基站近3000个。为城市管理停车新政共建设站点1000多个，目前已经全部投入使用。2008 年 8 月，杭州市正式宣布杭州无线城市开通使用，成为全国首个主城区全面开通无线宽带网络的城市。

杭州无线城市应用开展将以行业应用为先导，逐步完善个人业务。以提高城市信息化和管理水平为目标，服务政府。以行业无线信息化为突破口，打造多渠道的稳定客户源。在个人宽带无线接入业务的基础上提供无线视频、无线音乐、基于位置的信息服务等。

除基础应用之外，杭州无线城市为个人应用提供一些增值服务，这些服务主要目的不在盈利而在于推动使用。例如结合数字电视频道资源做流媒体点播，多媒体会议，另外还有 VOIP 语音服务，定位推送信息服务等。

行业应用方面，“无线宽带城域网”以其便捷的高带宽可以为城市管理信息化提供进一步的拓展应用，如移动执法、停车诱导服务、无线办公、无线监控等。

智能手机的快速普及以及移动互联网的爆发带动了无线旅游市场业务的快速发展。从本报告针对公众调研的数据看，无线上网需求已经成为普通旅游者的核心需求之一。目前，政府主导的无线城市建设无疑将进一步推动无线旅游和智慧旅游的发展，极大提升旅游资源及环境的有效利用。

杭州本身是国内旅游先进城市，开创性地实行收费景点的免费开放，成为全国第一个免费开放的5A 级旅游景区，此次的无线城市建设也走在全国前列，对全国其他旅游城市的建设有很好的借鉴意义。

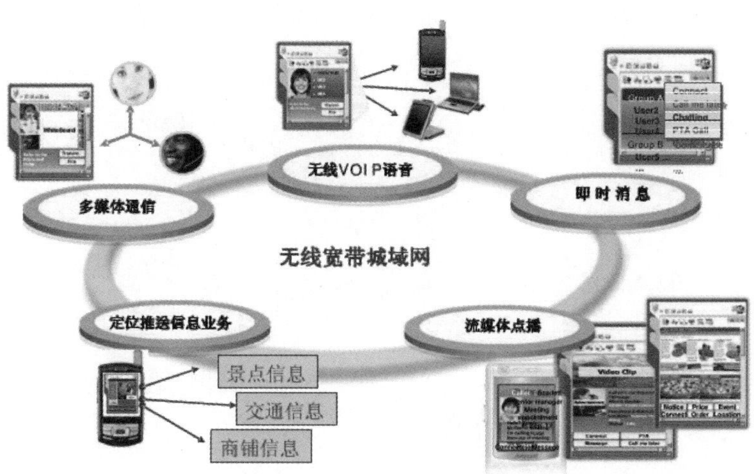

附录图 2-73　杭州无线城市应用

案例十六：陕西乡村旅游信息化建设经验

（一）背景介绍

陕西乡村旅游近年来发展迅猛，已成为省旅游业发展的新热点、新亮点。省旅游局以政策为引领，以项目为抓手，以活动为平台，以促销为突破，以培训为支撑，推动乡村向规模化、产业化、规范化、品牌化发展，形成一批乡村旅游精品。2012 年乡村旅游接待人数达 6850 万人次，比上年增长 31%，收入 71 亿元，比上年增长 36%，旅游从业人数达 22 万人，农家乐经营户 1.7 万户。一是加大旅游特色名镇、乡村旅游示范村、星级农家乐的创建达标力度。以标准化推动规模化和品牌化发展，截至 2012 年年底，我省共有旅游特色名镇 56 个，旅游示范村 98 个。二是同省农业厅合作，加大全国休闲农业和乡村旅游示范县、示范点的创建力度，以休闲观光农业产业园为载体，以项目建设和环境改善为抓手，发展大规模、高规格、上水平、服务配套设施齐全的乡村旅游度假目的地。截至 2012 年年底，我省共有全国休闲农业与乡村旅游示范县 3 个，示范点 9 个。三是 30 个文化旅游古镇精品建设全面展开。在省旅游局、省发改委、省建设厅的联合推动下，全省 30 个文化古镇完成了规划编制工作，前期建设资金投入已达 30.6 亿元，其中，2012 年完成投资 10 亿元，省级财政补助投资 3000 万元。柞水凤凰古镇、洋县华阴古镇、宁强青木川古镇、石泉古镇、凤县双石铺古镇、麟游九成宫镇等都形成了较好的接待条件，全年文化旅游古镇接待人数可达 1086 万人次，收入 48.8 亿元。

（二）主要内容

2012 年 8 月，陕西省旅游局建设了乡村旅游官方网站——陕西村游网。陕西村游网是陕西地区最具权威的专业性农家乐信息平台，主要通过收集整理文化旅游古镇、农家乐、度假村、景点、地方特色的各类信息集中到一个统一的网络平台上进行展示、宣传

附录图 2–74　陕西村游网首页

附录图 2–75　陕西村游网首页

附录图 2–76　陕西乡村旅游网上展会

和推广，并提供在线预订、电子地图等服务。该网已经成为陕西乡村旅游的第一门户。

陕西省旅游局制作了陕西乡村旅游政务网，负责陕西省乡村旅游网络信息化、推广营销工作（发布陕西旅游局乡村旅游管理方面的管理办法、通知、标准、评定结果、乡村旅游点名单等）。

陕西省旅游局连续五届举办乡村旅游展，通过展会展示乡村旅游产品、推介线路，树立陕西乡村旅游品牌形象。展会还在网上开设同步的网络展会，通过网络营销手段推广陕西省乡村旅游。

（三）主要成效

乡村旅游涉及面广，关联性强，“三农”问题较为敏感，在乡村旅游产业各要素的资源配置、加快市场主体培育、开展市场监管、乡村旅游整体形象宣传等诸多方面都需要政府发挥主导作用。陕西省在建设乡村旅游六大工程中，把信息网络建设作为关键工作之一，通过多方协调、资源共享模式建设了“乡村旅游政务网”、“乡村旅游资讯网”，以及开设网上展会，积极推动乡村旅游信息化的发展。

“十八大”提出“四化共同发展”的战略要求，乡村旅游本身是现代农业化、信息化、工业化以及城镇化的高度融合的产物。如何开展乡村旅游信息化建设，陕西提供了一个可参照的现实样本。

旅游电子商务案例

案例十七：“旅游电子商务市场基础信息规范管理与公共服务平台研发与应用”课题

（一）背景介绍

随着旅游电子商务迅猛发展，在线旅游服务交易越来越频繁。线上交易因其具有价格便宜、使用方便、选择面广等优点吸引了大量的用户。然而，旅游电子商务法律、技术规范和基础设施的不完善，制约了旅游电子商务的进一步发展。目前，旅游电子商务市场主体、市场信息、交易过程信息不规范、不可信现象较普遍；互联网假冒伪劣及欺诈现象与传统市场同类现象相比，传播速度快、传播范围广，进一步阻碍着旅游电子商务向广度和深度发展。

基于以上问题，迫切需要通过建设旅游电子商务基础信息规范管理与公共服务平台，存储旅游电子商务市场主体、客体、交易过程基础信息，形成旅游电子商务可信交易服务和环境，规范旅游电子商务市场准入，净化旅游电子商务市场信息，保障旅游电子商务安全交易，维护交易各方的合法权益，提高旅游电子商务市场主体、市场信息及交易过程的可信度。

（二）主要内容

通过研究制定旅游电子商务服务企业、旅游服务产品、旅游服务交易电子凭证基本信息规范及相关管理办法，研究开发旅游电子商务市场基础信息规范管理技术与公共服务平台，开展旅游电子商务市场基础信息公共服务示范应用，可以有效整合地方旅游局信息服务及旅游企业电子商务，提供标准化公共服务，从而有效地规范互联网旅游市场秩序，节约行业管理、营销和交易成本与费用，带动相关产业改造提升，促进旅游产业的持续快速发展。

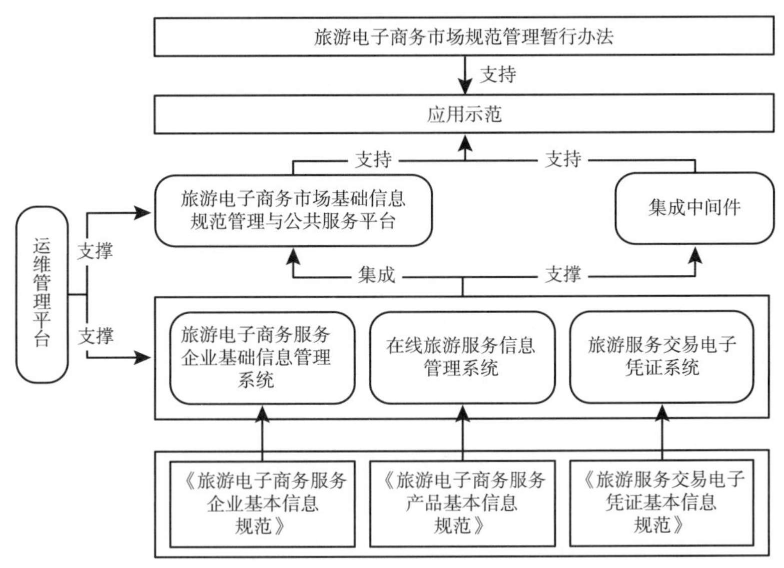

附录图 2–77 课题总体框架图

1.《旅游电子商务服务企业基本信息规范》、《旅游电子商务服务产品基本信息规范》和《旅游服务交易电子凭证基本信息规范》规定了旅游服务企业备案、旅游服务产品信息备案和旅游电子凭证备案所需的基本信息，是旅游电子商务企业信息管理、旅游服务产品信息管理和旅游电子凭证系统的基础。

2. 旅游电子商务市场基础信息规范管理与公共服务平台通过集成技术和单点登录技术对旅游电子商务企业基础信息管理系统、旅游电子商务服务产品信息管理系统和旅游服务交易电子凭证系统进行集成，形成统一的旅游公共服务平台，向旅游电子商务交易相关主体以及公众提供基础服务。

3. 标准化集成中间件基于旅游电子商务企业基础信息管理系统、旅游电子商务服务产品信息管理系统和旅游服务交易电子凭证系统的数据库，以 Web 服务的方式向旅游电子商务企业提供交易主体真实身份在线验证、旅游服务产品信息订阅与引用以及电子合同备案等功能。

4. 运维管理平台主要是对公共服务平台的运维工作提供技术支撑，提高运维效率和质量。

5.《旅游电子商务市场规范管理暂行办法》规定了旅游电子商务交易各方主体的权利与义务。通过出台管理办法，要求相关企业积极配合应用示范工作。通过应用示范工作，可以检验旅游电子商务市场基础信息规范管理与公共服务平台和标准化中间件中各项功能的有效性，检验所制定的信息规范是否符合实际需求。

（三）主要成效

课题将形成旅游电子商务服务企业基本信息标准规范、旅游服务产品描述与基本信息标准规范、旅游服务交易电子凭证基本信息规范、旅游电子商务市场管理办法等 4 项技术标准或管理办法，形成旅游电子商务服务企业、旅游服务产品、旅游服务交易电子凭证基本信息管理系统，旅游电子商务市场基础信息规范管理与公共服务与运维平台，有效整合地方旅游局信息服务及旅游企业电子商务，提供互联网旅游市场主体、客体、交易信息备案、查验等标准化公共服务和违规旅游信息监测服务，从而有效规范互联网旅游市场秩序，节约行业管理、营销和交易成本与费用，有效带动相关产业改造提升，促进旅游行业的持续快速发展。

案例十八：《爱，在四川》系列旅游微电影营销

（一）背景介绍

2012 年 2 月初，旅游微电影尚在萌芽之时，四川省旅游局敏锐地抓住这一新兴传播方式，改变传统的促销活动宣传及广告形象宣传模式，率先推出了首部旅游微电影——《爱，在四川》之“美食篇”，随后相继推出“熊猫篇”、“汶川新生篇”、“风情篇”等系列微电影，以“爱”为主题巧妙地融合四川的自然风光、人文风情等旅游资源，并通过整合营销，充分利用网络、微博为主的传播方式，用微电影这一新型时尚艺术形式，宣传四川，引领观众领略“天府四川，熊猫故乡”的独特旅游魅力，掀起了四川旅游微电影的潮流，使四川旅游形象更加深入人心。而这种营销模式也逐渐被旅游业界更为广泛地推广和应用。

附录图 2–78 《爱，在四川》系列旅游微电影之汶川篇

在旅游已成为国民的刚性需求，旅游消费呈现多层次，竞争日渐激烈的背景下，创新旅游营销模式，成为四川旅游必须破题的关键所在。微电影是一种通过网络、手机新媒体平台上播放的、适合在移动状态和短时休闲状态下观看的、具有完整故事情节的旅游新兴传播方式。分析目前常见的推介促销活动、传统报纸、杂志、电视形象广告等几种旅游营销方式存在的成本高、受众局限性、传播稍纵即逝、特色展示不明显等营销缺陷，微电影作为网络时代新生的一种营销手段更适合旅游推广。受众不受时间、地点限制，随时随地可以进行观看，生动有趣的故事情节更加巧妙地与当地人文风情、地

域特色相融合，更容易让人记住从而对故事发生地产生向往，促发旅游动机。

（二）主要内容

1. 微电影情况简介

《爱，在四川》系列旅游微电影已推出美食篇、熊猫篇、温江追梦篇、汶川新生篇、风情篇五部，先后在优酷、土豆、56网、新浪视频、搜狐视频、腾讯视频、中央网络电视台等国内多家主流视频网站上线，反响强烈，也吸引了Facebook、Twitter、Youtube等国外知名网站关注。截至目前，在各大网站点击率已超过千万。以四川旅游为背景，抓住舆论热点，受众关注话题，以“爱”贯穿，分别讲述四个独立成篇的小故事，通过生动有趣、诙谐幽默、温馨感动的故事情节以电影语言展示出四川的好吃好玩、风土人情和自然风光。一经推出，就引起人们一睹为快的欲望。

首先推出的“美食篇”讲述了成都这座美食城市的三段爱情故事。通过3对海内外情侣“浪漫有趣的爱情”，将爱情与四川美食、川剧变脸等文化以及锦里、宽窄巷子等人文景观进行巧妙结合，展现了一个好玩的四川，好吃的成都。

在第二部推出的“熊猫篇”，选定憨态可掬的大熊猫为主角。并通过另类的视角，讲述了一只生活在大都市的“大熊猫”川川，寻找幸福的故事。在寻找幸福的旅途中，川川在成都春熙路、宽窄巷子、成都大熊猫基地、新津、雅安上里古镇、碧峰峡景区等地遭遇各种奇妙、有趣的故事，最终找到“幸福在哪里”的答案，抵达幸福的终点。

第三部以时下最流行的“穿越”讲述了一个关于“鱼凫”的传说故事。以“追梦”为主题，在3个不同时期不同朝代的背景下，一对恋人“穿越”而发生的浪漫爱情轻松喜剧展示了四川成都温江的古蜀鱼凫文化、马术文化、人文风土人情和旅游魅力风情。

5月，汶川地震四周年前夕，重磅推出第四部——汶川新生篇，通过汶川、北川两地5位身份各异的主人公在震后四年生活、情感以及周围环境发生的变化，真实反映汶川震区在灾后重建中发生的翻天覆地的改变。

10月推出的“风情篇”中，将“旅游微电影”回到“旅游”二字上，拍摄地点选取了佛教名山“峨眉山”、世界最大佛“乐山大佛”、翠甲天下“蜀南竹海”、万里长江第一镇“李庄”等风景名胜景区，以一对到四川旅游的小情侣为主人公，以诙谐幽默的手法讲述了两人在四川分而复合的故事。通过轻松的剧情向使大家看到一个旅游大省独特的美丽景色。

2. 推广手段

组合营销，持续扩大营销效果。

在《爱，在四川》系列微电影的营销活动中，四川省旅游局选择了组合营销的方式，通过不同的传播载体，利用和发挥各类媒体不同的特点和优势，将网络、广播、影视、报刊等不同形式的媒体进行组合，不断制造亮点，展开持续递进的宣传，使整个事件的营销效果不断扩大，持续发热。

首先，综合评估各大视频网站市场营销力，经过分析选择优酷网、爱奇艺网两家重点视频网站进行主推，利用强势平台有针对性地着重推广。

然后，联动报纸、杂志、广播、电视、网络等媒体在《爱，在四川》系列微电影前期拍摄、影片上映发布等时间节点，进行新闻报道、专题宣传等对微电影进行宣传造势。

同时，利用新媒体优势在微博开展有奖转发互动活动，通过奖品刺激网友进行有效转发，达到一传十，十传百的口碑效应，扩大传播面，让更多网友看到该片。使微电影的点击率在短时间内形成爆发式增长的效果。

为使宣传效果更加持续，更进一步加深四川旅游营销效果，四川省旅游局在奖品选择上也结合整合营销的观念进行了策划：

（1）普通奖，四川旅游图书、四川旅游景区门票、影片大熊猫原型公仔等。在四川旅游图书中更加全面地介绍了四川旅游资源，提供四川旅游食、住、行、游、购、娱等旅游各方面的实用信息；在“熊猫篇”推出后，根据影片原型专门设计了熊猫公仔作为有奖转发奖品，受到网友喜爱，而在公仔的设计中，四川也融入了四川旅游 LOGO、四川旅游信息网手机 WAP 网站二维码，网友在得到熊猫公仔礼物后可以登录四川旅游手机 WAP 网站了解到更多最新的四川旅游信息。

（2）特别大奖，四川双飞免费游，策划精品线路，邀请幸运网友免费到四川旅游，鼓励网友将旅途见闻、感受通过微博进行展示，四川省旅游局官方微博进行转发，通过网友的真实感受对四川旅游资源进行再次宣传。

（三）项目成效

自《爱，在四川》系列旅游微电影上映以来，受到了各大媒体的广泛关注和一致好评。在 2013 年 1 月举行的第二届中国旅游产业发展年会上，获评“2012 中国旅游宣传片 TOP10”榜首；入围中国电影协会等十五家专业机构 2012 年度微电影评选前十名。

凭借着微电影惊人的网络点击率，结合不同媒体组合营销，叠加式进行宣传，四川旅游品牌形象的推广效果被无限放大。在微电影营销这种创新性营销模式的作用下，也为四川旅游经济发展带来了更大的效应。

亚太旅游协会、国家旅游局、四川省政府新闻办、成都市政府新闻办、平安北京以及重庆、山东等各省市旅游局、旅游企业、媒体等官方微博，戴斌、吴必虎等旅游专家，电影工厂、幸福成都等草根名微博纷纷关注通过微博转发四川旅游微电影。亚太旅游协在其官方微博中评价：“2012 微电影在全球大行其道。四川省用‘有心栽花’的微电影这一时尚的艺术形式，宣传营销四川旅游。”北京大学教授吴必虎在其 # 老虎说旅游 # 微博中点评：“基于微电影的目的地营销，将会成为多媒体方式中的新秀。”

四川旅游微电影取得的“大影响”不仅仅局限于网络上。首都机场 T1、T2、T3 航站楼内滚动播出四川旅游微电影片花；四川航空主动将微电影的“美食篇”下载在客机中播放；国航、成都电视台移动公交频道还主动打听微电影其他续篇的情况；CCTV 发现之旅、厦门卫视、青海卫视、内蒙古卫视等卫视频道主动提出播放四川旅游系列微电影。

四川旅游微电影引发的强烈效应受到了各大媒体的广泛关注，中国旅游报、四川日报等多次大篇幅对四川旅游微电影营销模式进行专题报道，中新网、凤凰网、中青网、中国网络电视台等媒体也对四川旅游微电影现象开设专题，进行报道。媒体评论：“微电影打开四川旅游营销新局面”，“微电影凸显四川旅游营销新战略”。

案例十九：云南旅游微博发布厅

（一）背景介绍

云南省旅游局于 2011 年 4 月开通新浪微博，向游客提供食、住、行、游、购、娱等方面的一手信息，不仅是重要的旅游信息发布、旅游营销平台，还成为网友们了解和认识云南旅游、沟通旅游心得和反映旅游问题的重要平台。

云南旅游微博通过了一年多的运营，宣传集群效应初显，特别是在“旅游黄金周”和各旅游节庆期间，综合运用“微活动”、“微访谈”、“微直播”等微博工具，取得了良好的网络宣传效果。在开博一年之际，云南省旅游局决定将云南省旅游系统及相关行业产业官方微博“齐聚一堂”，开通云南旅游微博发布厅。这是全国第一个厅级旅游单位开立微博发布厅，云南旅游微博发布厅由云南省旅游信息中心负责日常管理和更新。

（二）主要内容

由云南省旅游局和新浪网云南频道联合打造的云南旅游微博发布厅于 2012 年 5 月 9 日正式上线。云南省旅游局携旗下各州（市）旅游局、景区、特色客栈、星级酒店、云南美食娱乐购物企业、旅游服务、出行交通、旅游媒体机构、业界名人等微博集体入驻，旨在打造云南省旅游微博群，提供“一站式”便民服务平台。

云南旅游微博发布厅运行以来，系统状态良好，也积累了不少工作经验，进一步提升了云南旅游的知名度，加强了与国内外游客的互动，提升了“七彩云南　旅游天堂”的旅游品牌形象。根据 2012 年 7 月 13 日新浪微博联合中国权威网络舆情研究机构——人民网舆情监测室发布的《2012 上半年新浪政务微博报告》显示，云南旅游微博发布厅位列云南省十大政务机构微博第八名。此外，在近期云南旅游业较有影响的几次游客投诉事件的发现和处理中，云南旅游微博发布厅也起到了重要作用。

（三）项目成效

随着微博在城市营销、旅游营销道路上的探索，逐步建立起一套日趋成熟的服务体系，整合旅游需求与微博资源，达到更全面、更立体的传播诉求。在微博的整合网络营

附录图 2–79　通过云南旅游微博发布厅集合云南省各类旅游微博

附录图 2-80　通过微博发布厅发布区域旅游消息

销平台上，有效地传达了云南旅游这一年来的新变化，提升了云南旅游的品牌知名度。

云南旅游微博发布厅是旅游微博发展中的一次积极的尝试，有利于云南旅游的整体营销。从微博运营角度看，该发布厅在技术上实现了地区旅游微博的集群化、信息发布的集合化。今后还可以在矩阵资源整合、建设多层次微博信息节点等微博营销环节上进行更加深入大胆的尝试，未来云南旅游微博将继续在微博营销上进行探索，继续扩大云南旅游的影响力。

案例二十：浙江旅游智慧门户

（一）背景介绍

当前，移动互联网正逐渐渗透到人们工作、生活的各个领域，短信、铃图下载、移动音乐、手机游戏、视频应用、手机支付、位置服务等丰富多彩的移动互联网应用迅猛发展，移动互联推动了社会智慧化发展，正在深刻改变信息时代的社会生活。

3G 技术使得网页信息服务成功走出“桌面”，随着各种智能手机、平板电脑的普及，人们上网的设备和阅读习惯发生了巨大的变化，信息获取方式已不仅仅是门户网站、论坛等渠道，更多的是基于移动客户端的应用服务。

与此同时，旅游博客进入了爆发式发展阶段，微博成为网络问政的重要平台和渠道，在社会管理创新、政府信息公开、新闻舆论引导、倾听民众呼声、树立政府形象等方面起到了积极的作用。

在此新形势下，旅游门户网站作为旅游管理部门与公众互动交流的重要窗口也面临着一系列的创新改革，亟待运用先进技术平台，适应互联网新技术、新应用的快速发展，加速旅游服务的智能化发展，推进高效、透明服务型政府建设，旅游微门户应运而生。

（二）主要内容

浙江旅游智慧门户是在移动互联网上，运用云计算、云存储技术，聚合全国旅游最新的政务动态和重要新闻，整合浙江省旅游局官方微博，体现互动和社区化服务的创新型 APP 应用。它通过场景式浏览，打造出智慧旅游感知平台，展现全省的风景名胜、民风特色，推动旅游行业发展。同时集成了大量的旅游应用，打造随身的旅游服务手册，随时为旅游者进行各种贴心的旅游服务，享受指尖上的智慧体验，开了移动互联时代智慧旅游服务的先河。

浙江旅游智慧门户在 2012 年 6 月 27 日正式上线，不同于传统的 APP 应用，而是以导览系统为主的信息整合门户，成为浙江智慧旅游全能客户端。“浙江旅游智慧门户”

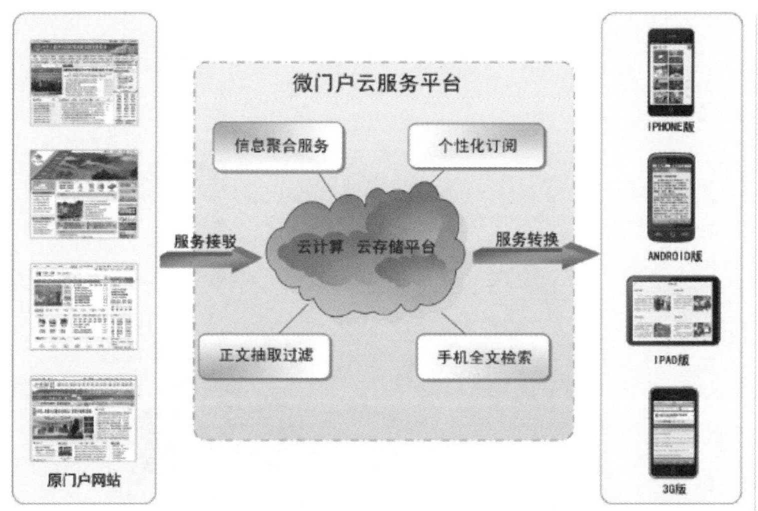

附录图 2–81　浙江旅游智慧门户总体架构

附录图 2–82　浙江智慧旅游手机门户首页

整合了海量资讯，可以满足各类人群的个性化阅读需求，可以自由选取感兴趣的内容，打造出只属于自己的个性化浙江旅游智慧微门户。同时加载了各地的旅游图片、音频、视频信息，提供场景式旅游导览，公众通过浙江旅游智慧微门户，可以身临其境地浏览到各地的旅游风光，具有极佳的旅游体验效果。

附录图 2-83　整合旅游微博资源

附录图 2-84　景点导览

（三）项目成效

1. 浙江旅游微门户是旅游网站的应用创新，是智慧旅游的体现。

浙江旅游网站微门户是智慧旅游建设必不可少的一部分，是智慧旅游的亮点。浙江旅游网站微门户的内容来自浙江旅游相关网站群，并按移动互联网的特点进行展现和整合，更容易被移动互联网用户使用。

2. 浙江旅游网站微门户是随时、随身的个性化旅游服务手册。

浙江旅游网站微门户用移动终端的客户端方式体现，在内容和设计上充分考虑移动应用展现面积有限的特点，将个性化定制技术有机地融合到微门户中，把浙江旅游网站上最重要、最主要、与旅游者关系最密切的信息及时推送给公众，成为旅游者的随身携带的服务手册。

3. 浙江旅游网站微门户是政府舆论传播和民众互动的重地之一。

浙江旅游网站微门户嵌入浙江旅游微博互动功能，使得管理部门可以通过微博和旅游者进行互动交流。浙江旅游微门户可以直接把信息推送微博，让旅游者第一时间了解到最新的旅游政务信息和最需要了解的旅游资讯，起到较好的旅游宣传作用。

4. 浙江旅游网站微门户建立可以迅速扩大对目的地品牌的宣传。

浙江省建立浙江旅游网站微门户后，旅游者可以通过软件共享市场，如 Apple 的苹果商店和 Google 安卓市场免费下载浙江旅游网站微门户软件，有利于以目的地名称命名的官方移动应用在更广的领域里被传播、宣传和推广。

5. 浙江旅游网站微门户让旅游网站的使用在空间和时间上得到延伸。

旅游者对浙江旅游网站网站的访问不再只局限在电脑面前，在坐公交、坐地铁、出差时，利用闲散的零碎时间，实现旅游信息的高效传递。

浙江旅游启动了“浙江旅游智慧门户”昭示着浙江各地旅游步入“智慧时代”，通过浙江旅游手机门户能够及时发布浙江省旅游局的最新信息，内容包含旅游信息、官方微博、旅游媒体精选、内部旅游刊物、主流报刊等，支持微博推送分享、个性化订阅、全文检索功能，为旅游者提供更快捷的服务。该门户的建设为全国各地无线旅游建设提供了一个可参考的模式。

案例二十一：海峡旅游网上超市

（一）背景介绍

“智能旅游”是福建省旅游局 2010 年在全国率先创造性提出的新兴概念和福建旅游“十二五”期间的重要工程，“智能旅游”的兴起与发展，将同我们今后的出行、旅游息息相关。福建省旅游局在“十二五”期间重点打造了海峡“智能旅游”先导工程——“三个一”工程，即一网（海峡旅游网上超市）、一卡（海峡旅游卡）、一线（海峡旅游呼叫中心）。

旅游企业电子商务化总体比较薄弱。据统计，旅游企业网上能销售的不到 5%，主要原因是企业自建电子商务成本高、维护人才少，各旅游企业间的标准不统一，各家的兼容性差，不利于统一推广。

先行网（海峡旅游网上超市）作为“三个一”的先导项目，目标是建设成福建省旅

附录图 2–85　海峡旅游网上超市首页

游统一直销门户及同业分销平台，并在 2013 年逐步推进海峡旅游一体化平台的建设进程，力争实现全省旅游电子商务化。

（二）主要内容

1. 主要目标

海峡旅游网上超市由一个网站、一个平台和一个网络三个模块组成，本项目是作为福建省智能旅游建设的基础性工程。

（1）一个直销网站：整合全省旅游产品资源，构建食、住、行、游、娱、购一站式旅游直销网站（www.16u.com）。

（2）一个分销平台：搭建全省统一、共享的网上分销、结算大平台。

（3）一个终端网络：全省辅设旅游票付通终端，实现线上线下实时的订单传递、电子凭证验证、支付结算、信息交互大网络。

2. 服务对象

游客：提升游客整体的旅游体验与服务。

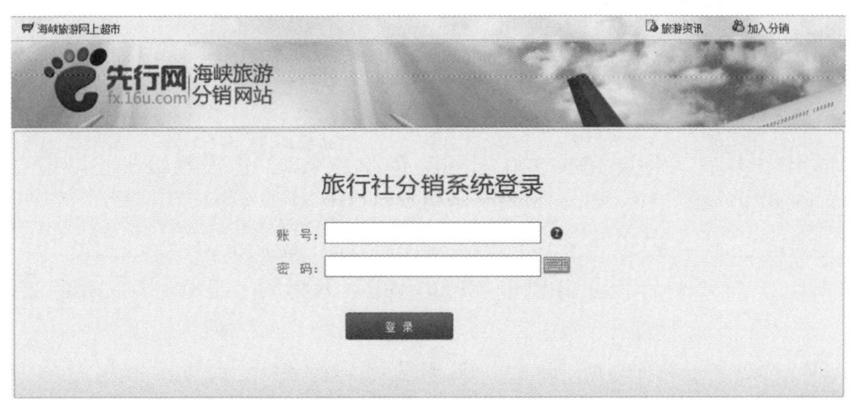

附录图 2–86　海峡旅游网上超市分销系统

旅游企业：一是实现旅游企业间互为分销；二是整合打包各旅游企业产品，形成优势资源统一对外分销；三是广告及产品实时推送。

旅行社：拓宽旅行社的采购渠道，提升采购及结算效率。

第三方电子商务平台：共享通道、减少开支、提高效率。

3. 业务模式

（1）整合资源，实现全省旅游行业一个共享的统一的平台。

- 企业无网站、无电子商务的，海峡旅游网上超市免费提供企业网站和电子商务平台。
- 企业有网站、无电子商务的，海峡旅游网上超市免费提供电子商务平台。
- 企业有网站、有电子商务的，海峡旅游网上超市共享分销渠道和落地验证通道。

（2）修好通道，加大福建旅游的推广力度。

- 将海峡旅游网上超市平台与全国、全世界的各大销售平台对接，将海峡旅游网上超市的产品直接推送到各大销售平台，让福建旅游产品在各平台能有更多交易。
- 通过各种线上线下活动和资源整合，加大海峡旅游网上超市自身的知名度和回客率。

4. 系统特点

（1）"零"费用搭建：福建地区像武夷山、泰宁这样的旅游企业建设一个电子商务系统还需要 30 万 ~400 万元不等的投资，而使用海峡旅游网上超市平台，可使企业零投入实现电子商务，并实现企业面向公众直销和同业的分销。

（2）全网分销：全省旅游行业有一个统一的分销平台，更容易实现在全国乃至全世界数万家营销网站（网点）的推送和销售，方便公众和同业更便捷地查找福建旅游的各种信息。

（3）统一电子凭证：电子订单全部采用了统一发码平台，统一二维码凭证验证机制。

（4）多种支付兼容：通过统一票付通终端网络铺设，为更多的支付手段提供统一验证，利于电信运营商（翼支付）、银行金融等机构推广旅游服务，形成合力。避免了一个旅游点同时铺设十来台各类终端设备。

（5）行业监管：能够为旅游诚信服务提供支撑，如导游或行程单的签到和管理。

5. 项目进展

（1）2012 年已经完成 100 家旅游企业商务平台搭建及 200 套旅游服务终端设备的辅设；

（2）2013 年 5 月底，预计完成 500 家旅游企业及 1000 套旅游服务终端设备的铺设。

（三）主要成效

由福建省旅游局统一建设全省旅游商务平台，减少旅游企业重复性投资建设，节约资源。以旅游电子商务平台企业自建平均投入 30 万元计算，1000 家旅游企业，共计节约 3 亿元。

全省旅游企业特别是中小旅游企业能快速转入旅游电子商务行列。从 2011 年的 10% 以下的触网率提升至 50%，在全国排名领先。从而提升了福建省旅游行业整体的旅游智能化水平。

通过海峡网上超市的建设，建立起全省统一的旅游资源分销平台，后台对接携程、同程、驴妈妈、12580 等上千家旅游平台，为旅游企业提供更多的销售渠道，带来更多的客流。

海峡旅游网上超市还提升了游客在福建旅游各环节的整体服务体验，实现了 12301 服务热线，网上超市优惠购买，二维码电子验证，游后通过手机端进行服务评价。

海峡旅游网上超市是福建省电子商务一体化工程，也是该省智能旅游先导工程之一。海峡旅游网上超市由一个网站（先行网）、一个平台（全省旅游分销平台）和一个网络（全省旅游智能化网络）构成，具有线上电子交易系统、线下支付验证终端系统、互联互通的分销系统三大功能。

海峡旅游网上超市由福建省旅游局主办、福建省旅游信息中心与相关企业合作建设。该模式体现了“政府引导、社会参与、市场运作、共同建设”的旅游信息化发展方向，有利于建成一个“专业服务、诚信经营”的电子商务统一平台，同时为地方旅游企业找到一条可行的道路，从而快速实现发展模式转型升级，迅速适应旅游网络新经济。

旅游企业信息化案例

案例二十二：环丹江口智慧旅游示范区

（一）背景介绍

区域可持续发展，是国家《十二五规划》中谋求的三大转型之一。区域协作是以国家主体功能区为引领的区域协作战略，其基本诉求是资源的有效统筹和谋求区域发展模式的差异化。依托于资源禀赋结构不同、发展功能各异的空间，摆脱区域间同质竞争的局面。因地制宜、探索可持续发展的多种路径，是国家主体功能区的必由之路。区域之间实现分工互补、要素协同，是国家主体功能区体系的推出所希望达到的理想区域竞合格局。

环丹江口智慧旅游区战略构想由武当山特区政府与太极湖集团共同打造。2003 年以来，武当山旅游经济特区在中共湖北省委、省政府和十堰市委、市政府的关心重视和支持下，以 2003 年省委、省政府“6.17 武当山现场办公会议”精神为指导，抢抓国家南水北调中线工程和“鄂西生态文化旅游圈”战略的机遇，乘势而上，以武当山为龙头，以太极湖为引擎，推进鄂西生态文化旅游圈战略部署实施，建立太极湖生态文化旅游区。

附录图 2-87　环丹江口的美丽风景

环丹江口智慧旅游区位于世界文化遗产、中国国家重点风景名胜区、道教文化圣地武当山下，总规划面积 60 平方公里，分为太极湖新区和太极湖旅游区两大板块。环丹江口智慧旅游区由武当山特区政府与太极湖集团共同打造，致力于发展为国际一流的旅游目的地。

环丹江口智慧旅游区的太极湖新区由管理服务组团、商业娱乐组团和生活居住组团组成，重点建设旅游发展中心、武当国术馆、武当艺术馆、太极剧场、超市、太极湖学校、太极湖医院和高尚居住区等一系列项目。环丹江口智慧旅游区的太极湖旅游区由水

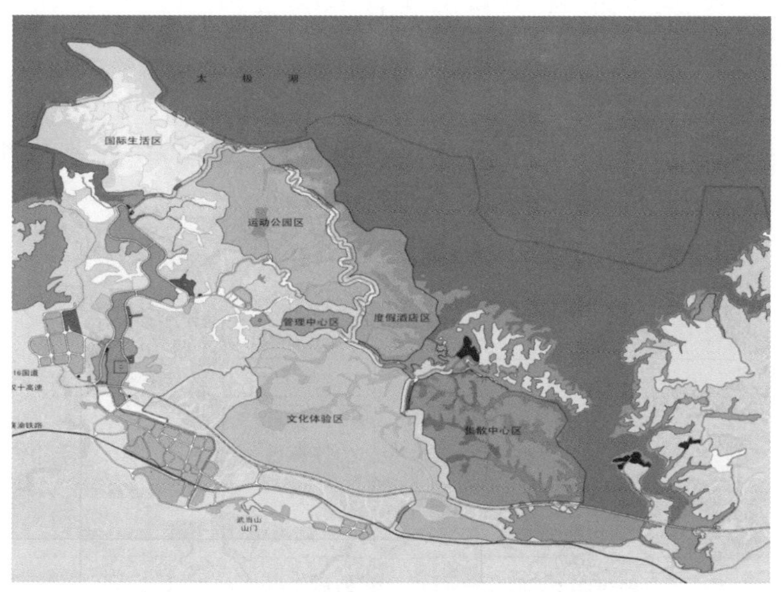

附录图 2-88　环丹江口智慧旅游区的规划建设

上游乐组团、旅游配套组团、休闲养生组团、休闲度假组团、山地运动组团、户外休闲组团组成，重点建设蓝湾、太极小镇、武当功夫城、太极养生谷、山地运动公园以及武当国际会议中心、超五星级文化主题酒店、老子学院、武当山旅游码头、游艇俱乐部等一系列生态文化旅游项目。

环丹江口智慧旅游区的规划建设，是武当山特区积极抢抓南水北调中线工程建设机遇，以生态优先、保护第一的科学理念，以政府主导、市场运作、和谐发展的先进运作模式，精心规划和建设的又一项重大工程。环丹江口智慧旅游区建成以后，将大幅度地提高大武当的旅游接待能力，极大地丰富和完善武当山的旅游产业链，有效地推动鄂西地区乃至全省的生态文化旅游产业升级和结构优化。武当山太极湖“以国际一流的水准精心规划，组织一流的团队精心施工，加快太极湖生态旅游文化区的建设，以武当山旅游为发展龙头，以太极湖为发展引擎，整合山水、文化、旅游资源，延伸旅游产业链，形成旅游景观集群，打造集观光、休闲、文化、养生于一体的国际一流旅游目的地，把武当山、太极湖建设成湖北旅游和经济社会文化发展的示范基地。

（二）主要内容

环丹江口智慧旅游区的定位和建设目标对于智慧旅游区域的需求主要分四部分：智慧景区、智慧企业、智慧民生、区域云服务中心。

1. 智慧景区

在旅游区内每个景区实现传输系统、保安监控系统、智能卡自动检票及售票系统、停车场管理系统、触摸屏查询系统、电子显示屏系统、公共音响广播系统、计算机网络系统、旅游电子商务网站等系统。同时在有条件的景区安装：远距离车辆识别系统、电子巡更系统、GPS 车辆、游船调度系统、数字化旅游信息服务系统、视频会议系统、气象要素自动监测系统、森林病虫害监测站、生态环境监测站等。

2. 智慧企业

为太极湖控股集团、太极湖文旅集团、太极湖置业集团、太极湖城开集团等区域内不业态的企业集团建立财务集中管控系统、多业态供应链及业务系统，建立统一官网，实现对外网络品牌营销统一运营，建立健全目的地系统，电子商务系统。打造企业由内而外的全方位智慧化管理。

以商业智能分析系统 BI 为平台，实时、准确展示企业运营的各项数据，并提供智慧化分析模型，给予旅游区内企业管理带来增值服务。

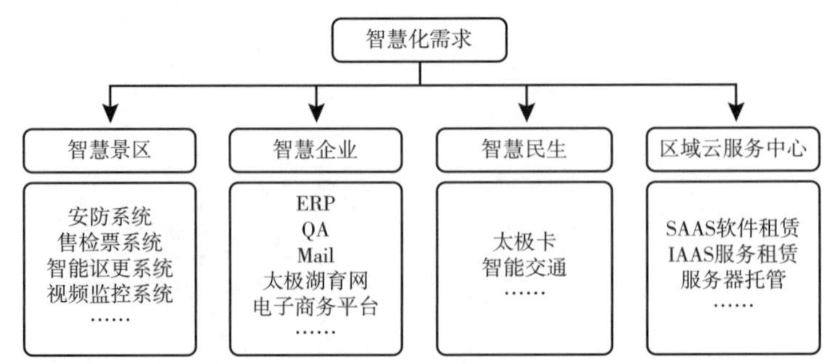

附录图 2-89　环丹江口智慧旅游区智慧化需求

3. 智慧民生

结合太极湖生态文化旅游区为大山大水的地理环境，建设智能交通、区域一卡通系统。智能交通系统涵盖区域内所有旅游大巴、公交系统、出租车等。开发建设区域一卡通，将区域内食、住、行、游、乐、购所有产业链消费打通。

4. 云服务中心

建立环丹江口云服务中心，为区域内政府、企业及景区提供：

- 软件即服务（SAAS）
- 数据库即服务（DAAS）
- 基础设施即服务（IAAS）

（三）项目成效

区域发展由其经济价值决定，而区域的经济价值是被城市的社会价值、生态价值、文化价值综合决定。单独追求以产业规模为核心的经济价值，带来多维价值的丧失，最终影响经济价值可持续发展。区域经济协调发展，突出的重点就是可持续性。

环丹江口智慧旅游区给太极湖生态文化旅游区的建设发展，给环丹江口区域协调发展插上了智慧的双翼，通过智慧民生、智慧景区、智慧企业各子系统的建设运营对区域内的生态、文化、社会民生都带来了长远的利益。使之能够从自然环境生态保护、社会民生和谐发展、历史文化传承有序、经济建设科学规范四个方面综合高效的发展。区域综合价值得到了极大的整合、提升与发展。

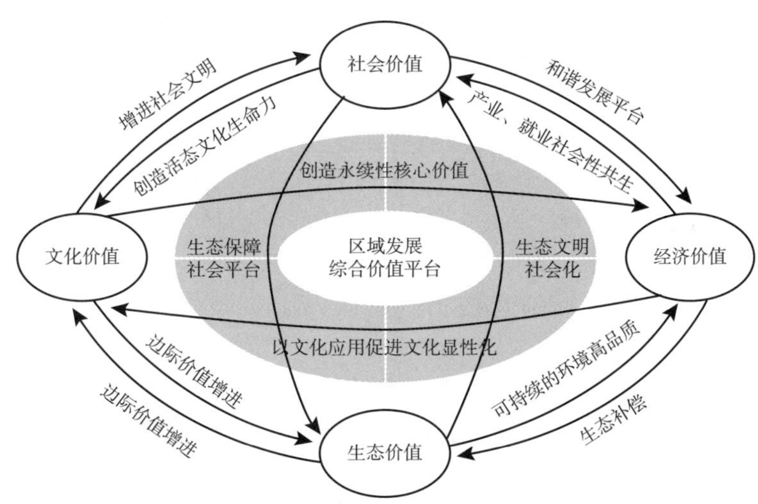

附录图 2–90　系统应用价值

传统的智慧城市是以单一城市为载体进行规划与建设，注重的是政府公共管理。而智慧区域是结合国家“十二五”规划，以区域协调发展为载体进行规划与建设，更注重“综合、协调”等可持续发展。

两者的相同点都在于采用最新的 IT 技术，比如云计算、物联网、下一代通信技术、人工智能、互联网等。不同点在于智慧区域更注重文化、生态、民生等区域综合、可持续发展内容。对于国内旅游经济和产业的战略区域规划、省级区域规划发展都有一定的借鉴意义。

案例二十三：青城山—都江堰智慧景区

（一）背景介绍

青城山—都江堰景区紧紧围绕灾后提升式发展的目标，大力推进信息化建设，发展现代旅游服务业，建设数字化景区，打造国际化网络营销电子商务平台。走传统旅游产业与现代信息科技结合的道路，以信息化为突破口，加快都江堰市“国际旅游城市”和“世界现代田园城市示范区”的建设步伐。

附录图 2-91　青城山的巍峨风光

（二）主要内容

青城山—都江堰数字化景区（以下简称青都数字景区）的建设目标是：在整合已有数字化景区系统的基础上，以数据中心和指挥调度中心建设为核心，以各业务应用系统建设为纽带，整合景区资源，实现信息共享，创新管理模式，变分散管理为协同联动、变多级管理为扁平化管理、变粗放管理为精细管理，实现“资源保护数字化、经营管理智能化、产业整合网络化”，以信息带管理、以信息促保护、以信息增效益，全面促进景区环境、社会、经济的可持续发展。

1. 建设目标

按上述总体目标，主要围绕以下 5 个方面进行建设：

（1）建立统一数据中心，是青都数字景区中枢，依托数据中心实现景区 IT 资源的集中、安全、统一管理。

（2）建立智能指挥中心，实现对景区现场的实时控制、应急指挥调度，实现指挥、管理、服务高度统一。

（3）建立景区的基础数据管理体系，实现对景区核心资源的精细化管理，通过标准化数据体系完善景区的资源保护。

（4）建立规范化、精细化的经营管理与资源保护体系，实现管理局内部各组织、团队、员工的办公自动化，增强业务工作的规范化。

（5）建立现代化的旅游服务体系，通过透明、先进、优质的旅游服务平台的打造，促进青都景区区域旅游新模式的建立。

利用灾后重建的契机，通过景区数字化平台建设，建成全面贯穿景区管理、服务与资源保护的高度集成、智能化的信息化服务体系，进而实现创一流景区的发展目标。

青都数字景区由信息化基础设施、资源保护及景区管理、旅游服务和基础数据采集四部分组成，形成了两大中心（数据中心、指挥中心）、三大平台（指挥决策平台、协同办公平台、电子商务平台）、24 个子系统，从 IT 基础架构、数据中心建立、业务应用集成到统一门户展示，构成了一个数据高度共享、业务全面覆盖、管理与服务融合的信息化体系。

2. 系统特点

青城山—都江堰数字景区将信息技术应用到景区管理，实现了从监测、预警、分析、决策、指挥、评估和善后处理的全过程流程化管理，建立起统一指挥、功能齐全、先进可靠、反应灵敏、便捷高效的管理和指挥平台，实现景区管理、指挥决策、便民服务三位一体、平战结合的综合数字化体系。

3. 组成系统介绍

（1）数字智能化指挥中心

指挥中心分三个区域：指挥调度中心的会商区，会商室是供景区领导层会商和决策的中心，对突发应急事件进行会商、决策，指令迅速传达到一线；指挥调度席位区，对会商和决策的结果及时地进行现场指挥和调度。我们在指挥大厅设了 10 个席位，有两个指挥调度席位，一个视频监控席位，一个森林防火席位，一个智能交通席位，一个设备管理席位，一个接处警席位，一个应急广播席位，一个大屏控制席位和一个记录席位；指挥显示大屏，主要用于展示景区的实时态势，主要包括：一是景区各景点和重要部位的实时图像，二是指挥控制平台，在这个平台上集中展示了各景区游客流量、车流量和管理人员位置信息以及各类报警信息，指挥控制平台根据景区的态势和报警信息自动触发景区各种应急预案，进行及时的可视化指挥调度和事件处置。

附录图 2–92　青城山—都江堰景区数据处理和智能指挥中心

（2）报警调度

在数字化青城山—都江堰景区中多种报警方式，报警信息在我们的指挥中心以直观、醒目的方式展现，通过指挥平台和协同办公平台及时的处理。一是游客的电话报警、求助，从呼叫中心自动转接指挥控制中心；二是游客通过设在景区中的应急求助系统进行报警；三是逃票通道报警；四是森林防火、古建筑防火报警；五是设备故障报警。

接警员在对传入的报警信息做初步甄选后，将报警信息传给综合指挥区的指挥员，指挥员根据应急预案进行处置。

整个指挥调度中心集中了景区的所有信息，包括游客、景点、重点路段、各类保护区域、重点防火部位、道路、交通、停车场、观光车、管理人员和执法车辆等，结合各类事件报警，为景区的综合管理和应急处置打下了坚实的基础。

（3）光纤网络集成

青城山—都江堰光纤网络集成作为数字化青城山 - 都江堰数据及通信网络的承载平台，将承载数字化青城山语音、视频及数据业务，是一个三网合一的融合网络，可以承载数字化青城山—都江堰的视频监控、语音及数据网络平台，作为数据网络平台，将承载办公自动化、数字化风景区门户、旅游管理、游人导航、门禁系统、宾馆酒店动态管理、GPS 车辆调度系统、地理信息系统 GIS、风景区电子商务、互联网访问等数据业务。

（4）中心机房建设

根据机房建设的使用特点和平面关系，通过对机房建设工程内各系统之间的内在联系深入了解，以最优化的设计，提供一个既投资合理又具有“办公机能，管理机能、安全防范机能、指挥决策机能”于一体的高效、安全、便利、舒适的工作环境。

（5）青城山景区 DEM（GIS）地理信息系统

采用充分利用数字地面高程模型（DEM: Digital Elevation Model）数据、遥感影像信息（RS）、景区的空间矢量数据、属性数据以及多媒体信息；采用现代先进的三维 GIS 技术与虚拟现实技术，从而建立智能化的三维全景超媒体展示及信息管理系统。

（6）数字监控系统

该系统在 2005 年已经建成，建立覆盖全景区的数字监控系统，设立总控中心和分控中心，对全景区主要进出要道、游客集散地、交通险要路段、生态保护监测点等实施全天候、全方位 24 小时监控和人员流动情况记录，达到加强现场监督和安全管理、提高管理服务质量的目的。为旅游管理和安全工作提供有力保障，使景区的管理更加规范化、科学化、智能化、信息化。

（7）电子门票系统

以景区光纤网络为基础，在景区各入口建设自动电子门票系统。并通过网络将游客进入数据传回中心机房。

（8）LED 户外大屏

在游人中心建设青城山、都江堰 LED 户外大屏，重点景区景观展示系统，用于全实时展示景区重点景观。

（9）旅游咨询系统（触摸屏）

终端通过宽带技术与景区旅游广域网相连，实现与因特网上数据同步更新。用户能够基于 GIS 智能地图平台，了解城市线路和公交线路，景点距离。查询食、住、行、游、娱、购六要素的信息，观看实景漫游系统，获得最翔实的资料，也可以利用该终端发布信息，与其他网友获得交流。

（10）自动语音导游系统

景区添置多功能、多语言的语音导游设备，在游客中心建立语音导游设备租赁站。

（11）背景音乐系统

系统能进行CD、调谐、节目播放器、话筒及可外接音源的广播；在播放背景音乐的时候音源信号输入前置放大器进行信号放大后给背景音乐功放，背景音乐功放把信号给分区器把功率分配到每个区域。

（12）数字化营销体

• 旅游宣传门户

都江堰旅游网将是面向全球宣传都江堰市旅游资源的、表现旅游特色的综合性网站，无论应用能力还是信息发布渠道，都应该体现其实效性、权威性和门户的特点。

• 电子商务系统

通过电子商务应用可以实现客户的个性化旅游需求和运营体系的扁平化运作。电子商务系统将从在线预订为切入点，开展电子商务应用，并通过在线支付的实现，为客户提供快捷、安全、方便的订购服务。以后还可以逐步实现旅游方案设计、导游服务、在线组团、目的地管理等功能，总之电子商务应用是需要逐步深入的开放性系统。

（三）项目成效

青城山—都江堰数字景区建成后，在管理上要充分依托信息化手段构建青城山—都江堰景区的管理模式，使数据中心和指挥中心成为协同、联动景区各管理部门的神经中枢，从服务的角度看，通过数字化青城山—都江堰能够使游客体验更全面、更先进、更人性化的服务，提升景区形象，这也需要在政策、体制和观念上高度统一，持续改进。

青城山—都江堰景区是住房和城乡建设部数字化景区建设试点单位，在满足自身需要的基础上，我们还将不断深化和总结，以实现一流数字化景区为目标，力争为全国数字化景区建设作出应尽的努力。

青城山—都江堰数字景区的许多系统具有一定的先导性和技术创新，运营性项目（游戏、电子商务、全景地图等）对树立青城山、都江堰的旅游形象非常重要，我们将进一步整合资源，通过与电信运营商、媒体、政府部门和社会的全方位合作，深入挖掘系统的应用价值，真正建成国内一流的智能化景区。

案例二十四：旅游垂直搜索——去哪儿网

（一）背景介绍

去哪儿网是中国领先的旅游搜索引擎，目前全球最大的中文在线旅游网站，创立于2005年2月，总部在北京。作为一家创新的技术公司，去哪儿网致力于为中国旅游者提供全面、准确的旅游信息服务，促进中国旅游行业在线化发展、移动化发展。去哪儿网为旅游者提供机票、酒店、度假产品的实时搜索，并提供旅游产品团购以及其他旅游信息服务，为旅游行业合作伙伴提供在线技术、移动技术解决方案。

在艾瑞2013年1月旅行网站月度访问次数统计中，去哪儿网以7474万人次高居榜首，携程次之；日均覆盖数据统计中，去哪儿网以 166 万人蝉联榜首，携程日均覆盖人数为 99 万，位居第二。

去哪儿网目前可搜索覆盖全球范围内超过 235700 家酒店和 69700 条国内、国际机票航线，以及 154100 条度假线路、7300 个旅游景点、8000 万份游记攻略，拥有其他在线旅游网站无法比拟的资源优势。Google Double Click Ad Planner 2010 年 4 月发布的网络统计数据显示，全球最受欢迎的十大旅行网站中，去哪儿网排名第七。

（二）主要内容

去哪儿网提供的产品与服务都属于免费信息，也无须在其网站上注册就可以使用公司产品与服务。去哪儿网提供的产品包括：

1. 机票搜索频道

提供全面的国内和国际机票搜索功能，用户能够随时查询国内外各城市之间所有最新航线价格信息，并获得该机票在赠送保险、接送机等服务方面的参考内容。随着人们生活水平的提高以及航空业近几年的快速发展，越来越多的出行会选择飞机。去哪儿网为了能够快速、准确和真实地将航班的机票价格呈现给客户，与国内数百家互联网运营商签订了协议，并且为客户提供多种选择。如果客户认为当天机票过于昂贵，网站还会以曲线的形式将半个月以内的同程航班机票价格展现给客户，客户不需要重复搜索机票，就可以轻而易举地决定选择哪家公司购买机票。除此之外，运营商也可以参与到竞争中来，发挥自己的价格和渠道优势。

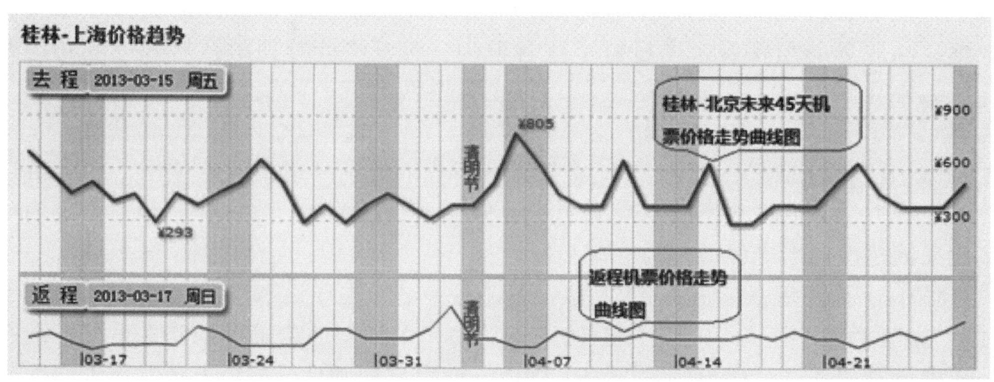

附录图 2–93　去哪儿网机票价格搜索曲线图

针对用户的投诉，去哪儿网最近推出金牌机票服务系统。这个系统包括：100% 的 CATA 认证代理商体系，代理商投诉管理系统，代理商信息查询系统，旅游者评价排序体系。

100% 的 CATA 认证代理商体系，可以保证通过去哪儿网搜索到的代理商 100% 都是经过认证的，是合格，并有经营资质的。其次，利用代理商信息查询功能，可以查询所有机票代理商的详细信息，让用户更加放心地使用去哪儿网的服务，提高机票产品服务的核心竞争力。

2. 酒店搜索频道

去哪儿网的酒店频道目前可实时搜索 210 个网站，22699 个城市，约 235700 家各种星级与档次的酒店、也包括短期公寓、度假村、青年旅舍、客栈等信息，并提供九大类搜索条件（价格，星级，服务设施，品牌，地标，商圈，行政区，酒店特色，酒店名），36 种搜索要素以及 8 种排序方式供用户选择。去哪儿网对各种出游情况进行数据分析，对其影响要素进行综合后给客户提供意见，同时酒店也可以根据消费需求提高自己的服务水平。另外，新推出了团购频道，也推出了全国各地的团购酒店价格，为客户提供了更大的优惠。无论是酒店经营淡季还是旺季，都为客户提供 4~8 折的优惠。去哪儿网拥有全球最大的酒店点评系统，为客户外出提供更便捷、更快速的服务。

除此之外，去哪儿网还创新性地推出了一些优惠、便民的“新玩意”。如附录图 2–2 所示。一些酒店会标出最新的优惠信息，如折扣优惠或者是团购信息。

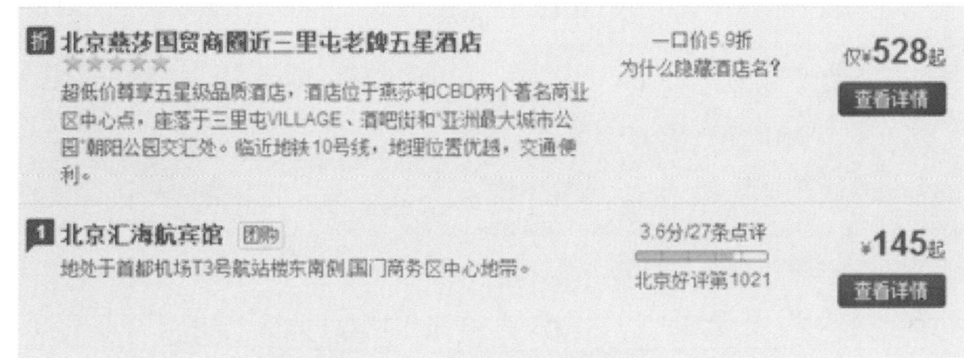

附录图 2–94　去哪儿网酒店新功能示意图

这些“新玩意”，就是去哪儿网推出的一项新功能，是其他旅游网站未曾出现过的酒店优惠信息提示功能。去哪儿网集中了国内近 20 万家酒店信息，但如何使客户更全面、更有效地了解酒店优惠信息，一直以来是这家全球最大的中文旅游网站所努力攻克的一道难题。去哪儿网对各种优惠信息进行了归类，不仅方便了旅游者进行横向价格比较，而且有利于对优惠信息进行充分比较。根据历史数据显示，在美国酒店业，约 60% 的营业额都是通过优惠信息推广所产生的，去哪儿网率先对酒店优惠信息进行整合，开了酒店业双网联动营销的先河，这有助于提升酒店营收水平。

3. 度假搜索

能够快速搜索各类旅行社和在线供应商的旅游度假产品，范围包括海外度假、特价周边游、国内特价机票、国际特价机票、国内特价酒店等。对于尚未确定目的地的客户来说，去哪儿网提供了最好玩城市、线路推荐，并根据节假日情况提供主题游以供客户选择，而对于已确定目的地的客户来说，如何选择价格便宜、服务优质的旅行社成为客户最关心的问题。去哪儿网度假频道根据客户出行的地点提供自由行或跟团游等各种形式，并提供多种玩法，总有一种能打动客户的心，给客户充分的选择。旅行社通过竞争，可以提高服务质量并实现市场资源的有效配置。

此外，度假频道下的签证搜索也是去哪儿网的一大特色服务。一般情况下，任何签证都以各种各样千奇百怪的条款为特征，如果不是特别有经验的人，将会花费大量的时间和精力，就算材料准备齐全，也有可能被无理由拒签，为了避免这些情况，客户会委托第三方来办理，然而市场上一些乱收费的代理机构比比皆是，如何找到一家诚信度高的第三方成为关键问题。去哪儿网与佰程旅游网合作，提供全球签证服务，让用户根据需求搜索各种签证类型及价格信息，并将第三方的签证服务评论充分暴露在阳光下，只要有不良记录，便会影响公司信誉，所以与去哪儿网签订协议的第三方会努力提高业务质量，从而通过客户评论提高竞争力。

4. 火车票搜索频道

2010 年 1 月，去哪儿网推出第四大旅游搜索平台——火车票搜索频道。火车票并不是去哪儿网的主营业务，是作为网站的辅助功能定位的，为了更大限度地方便旅客，去哪儿网首推机票与火车票比较搜索模式。网站在火车票搜索位置前，添加了“搜索匹配”的功能，机票与车票的价格差异在同一平台中一览无余，可以看到有时机票价格要低于火车票价格。此项功能的完善，大大满足了工薪阶层的出行需求。

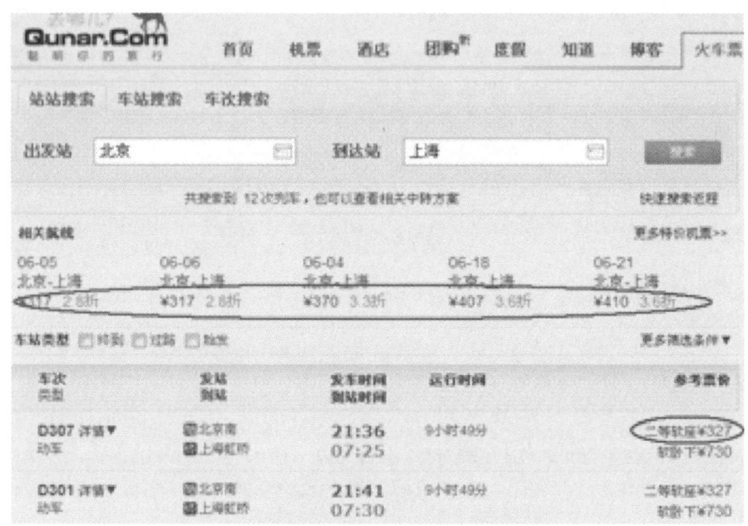

附录图 2–95　去哪儿网火车票搜索界面

5. 团购频道

2011 年 1 月，旅游搜索引擎去哪儿网推出团购频道，这是国内首个以旅游营销为主题的团购平台。去哪儿网团主要提供高品质服务和产品的优质酒店、度假村、酒店式公寓、经济型酒店、青年旅舍、特色客栈等团购项目。团购网自 2012 年 3 月以来发展迅速，但如何从千团大战中脱颖而出，结合自身优势走垂直化线路成为去哪儿网的不二选择。

6. 旅游攻略

去哪儿网旅游攻略主要包括三个功能。

一是“攻略”，也就是搜索、查看网友 UGC 的攻略。去哪儿网攻略 APP 主要定位在自由行用户，区别于目前市场上已有的各类标准化攻略。去哪儿网攻略提供近 8000 万份由去哪儿网网友原创的旅行攻略。多维度的旅行计划和资讯分享使得旅游者有机会更深入、更个性化、更详细地了解旅行目的地。

二是“探索”，即目的地探索，结合精准的 LBS 定位功能与简单易用的旅游地图搜索界面。这款 APP 提供全球热门旅游城市、景点的旅行信息，包括景点、酒店、餐厅、娱乐场所、商场等全方位的资讯。

附录图 2–96　目的地探索中的地图 详情中还有“离开这里的人去了”功能

三是本地攻略，可以查看自己制作和下载的攻略。在 web 端旅游者可以在参考海量的攻略信息后，自己动手设计制作更符合个人需求的行程攻略，制作中可以直接拖曳地图，非常方便。制作好的攻略可以保存在“我的攻略”中。

7. 旅图

去哪儿网旅图基于旅游景点和旅行拍照，是集出行工具与分享于一身的旅行类照片平台，具有记录、展示、分享、发现四大功能，满足用户在旅行中与照片相关的各种需求。与众多 instagram 类应用最大的区别是旅图对旅游本身的专注。

附录图 2–5　旅图手机 APP 界面

（三）项目成效

去哪儿网的垂直搜索和通用搜索的区别：去哪儿网提供非常精准的产品信息，如果在百度、Google 等通用搜索引擎搜索，只能搜出大量机票网站，其中包括大量交易风险。和在线旅游的区别：携程是以佣金为主，以代理费为主，所以携程要想获得高额利润，必须营销对它收益最大的产品，其网站上就不能包括所有产品，那些低价产品或是无法带来营销额的产品信息就搜索不到。而去哪儿网刚好相反，由于它是一个旅游信息平台，所以在去哪儿网上可以搜索到最全、价格最优的产品，可搜索出全球范围内超过 69700 条的航线机票，找出最实惠的价格，这些产品在任何分销渠道都找不到，在携程网也找不到，你只有选择去国航、南航一个一个查。在去哪儿网上有所有的直销产品，这个产品除了在代理人的网站上可以拿到，别的地方上哪儿都拿不到，同样信息的来源只有去哪儿网最全面。

除了信息丰富、交易安全，去哪儿网还提供旅游信息搜索频道，帮助完善游客出行计划，并提供分享平台供游客交流，分享出游心得。

案例二十五：复合旅游电子商务——同程网

（一）背景介绍

同程网创立于 2004 年，总部设在中国苏州，目前员工 1500 余名，注册资金 5000 万元。经过数年在旅游在线市场的成功运作，同程网已成为国内最大的旅游电子商务平台之一，也是目前中国唯一拥有 B2B 旅游企业间平台和 B2C 大众旅游平台的旅游电子商务网站。

附录图 2-98　同程网首页

B2B旅游企业间平台作为中国最大的旅游B2B交易平台，搭建包括旅行社、酒店、景区、交通、票务等在内的旅游企业间的交流交易平台（如厦门星月客栈）。目前注册旅游企业会员14万家，其中VIP会员10000余家，被誉为“永不落幕的旅游交易会”。2008年，同程网进入旅游软行业，目前基于SaaS平台的旅行社、酒店、航空代理软件已拥有客户1400余家，其中同程六合一旅行社管理软件拥有客户1000余家，正在成为国内旅行社信息化的标准软件。

B2C大众旅游平台作为中国领先的在线旅游网站，拥有1000多万注册会员，面向大众提供酒店机票预订、演出门票预订、景区门票折扣与预订、旅游线路比价搜索等全方位旅行及旅游服务，并形成了以旅游点评、旅游问答、旅游询价、旅游博客为特色的旅游社区。2006年、2007年网站被北京大学等机构评为年度中国十大旅游网站，并连续26个月名列中国旅游资讯类网站第一名。

（二）主要内容

同程网：提供一站式旅游预订平台之一，网站拥有海量的旅游产品线，提供国内30000余家及海外100000余家酒店预订，覆盖全国所有航线的机票预订，8000余家景区门票预订，全球热门演出门票预订，200多个城市租车预订，境内外品质旅游度假预订。提供互联网预订、手机无线预订和365×24小时电话预订，网站秉持“有保障的低价”原则，在行业内首创“先行赔付”和“点评返奖金”等特色增值服务，成为目前中国增长速度最快的旅游预订平台。

同程网APP内容非常丰富，开发了多个客户端：

一起游：中国最大的旅游资讯类门户网站，为超过1500万会员提供真实可信的出行指南和旅游资讯。网站形成了以旅游攻略、点评、问答、博客为特色的旅游社区，为旅游者提供全球上千个热门目的地官方旅游攻略。100万篇驴友原创游记攻略，超过500万条以上高质量旅游点评与问答，成为国内旅游者安排旅游行程及分享游后体验的首选网站。

旅交汇：中国最大的旅游B2B交易平台，为包括旅行社、酒店、景区、交通、票务代理等在内的旅游企业提供专业的交易、交流和信息化管理服务，目前拥有注册旅游企业会员14万余家，其中VIP会员10000余家，被誉为“永不落幕的旅游交易会”。

附录图2-99　非常机票手机APP

目前基于 SaaS 平台的旅行社、酒店、航空软件用户遍布全国，市场占有率超过 70%，成为国内旅游信息化的标准软件。

附录图 2-100　全国景点团购手机 APP

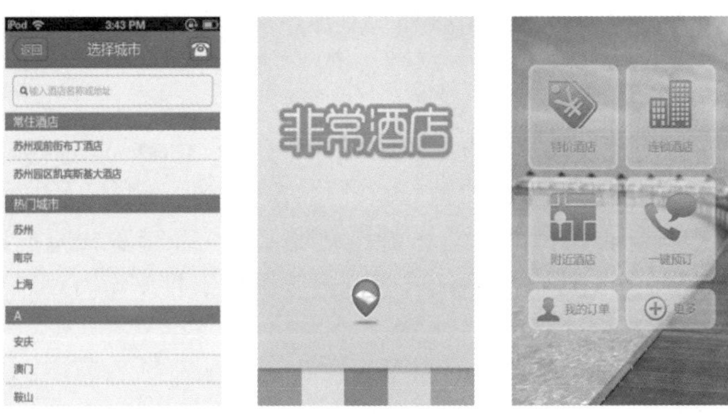

附录图 2-101　非常酒店手机 APP

附录图 2-102　景点掌中宝现在支持 90 个景点

附录图 2-103　一起游的旅游攻略

附录图 2-104　旅交汇首页

案例二十六：八闽智旅卡

（一）背景介绍

近年来，随着旅游业的快速发展，旅游消费和旅游支付需求快速增长。《国务院关于加快发展旅游业的意见》提出："以信息化为主要途径，提高旅游服务效率。积极开展旅游在线服务、网络营销、网络预订和网上支付，充分利用社会资源构建旅游数据中心、呼叫中心，全面提升旅游企业、景区和重点旅游城市的旅游信息化服务水平。”结合福建省旅游局打造“八闽智能旅游”品牌，推进金融旅游的融合发展，开发适合旅游消费需要的金融产品。2012 年 5 月，“八闽智旅卡”正式在福建全省发行。

（二）主要内容

1. 智旅卡分类

“八闽智旅卡”按游客性质划分为三类产品，第一类产品为“城市认同卡”，第二类产品为“省内自驾游卡”，第三类产品为“省外自助游卡”。

附录图 2-105 “八闽智旅卡”的推广网站

（1）“城市认同卡”

为本地人群提供旅游年卡服务，对本地人群经常光顾的公园、景点，采用年卡收费的方式，在便民同时增加地方旅游消费收入，方便本地居民重游当地景点，享受休闲娱乐优惠。

（2）“省内自驾游卡”

结合中联信在交通方面的产品，促进省内居民短途的自驾或自助旅行，为自驾和自助旅行提供旅游路线规划，实现路线上的一切支付功能，一卡通行，大大提高出行率，提升旅游产业的收益。

（3）“省外自助游卡”

省外游客将通过购买“八闽智旅卡”，为游客提供旅游规划、交通住宿、消费支付等实际问题，将“八闽智旅卡”打造成福建省同城化的智能旅游名片。

2. 服务内容

“八闽智旅卡”是兼具电子凭证、小额支付、信息记录、信息查询、资金安全保障等多功能为一体的智能卡，在促进旅游信息化“以服务为中心”的转变发展过程中有着积极的作用。“八闽智旅卡”结合旅游信息化系统，在旅游服务过程中让持卡旅游者得到旅游前、旅游中、旅游后系列化的服务。具体构想如下：

1. 旅游前信息化服务

电子商务是旅游业参与市场竞争的重要手段，旅游电子商务是旅游产业发展的必然趋势。近年来，国家在大力推广旅游电子商务服务，并取得了良好的效益。“八闽智旅卡”通过建立专属网站，并与旅游管理部门信息系统对接，共享数据和信息资源，提供专业的旅游顾问在线服务，为公众和旅游企业提供包括综合信息发布、宣传促销、电子商务公共服务、支付平台、旅游超市和其他通用应用服务。

附录图 2-106　城市认同卡样式

旅游者在出行前，通过“八闽智旅卡”专属网站，查询景点和酒店，并可制订详尽的旅游计划，如某月某日，游览哪个景点、住哪个酒店等。旅游者可以类似网上购物一样，自助选取自己喜欢的游览景点和合适的酒店，确定订单后，进行网上支付完成整个预订过程，预订成功后，可获得网站系统下发的二维码信息。网站系统可根据旅游者制订的旅游计划，及时通知旅游者出行时间、旅游目的地的天气状况、交通情况，以及景区或旅游城市旅游人流预警等信息。

2. 旅游中信息化服务

旅游者出行时，网站系统根据旅游者制订的旅游计划，及时用手机短信通知旅游者预订的旅游计划信息。旅游者到达目的地后，凭手机二维码在景点或酒店取出带有物联网芯片的“智旅卡”，并凭“智旅卡”和相关证件即可办理预订酒店的入住。

在旅游者的游览过程中，旅游者持卡即可进入景点。通过物联网及通信技术等高科技手段，结合景区监控系统、旅游多媒体咨询系统、景观通系统和监督指挥中心等系统，可随时收集到旅游者在景区内的活动信息，及时、全面、准确获取景区旅游资源、生态环境、游客等方面的信息，实现景区可视化管理；对景区内的人员数量、分布情况等信息进行统计分析，并通过显示屏实时预警显示，旅游景区管理者同时做出准确的决策和调控，及时做好景区旅游人群引导，从而更有效地保护旅游资源，为游客提供更优质的服务。

小额金融支付是旅行过程中最常碰到的问题，基于信息化技术的"智旅卡"以电子支付方式在旅游电子商务活动中，对电子支付的需求产生了一定的推动作用。智旅卡可以通过多种途径进行充值，在充值后可用该卡进行购物、出游等方面的小额支付结算。

3. 旅游后信息化服务

旅游者可通过网站发布旅游感受，分享旅游心得体会，对旅游景点、酒店的服务水平进行评价。旅游管理部门通过收集到的旅游者的活动信息，通过数据分析、挖掘等技术，对旅游资源进行分析利用、合理分配，全面提升旅游企业、景区的旅游信息化服务水平。

（三）主要成效

"八闽智旅卡"目前处于发展初期阶段，随着发卡量和应用的不断增加，在未来，可通过整合电子票务、电子金融、电子信息等功能，采用支付结算手段，建立旅游商家诚信评价体系，在推动旅游信息化的发展过程中起到一定作用。

1. 电子票务功能

"八闽智旅卡"可作为景点的通用门票，旅游者仅需有一张"八闽智旅卡"，通过网上或手机自助选购景点的方式，将需要游览的景点统一打包在这张卡上，旅游者持卡即可在景点刷卡进入。这样，可以大大减少购票、验票手续，特别是在旅游人流高峰期，提高进入景区的效率。

2. 电子金融功能

"八闽智旅卡"本身具备储值和小额支付功能，通过该卡可以实现旅游者在旅游过程中的小额支付，从而减少旅游者携带大量现金的不安全性。目前，"八闽智旅卡"已在福建全省拓展商户 1500 多家，可刷卡网点 7000 多个，可大大满足旅游者"食、住、行、游、购、娱"方面的需求。游客凭"八闽智旅卡"游省内景区，不仅门票可以打折，在旅游活动中都可以使用"智旅卡"进行支付，在指定的酒店、餐饮店、超市等消费时还可以享受折扣，提高旅游者忠诚度。

3. 电子信息功能

通过"八闽智旅卡"里的芯片，结合物联网、通信等现代化技术，可以收集持卡人的旅游线路信息，旅游管理部门可通过大量的数据分析，研究旅客的旅游行为习惯，从单纯的信息管理走向以服务为本的协同一体化服务，做"四上（手上、桌上、车上、路上）"全程服务，更好地为旅游者提供优质的服务。

4. 促进旅游商家诚信体系建立

通过游客在商家刷卡消费，大量消费数据掌握在发卡机构手上，通过对交易数据进行分析，结合客户评价等内容，适时在网站中公布商家的交易和客户评价，举办"诚信商家"评选等活动，促进旅游商家诚信经营，进一步减少旅游者交易风险，从而让旅游活动更加方便和安全。

“八闽智旅卡”是旅游信息化建设重要组成部分，也是旅游公共服务平台的重要载体之一。该卡具有多种旅游优惠功能和本地特色，统一标准、统一标识，融金融支付功能与旅游服务功能于一体，持卡人可在本地及全省享受涉及“食、住、行、游、购、娱”等方面的服务。为持卡人营造安全、便捷、优质、诚信的支付环境，不仅是深入开展国家旅游综合改革的一个重要尝试，还将是游客传统出行、消费模式、旅游企业经营模式和营销手段的一次转变，对不断推进旅游产业转型升级，促进旅游业的可持续发展都具有重要的意义。

案例二十七：锦江之星经济连锁酒店综合信息化系统建设

（一）背景介绍

锦江之星是中国驰名的综合性旅游企业集团——锦江国际集团旗下一家经营管理国内首创经济型连锁酒店的专业公司，自 1997 年在上海开创国内第一家具有现代意义的经济型酒店至今，始终坚持以国际视野塑造经济型酒店品牌并保持着行业的领先地位。在中国饭店协会组办的中国饭店与餐饮业改革开放 30 周年纪念大会上，锦江之星作为中国经济型连锁酒店的开创者，受到了商务部与中国饭店协会领导及与会嘉宾的一致称赞，锦江之星注重安全、健康、专业的品牌特质与良好的服务品质得到了充分的肯定。

在金融危机背景下，中国经济型酒店正面临着难得的发展契机：一方面该行业拥有广阔的市场增长潜力，越来越多的个人及企业顾客接受这种便捷的差旅服务；另一方面，中国经济型酒店在经历连续几年的高速发展期后，竞争日趋激烈，客源的争夺与维护开始聚焦在从订房到结账全程服务的比拼上。面对稍纵即逝的市场机遇，锦江之星的领导层敏锐洞察竞争的本质，认为整合、提升呼叫中心是其业务发展战略的重要任务之一，通过跨部门的业务整合与流程变革，集成现有技术和设备，实现呼叫中心的统一管理及更智能的顾客服务，以进一步提升顾客服务满意度与忠诚度，确保业务持续稳定成

附录图 2–107　锦江之星酒店

长，并应对未来市场扩张与整合的挑战。

（二）主要内容

1. 建设目标

连锁酒店的业务特点与普通酒店是有所不同的，主要有以下四个特点：

（1）集团管控一体化，每个单店是一样的，标准的，规范的，可复制的。一个中心，多个分布点。

（2）业务需求变化多，需要满足所有的连锁店业务，对 IT 的弹性要求高。

（3）管控体系、业务流程复杂、多样。

（4）与单个酒店及其他行业的不同点：普通酒店只是一个单体，不具有规模，容易管理和业务变更。其他行业也是一个单体，会有很多不同系统和业务，标准化难度大。不同的行业对 IT 的应用深度和广度都有一些差别，取决于现在人力资源和 IT 资源互相之间的性价比。

根据连锁酒店的业务特点要求，对信息化建设的要求必须做到：

- 中央支持与管控一体化，标准化、规范化、流程化、操作简单，成本低。
- 库存、价格、会员、积分、渠道等信息资源共享，实现无缝对接，做到信息的实时和透明。
- 以经营战略为目标，IT 系统应是灵活的、可配置的，操作简单。

2. 建设内容

（1）耦合的 SOA 总线架构

锦江之星的信息化架构中，共有订单系统（CRS）、客户管理（CRM）、本地和中央的资产管理系统（PMS）、网站管理（WEB）、加盟伙伴管理（FMS）等诸多管理平台。

锦江之星采用 SOA 架构模式，只要每个模块接口之间配置标准的接口，通过 SOA 架构使得在不同服务之间，保持一种松耦合的关系，一个服务就是一个单独的代码模块，但同时又可以实现大数据量的一次性交换。锦江之星可以单独地进行一个模式的开发和更换，不至于影响整个系统平台。IT 能够处理的需求与企业需求的提高之间差别所形成的 IT 缺口将变少。企业对软件系统的改变将变得简单、快速，进而实现改变自动化的最终目标。

（2）信息门户建设

锦江之星在全国拥有 800 余家连锁酒店，每家酒店都单独配置有小型机房，当地酒店配置有一名系统管理员。如何管理全国 31 个省（市）的 800 家机房，800 名系统管理员如何每天将反馈的机房运行信息快速反馈到总部，对于各机房反馈的一些复杂的机房故障问题总部如何即时响应，这对锦江之星的信息化总部本身就是一个不小的挑战。

在锦江之星的 IT 信息化门户中，看到的更像是一个大的 IT 业务支撑平台。一方面实时自动统计分析出全国各地 IT 中心运行情况，形成报表反馈到管理者那里。另一方面，每天 IT 管理人员提交的业务流程得到及时处理，相关处理效率如何都一览无余地反馈在系统平台上。

（3）集团管控

锦江之星有一套自主研发的 CDS 中央管理系统，可以对渠道、市场、价格等进行细分管理，从而为经营、市场和营销决策提供有效的数据支持。该管理系统实现预订系统与中央数据平台无缝对接、资源共享，使得酒店库存与价格系统做实时协调，以最快的速度响应市场变化，帮助其实现酒店客房收入的最大化。

锦江之星信息化建设的重点在于 IT 管控方面，主要是标准化、规范化。结合连锁酒店的业务特点，实现集团管控一体化，做到每个单店是一样的，标准的，规范的，可复制的。实现一个中心，多个分布点。

（4）电子商务

伴随互联网信息的高速发展，旅客们更愿意从网上订购产品，因此电子商务平台就成为经济型连锁酒店业务发展最具竞争力的方向。连锁企业，做电子商务确实是一个很好的多渠道运营思路，能够为顾客带来不一样的体验。

对于连锁酒店业电子商务的发展重点，总的来说，有三方面的亮点：

首先是多价格的支持，即电子商务平台要支持多种价格的即时调整、波动。在早期，酒店系统一般只支持单一的价格，不能实现多种不同的需求。

其次是多渠道的管理，实现不同渠道分别管理，数据集中回流。对于旅客来说，无论从酒店的官网、呼叫中心，还是在携程等第三方平台，或团购等销售渠道都可以便捷预订到房间，价格可能都不一样，但通过酒店中央数据平台即可实现所有渠道的管理，最大限度地优化了订房模式，满足了不同渠道的旅客订房需求，并因此减轻了前台、呼叫中心的压力，压缩了销售成本，从而更加凸显经济型酒店的竞争优势。

最后是客房库存的实时管理。旅客无论从何种渠道、何种价格预订到酒店，酒店中央数据平台会马上反馈到库存管理中，锁定旅客订的房型，再将预订信息通过系统发送短信、邮件反馈给客户。

（5）呼叫中心

锦江之星建成了具备 250 个坐席、拥有精细化运营管理、标准化服务及销售流程的

附录图 2–108 锦江之星预订网站首页

大型综合呼叫中心。这不仅是全国酒店行业内的新标杆，更全面体现了智慧企业的管理理念。呼叫中心具有以下三个特点：

互联的：呼叫中心能够更高效地提供顾客电话订房与咨询服务，更敏锐地收集、整合顾客的信息与需求。顾客只需拨打锦江之星专属的 400 订房电话，即可直接转入所在城市的锦江之星专线，而无须特意查寻所在地的锦江之星订房电话。

互通的：呼叫中心支持所有门店的预约和客房管理，更紧密地支持各门店的一体化管理和客源统一分配服务，并将所有内部资源联结成互相支援的整体。订房效率的提高为所有加盟店带来更多客源，也使锦江之星作为一个整体的品牌形象鲜明凸显，为顾客提供便捷而又体贴的一体化智能服务。

智能的：新的呼叫中心不仅能够自动选用顾客的母语作为默认语言，如顾客之前在锦江之星登记有住宿信息，系统会自动提示工作人员根据以往的住宿偏好为顾客推荐相应的服务，而且通过对顾客、运营、营销等信息进行整合和分析，能够进一步为锦江之星把握市场脉搏、开展业务拓展和经营创新提供决策依据。

（6）无线酒店建设

锦江之星酒店关注的几点：一是酒店工作人员提供账号和密码，客户根据此账号和密码连接网络，通过路由器的 PPPOE server 功能实现；二是客户能够非常方便地使用无线网络，W40AP 采用开放式接入方式；三是在安全方面，通过路由器的 PPPOE server、行为管理等功能去实现。

（三）主要成效

锦江之星实施无线酒店后的收获：

- 无线方案不仅可以实现高速上网，对无线局域网络有全套的解决方案，其网络连接速度可达 11M，充分满足企业自身及酒店住户所需带宽。
- 安装施工时迅速不受时间限制，不会影响所住的房客，不会影响酒店的正常业务。

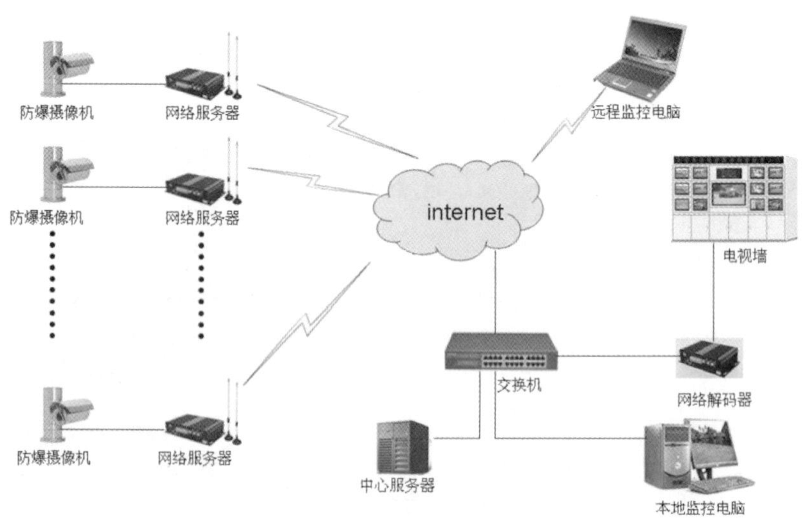

附录图 2-109　锦江之星通过无线网络实现监控

附录图 2-110　锦江之星的无线路由器设置很隐蔽

- 不会破坏已装修好的客房，不会对各种设施造成损坏。
- 便于网络硬件的维护管理，大大优于有线网络。
- 对酒店以后的网络再升级，方便迅速。
- 商用办公用户一般流动性较大，租期也不是很长，因此无线解决方案对未来公司网线布局要求有很强的适应性和灵活性。不必像有线网络一般，换个公司进来就得拆线布线很麻烦。

案例二十八：杭州黄龙饭店智慧酒店

（一）背景介绍

坐落在美丽的西子湖畔与杭州市商业和文化中心之交界处的杭州黄龙饭店，是杭州旅游集团有限公司用 10 亿元以白金五星级标准打造的酒店，在保持原有建筑风格的情况下，全面改造后的黄龙饭店建筑面积将从原有的 4 万多平方米，增加至 11 万平方米，建成后有 600 间客房，标准房 / 豪华客房，行政楼层 / 女士楼层，2 个 1200 平方米的大宴会厅，设计新颖的咖啡厅、自助餐厅、酒窖、意大利餐厅、日本餐厅、与国际名厨梁子庚合作的新概念中餐厅、雪茄吧等豪华配套设施，四层地下室，600 个停车位，全面开业后的新黄龙将成为市区范围内规模最大、设备最全、功能最新、服务最好的五星级饭店新地标。

（二）主要内容

1. 主要目标

黄龙饭店的智慧酒店系统将整合 RFID、无线通信、网络技术、手持 PDA 技术、电信运营商的 GSM 绑定、计费系统等新兴技术，黄龙饭店的整个智能酒店项目共包括 20 余个子系统的设计、项目管理和具体实施。

四种形式的 CHECKIN 系统，细分客流，缩短入住登记时间。VIP 客人可以凭黄龙饭店的智能卡，一进入酒店即可被系统自动识别，无须办理任何手续即可完成入住过程，或者使用手持终端系统进行远程登记，在房内或是车内完成登记，身份辨识及信用

附录图 2–111　杭州黄龙饭店

卡付款手续，享受高度隐私。针对计算机操作熟练的商务人士，黄龙饭店特别在大堂内设置自助入住机，客人可自行完成登记手续。

当客人走出电梯后，楼层的门牌指示系统会自动闪烁，指引客人直至其所属的房间。进入客房后，房内的互动电视系统可以自动获取住客入住信息，主动欢迎客人入住，系统的背景画面和音乐随季节、节日、客人生日及特殊场合自动更换；当门铃响起时，客人不必走到门前便能知道是谁来访，访客的图像会主动跳转到电视屏幕上，给客人带来最大化的便捷体验。

黄龙饭店里每个房间的电话分机都具备手机系统的特性，客人不但可以手持移动分机终端在酒店内使用，甚至漫游到杭州市区其他地方照样能享受与外界畅通无阻的沟通体验。而且这些费用会直接记录到客人的客房账单上，不会占用客人时间办理各种复杂

附录图 2–112　客房智慧导航系统，自动引领客户

的手续。

在传统模式下，客人有需求时需要查找和拨打不同的部门服务电话，现在黄龙饭店成立了服务中心，客人有任何需要，只要拨打服务中心的电话，就能轻松搞定。

行政楼层俱乐部与萧山国际机场计算机联机，可显示当日班机起飞降落状况，并提供线路图和直接的机票登机牌打印服务，避免了排队办理手续等琐碎，也减少了在机场逗留的时间。

2. 智慧酒店设备

经过两年的改扩建工程，杭州黄龙饭店现在拥有以下高科技设施设备：

（1）无线无纸化入住/退房系统

可通过手持登记设备（TABLET）进行远程登记，在房内或是店外就能完成登记、身份辨识及信用卡付款手续。

（2）智能卡

房间里的取电牌具有识别功能，只有客人的房卡才能取电，当客人离开房间但没有退房时，系统会自动转入节能模式。

（3）客房空调系统

空调系统可由客人自行调节温度，并释放负离子净化房间空气。

（4）国内最先进的无线网络

无线网络信号覆盖整个饭店，客人可在饭店任何地点上网休闲或办公。

附录图 2–113 手持登记设备远程登记

（5）智慧客房导航系统

一出电梯，系统会自动感应客人的房卡信息，三道指示牌指引客人直至自己的房间。

（6）全世界第一套电视门禁系统

若在客人不便应答的时候有人按门铃，门外的图像会主动跳到电视屏幕上，方便客人判断以什么形象去开门。

（7）全球通客房智能手机

智能手机解决了国外手机无法在中国使用的问题：从技术的角度，它可以全球拨打、免费接听。现阶段，杭州黄龙饭店开放了部分信号区域，可在饭店或是杭州范围内的任何地方使用。

（8）互动服务电视系统

内设八国语言（中、英、日、韩、西、意、法、德、），系统自动选择以客人的母语欢迎入住；全 3D 动画 flash 设计和高清显现，提供多款休闲游戏；自动弹出客人上次入住时常看的频道；显示客人国家及杭州当地气候。

（9）机场航班动态显示服务/登机牌打印服务

每 15 分钟更新一次，及时了解班机最新状况；只需将电脑和客房内的四合一多功能一体机连接即可打印路线图和机票登机牌。

（10）DVD 播放器 / 记忆卡

多媒体播放器除具有 DVD 机的功能外，还可读取 SD,MMC,MS 三种格式的记忆卡。

（11）电子连接线及插孔

各式电子连接线（VGA 线、色差线、AV 线、HDMI 高清数据线）及插孔，以方便您使用各种数码产品。

（12）液晶雾化玻璃

行政楼层客房的浴室与卧室之间安装了液晶雾化玻璃，轻点控制面板，透明玻璃即刻产生“雾化”效果，给您一个私密的浴室空间。

（13）客房盥洗室音乐系统

拥有四个独立声道，分别用于播放饭店公共区域的背景音乐、客房专属音乐（两个声道）和客房电视正在播放的电视节目声音。

（14）床头音响

每套床头音响都特制了 i-Pod 专用插孔，同时具备播放和充电功能。

（15）床头耳机

安装在床头背板侧面的电视耳机插口及放置在床头柜抽屉中的耳机，方便还尚未就寝的同行者继续享受视听服务。

（16）四合一多功能一体机

兼具打印、影印、扫描及传真功能；只需向服务中心告之目的地，清晰的线路信息就会传至客房的多功能一体机，并打印出来。

（三）主要成效

杭州黄龙饭店的技术将在行业内树立新标杆，尤其是智能化方面不但遵循了已有的国家标准，更将远远超越现有的标准，真正成为行业的典范并引领下一代的发展方向。

案例二十九：上海春秋国际旅行社信息化实践

（一）背景介绍

上海春秋旅行社是中国较大的旅行社集团之一，是一家已经成立 31 年的综合性旅游企业，业务涉及旅游、酒店预订、机票、会议、展览、商务、因私出入境、体育赛事等行业，是国际大会协会（ICCA）在中国旅行社中最早的会员，曾经多年荣获国内“旅游百强”之首，被授予上海市旅行社中唯一著名商标企业。2004 年上海春秋旅行社被授权为目前世界最热门赛事——F1 赛事中国站境内外票务代理，同时它还是第 53 届世界小姐大赛组委会指定接待单位。

（二）主要内容

1. 积极利用先进技术，快速介入电子商务

上海春秋旅行社很早就认识到信息技术在旅游业中的重要性。早在 1994 年，它率先在国内建立了较有影响的电脑实时预订系统，通过该系统的使用，成功地降低了营运成本，提高了工作效率，在内部运作中很快显示出了准确、迅速、方便的规模化统一操作优势，从而不断吸引着代理商的加盟。目前，上海春秋旅行社已经在全国建有

附录图 2–114　上海春秋国际旅行社旗下的春秋航空

31 个直属机构，拥有网络代理 800 多家。网络代理商的发展也使上海春秋旅行社总社逐步迈入了旅游批发商的行列。上海春秋总社注重用新型的规模化的旅游产品吸引代理商的视线。

2. 推出精品线路，开展网络营销

上海春秋旅行社将春秋旅游网从简单的信息发布网站改造成为能够进行旅游电子商务活动的网站，规划了与之相适应的网站结构和网页形式。新的上海春秋旅游网提供详细的、实时更新的旅游线路信息，包括价格、开班日期、游程安排、供应标准等，同时经营商务订房订票以及自助旅游产品，这些产品都能从网上预订。上海春秋旅游网把信息的准确、预订的方便、网下的服务质量和预订的成功率作为考核的主要指标。熟悉上海春秋旅游网的游客深感网上信息的真实可靠性，从而产生信任。

3. 积极寻求伙伴，不断扩大规模

上海春秋旅游网利用上海春秋旅行社在北京、西安、广州、郑州、沈阳、杭州、南京、桂林、三亚等主要旅游城市均有分社的优势，形成了以上述城市为中心的网络服务系统，同时以这些地方分社为基点，将上海春秋旅游网的服务辐射到全国。上海春秋旅游网上设立了在线服务城市栏目，发布相应地区春秋合作旅行社的产品内容和服务范围。正确的战略使上海春秋旅行社的网络成员迅速发展。

4. 提高服务质量，塑造企业形象

上海春秋旅游网和春秋旅行社是互促的。上海春秋旅游网是春秋旅行社展现服务形象的窗口。上海春秋旅游网对已经实现网上预订的游客发放预存有奖励金额的一卡通，鼓励游客实现网上支付，以稳定和扩大在线预订群体。旅游网开辟“投诉问答”专栏，让游客对网上服务的不满之处提出意见，以此来赢取游客对网站的信任和关注。上海春秋旅行社重视服务质量，制定了一套质量监督制度，配置专门的质监人员每团必访、投诉必应，在业界有较好的口碑，这种品牌效应又辐射到上海春秋旅游网上，塑造了其可信形象。

（三）主要成效

上海春秋旅行社是一个善于利用信息技术的旅游企业，也是一个非常注重电子商务技术创新的旅游企业。其成功经验是多方面战略的共同结果，留给我们的启示是多方面的，值得国内的旅行社企业思考和借鉴。

首先，在互联网营销上，由于上海春秋旅游网以上海春秋旅行社为实体依托，能做到网上信息与网下真实的旅游产品相对应，信息真实、及时、有效。上海春秋旅游网还能做到网上预订与网下跟踪服务相配合，游客输入预订信息后，网上付费、上门收费、送票、签合同由旅行社专人负责跟进，这些做法树立了上海春秋旅游网的公众信任度，也留住了忠诚的客户。

其次，上海春秋旅行社不断改进或重新设计电子商务系统的功能，在行业内保持技术领先。归根到底，技术只是手段，是为更好地满足需求服务。上海春秋旅行社在旅游运作中的持续成功源于其不断研究市场需求，提出解决方案并融合技术创新的能力。因此是技术和服务共同缔造了上海春秋旅行社的核心竞争力，使其在同行中脱颖而出。

最后，上海春秋旅行社充分利用网络资源，通过同全国各地分社和旅游代理商的合作，使服务的触角延伸到全国众多地区，使游客感受到上海春秋旅游网不仅仅是用电脑和网线连接起来的一个虚拟空间，而是实实在在的本地化服务网络。上海春秋旅行社的跨地域、模范化运作和互联网的跨时空特点相得益彰，诠释了现代旅行社电子商务的内涵。

附录三　旅游信息化技术介绍

互联网和移动互联网发展情况

互联网

（一）互联网技术发展概述

互联网是一个集合全球许多网络在一起的大型网络，并以协作的形式运行：每个网络提供了服务器、通信设备和接线等，并指挥数据的流动。目前全球超过 100 个国家及数以万计的用户已经把他们的电脑连接上这个全球性的网络，形成一个社区互相交换数据、新闻和讯息的网络。

目前，互联网发展的代表性新技术有如下几类：

1. 动态智能站点系统

动态智能站点系统也称为智能站点导航系统。这是一项原理和技术极其简单但又非常有实用价值的技术，它的工作职能大致如下：

（1）信息收集

该应用技术非常翔实地记录下每位浏览者在访问网站时的具体情况。这些信息包括：该浏览者是从哪个网站进入的，或是直接键入 URL 地址，他在哪些页面中停留的时间较长以及分别是多少时间，或由哪些页面打开的内部链接最多，浏览者最关心的是哪些方面的新闻和消息，他在这个网站上一共停留的时间，以及该浏览者的所在地域等个人基本信息。

（2）数据分析

通过以上收集的信息，由特制的已成商品化的专业软件进行实时分析，并从各个层面生成多样化的具体详尽的数据报表。

（3）个性化应用

分析软件依据上次访问浏览者留下的数据分析结果，当该浏览者再次访问同一网站时，整个页面就会即时动态地生成，将浏览关注的新闻和信息放置在首页上最醒目的位置。当然，如果浏览者愿意的话还可以进一步改进这种定制，通过这种软件化、自动化的定制，再加上人工的配合，足以让浏览者更为省时省力地获取所需信息。这样使得每位浏览者的页面，变得非常个性化，以迎合浏览者的需要。

（4）网络智能化服务

在网络中对网络流量划分传输优先级别是网络智能化的典范。它就像在飞机上将座

位分为一等舱、商务舱和经济舱那样可以对网络流量进行分类。例如，语音流量将在传输过程中获得最高的优先级，财务应用流量则有可能获得第二位的传输优先级。反之，对于不像前两种流量那样对时间敏感的电子邮件流量将会像在客机中的经济舱一样最后才通过网络。

附录图 3-1　企业网站管理系统

其他一些在网络智能化方面的范例包括内容过滤、高速缓存以及为确保更高应用可用性而实施的服务器负载均衡。这样，赋予了商业用户更多的网络控制能力。现在的趋势是实现更加贴近用户的智能化网络，从而使更多的业务变得更简单。

2. 全景图像技术

全景图像通常是指大于双眼正常有效视角（大约水平 90 度，垂直 70 度）或双眼余光视角（大约水平 180 度，垂直 90 度），乃至 360 度完整场景范围拍摄的照片。传统的光学摄影全景照片是把 90~360 度的场景（柱形或球形全景）全部展现在一个二维平面上，把一个场景的前后左右一览无余地推到观者的眼前。而球形全景将拍摄处的“天”和“地”都置入全景中。全景图像技术能够以 360 度的旋转方式来查看一个场景的图像，它是运用一种特殊的数码摄影机将场景拍摄并存入电脑，再配以相应开发的浏览程序在互联网上实现的。这项技术的特点在于运用范围广，软、硬件成本适中。

附录图 3-2　三维全景展示系统

随着数字影像技术和 Internet 技术的不断发展，可以用一个专用的播放软件在互联网上播放全景图像，用户可用鼠标和键盘控制观察全景的方向，可左可右可近可远，使您感到就在真实的环境当中浏览大好风光。同时用户还可以在全景图像中添加音频信息、热点信息。全景图像之间采用热点相连，让用户体会完全虚拟现实的感觉。

3. 信息网格

信息网格是在全国（全世界）范围内对各行业和社会大众提供一体化信息服务的信息基础设施。简单地讲，网格是把整个互联网整合成一台巨大的超级计算机，实现计算资源、存储资源、数据资源、信息资源、知识资源、专家资源的全面共享。当然，我们也可以构造地区性的网格，如科技园区网格、企事业内部网格、局域网网格，甚至家庭网格和个人网格。

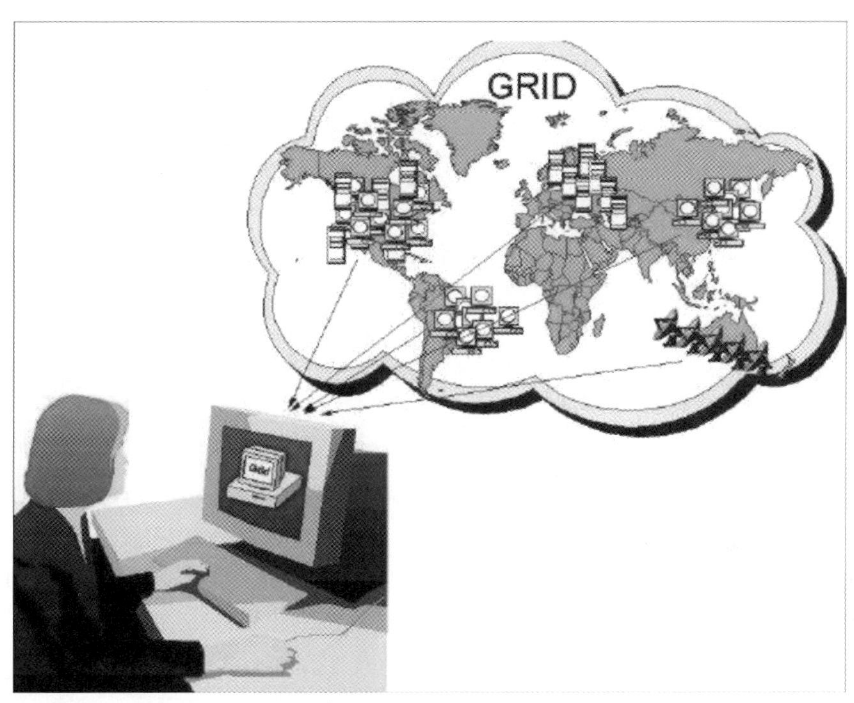

附录图 3–3　信息网格示意图

网格的根本特征并不一定是它的规模，而是资源共享，消除了资源孤岛。信息网格与目前的服务的主要不同是一体化，它将分布在全国甚至全世界的计算机、数据、信息、知识、软件等组织成一个逻辑整体，各行业可以在此基础上运行各自的应用网格。

4. 无线上网技术

互联网让人们可以在网络所能到达的范围内进行全天候高效运转，但是离开了这个范围，信息系统的威力就要大打折扣了。因为在很多企业中，企业信息系统是通过电话线接入网络来实施的，这样，电话线实际上也成为一种束缚，只要员工离开了自己的办公桌，工作的不方便和局限性就暴露无遗了。值得庆幸的是，已经有越来越多的企业认识到这一点，并且开始求助于无线技术来解决这个难题。

根据无线局域网协会的调查表明，无线局域网可极大地提高经济效益，提高生产率48%，提高企业效率6%，改善收益与利润6%，降低成本40%。使用无线局域网不仅可以减少对布线的需求和与布线相关的一些开支，还可以为用户提供灵活性更高、移动性更强的信息获取方法。

在国内，无线局域网的技术和产品在实际应用领域还是比较新的。但是，随着开放办公的流行和手持设备的普及，人们对移动性访问和存储信息的需求愈来愈多。由于无线不可替代的优点，它将会迅速地应用于需要在移动中联网和在网间漫游的场合，并在不易布线的地方和远距离的数据处理节点提供强大的网络支持。特别是在一些行业中，无线局域网将会有更大的发展机会。

（二）互联网在旅游信息化中的应用

在我国，随着计算机的普及和国家互联网基础设施的快速建设，互联网技术的应用范围迅速扩大，互联网信息资源更加丰富，与旅游相关各类应用也逐步成熟。旅游的信息化建设将充分利用网络在政府、企业和旅游者三个维度的连接作用，促进旅游资源的共享，提供先进的信息服务，极大地提高旅游企业和旅游管理部门的工作效率，降低经营成本的同时为旅游者的食、住、行、游、购、娱提供了极大的便利。

旅游也作为当今世界经济发展最快的产业之一，具有关联度高、带动性强、市场扩张力大等特点。旅游电子商务正是为了满足旅游市场的发展要求，顺应旅游战略创新的趋势，探索新的旅游业务模式应运而生的产物。虽然电子商务运用于旅游业刚刚10年的时间，但是其发展势头十分强劲。建设有特色的、个性化的旅游电子商务可以降低成本，提高效率，寻求新的利润增长点。

1. 目前旅游网站的分类

旅游网站大致可以分为三类：

（1）综合门户网站旅游频道。如新浪、搜狐等。旅游只是整个网站的补充，在旅游信息的权威性、全面性和实用性方面没有优势，目前不是旅游电子商务的主流。

（2）旅游专业网站，如携程、e龙等，包括一些景区、酒店的网站。这些网站实现比较全面的电子商务功能。相对而言，这些网站是今后发展的主流。这类网站的盈利模型主要由网站、目的地酒店、航空票务代理商、合作旅行社和网名构成，其目标市场以商旅客户为主。

（3）地方性旅游网站，即一些旅游景点制作的门户性网站。主要是当地旅游景点，景区风光的介绍。这一部分的电子商务目前发展还不太成熟，但有较好的前景。其盈利模式以线上推广线下收款为主。

2. 目前旅游网站的特点

旅游网站依靠传统旅游业的支撑，由传统旅游企业提供详尽、准确的第一手旅游资料，使网站的内容有鲜明、独特的个性和实效性。

（1）整合性：新兴的旅游网络公司将成为旅游行业的多面手，旅游网站把众多的旅游供应商、旅游中介、旅行者、旅游产品整合在一起，使景区、旅行社、酒店及与旅行相关的行业通过网站进行整合，从而提高资源的利用效率，扩大旅游市场的规模。

（2）虚拟性：大部分旅游产品是无形的，旅游者购买了这一产品无法直接了解，只是间接体会。旅游网站给旅游者提供了大量的旅游信息、虚拟旅游产品，提供旅游者旅游体验，从而培养了客户群。

（3）服务性：旅游网站发展到目前，提供了大量的不同特色、不同类型的高质量的特色服务，吸引了不同类型的旅游者。

3. 旅游网站的发展，web2.0 时代的来临

旅游电子商务在经历了Web1.0的发展阶段后，正逐渐改变着商业模式和业界形态；Web2.0 技术对旅游电子商务进行着渗透，相关技术应用和商业模式的变革也正日渐形成。作为旅游电子商务中的重要一员，大型传统旅行社也应在 Web2.0 时代完善升级电子商务之路，寻求新的路径突破。

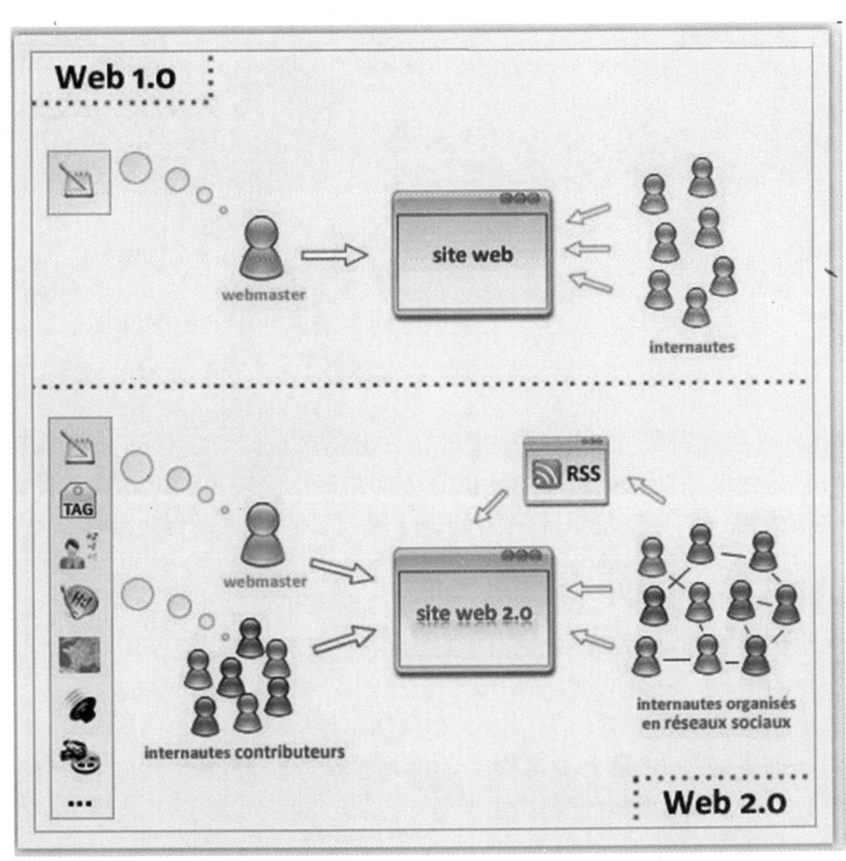

附录图 3–4　Web1.0 与 Web2.0 的区别示意图

以目前国内旅游网站的发展情况来看，旅游电子商务更多集中于旅游信息发布和机票、酒店等标准化产品预订等功能的应用上，更多体现为产品供应方单向提供式。

Web2.0 的出现在一定程度上改变和丰富了旅游电子商务的模式：

（1）增强了信息容量和发布渠道

Web2.0 改变了过去仅有旅游目的地官方机构或具有一定信息化实力的旅游商作为旅游信息单一提供者的局面，Web2.0 的低门槛特征使各种主体都存在发布旅游信息的可能，从而使旅游信息提供者范围得以大幅度扩展，旅游信息的内容得到很大增长。同时，旅游信息可以通过博客等方式发布，并通过搜索引擎以及其他方式到达受众，分散

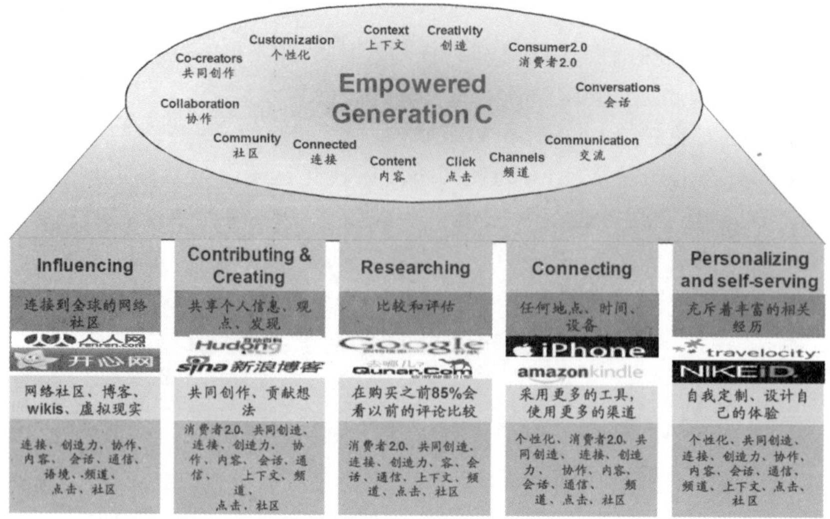

附录图 3–5　Web2.0 时代旅游者的新特征

了渠道集中性，打破了诸如旅行社、旅游预订商等渠道和中介的垄断地位，加剧了竞争态势。

（2）改变了单向信息传播方式

Web2.0 具有互动特征和快速传播特征，旅游信息获得者能够对旅游信息做出及时评论，并将有关评论和补充快速传播。信息传播路径由旅游目的地和旅行商向旅游信息受众单向传播的唯一路径变化成旅游目的地、旅行商、旅游爱好者、旅游要素提供者、普通网民多节点之间交叉互动的多元化路径，这样的改变提高了信息对称程度。旅游产品服务方在努力提升产品品质的同时，还必须及时归纳总结旅游者对产品的需求趋势，真正按需提供优质服务产品。除此之外，旅游信息提供者还要积极应对互联网中的正导向引导和负导向引导，避免网络误导。

（3）丰富了旅游电子商务的运营方式和营销手段

旅游电子商务通过 Web2.0 能够更为准确地了解旅游者行为、兴趣、偏好，从而为突破单一制式产品、研发提供定制产品奠定了基础，进一步提升了旅游电子商务提供个性化旅游产品和服务的能力。同时，借助 Web2.0 和搜索引擎的功能，能够使营销推广活动更加精准化，进一步提升顾客的满意感和忠诚度。

移动互联网

移动互联网（Mobile Internet），是指互联网的技术、平台、商业模式和应用与移动通信技术结合并实践的活动的总称。在最近几年里，移动通信和互联网成为当今世界发展最快、市场潜力最大、前景最诱人的两大业务。它们的增长速度都是任何预测家未曾预料到的。迄今，全球移动用户已超过 15 亿，互联网用户也已逾 7 亿。中国移动通信用户总数超过 3.6 亿，互联网用户总数则超过 1 亿。这一历史上从来没有过的高速增长现象反映了随着时代与技术的进步，人类对移动性和信息的需求急剧上升。越来越多的人希望在移动的过程中高速地接入互联网，获取急需的信息，完成想做的事情。所以，现在出现的移动与互联网的结合是历史的必然。

（一）移动通信技术概述

回顾移动通信的发展历程，移动通信的发展阶段如附录表 3–1 所示。

附录表 3–1　移动通信的发展历程

代　际	1G	2G	2.5G	3G	4G
信　号	模拟	数字	数字	数字	数字
制　式		GSM、CDMA	GPRS	CDMA2000WCDMA、TD–SCDMA	TD–LTE、LTE
主要功能	语音	语音与数据	语音与数据	低级宽带	广带
典型应用	通话	短信 – 彩信	wap 网	高速上网与多媒体	高清

未来的移动通信将是一个以个人通信为主的通信系统，无论何人，无论何时，无论在何地，都能与任何人进行任何类型信息的交换。各种无线技术都将在这个系统中发挥自己的作用，找到自己的天地。从大范围公众移动通信来看，第三代移动通信系统（3G）技术将是主导，它将以各种新技术为基础，综合各种通信网络，发挥各自的优点，取长补短，在统一要求和统一标准的条件下，突破关键技术，解决各种网络之间的互连互通，加强通信网络的智能化管理功能，以实现全球性的个人通信网。

更远的未来，移动通信系统将向下一代第四代移动通信系统发展。4G 移动通信系统可将现有的无线技术（包括 GSM 无线局域网和蓝牙技术等）无缝地联系在一起，支持更加广泛、个性化的服务，提供更加稳定的网络性能和服务质量，从而形成集固定无线手段于一体，各种接入方式综合发挥效用，各种业务形成全网络配置的一体化综合网络。4G 系统是基于不同种类网络互联的全 IP 网，允许用户在任何时间、任何地点使用任何系统，用户携带一个互联的移动终端就可以使用由多个无线网络提供的大范围服务。那时，多媒体业务将会普及，移动系统将更加可靠、更加稳定，用户只要支付较低的传输费用就可以享受 VIP 式的服务。

（二）移动互联网关键技术介绍

移动互联网可以分为终端基础设施（终端）、网络基础设施（网络）以及应用基础设施（业务系统）三部分。下面分别对这三大基础设施涉及的关键技术作一分析。

终端基础设施

未来，终端将集互联网、电信业务能力等多种功能于一身，手机智能化、应用导向化和娱乐化是移动通信终端发展的趋势，多功能终端设备和应用导向型设备发展迅速。为了满足移动互联网时代各种互联网业务对终端的需求，终端在硬件和软件方面都有许多关键技术问题需要突破。

硬件层面，移动终端需要着重发展以下关键技术：SOC 单芯片方案、省电技术、多模多待技术（涉及两网射频的互扰、两网协同等问题）、HSPA 技术、多种无线接入技术、多种输入技术（例如触摸滑屏输入、语音输入技术等）、环境传感技术等。

软件层面，移动终端需要着重发展以下关键技术：手机操作系统、手机浏览器、手机客户端、跨终端的业务中间件、终端多媒体支持、终端 UI、终端应用安全。其中，手机操作系统、手机浏览器、手机客户端由于都具备一定的争夺产业链话语权的能力，故成为奉行“得终端者得天下”的各参与方首先觊觎的目标。要想最大限度地实现移动互联网的业务，手机操作系统是其中的关键。目前，智能手机所采用的主要操作系统主要有微软的Windows Mobile，Nokia的Symbian，Google的Android，苹果iPhone的MacOS X、Palm、Linux；中国移动也开发了开放式手机操作系统 OMS。必须指出，Windows CE 是微软的实时操作系统，Windows Mobile 是微软在 Windows CE 基础上开发的手机操作系统，目前 Windows Mobile 的应用远远多于 Windows CE。有研究者认为，智能操作系统更加靠近于桌面操作系统而非传统嵌入操作系统。

手机可以通过两种方式浏览互联网，一种是使用 WAP 浏览器，访问的是一些专门的 WAP 网站；另一种是使用手机 Web 浏览器，可以访问互联网上的 Web 网站。目前，成为业界研究与发展热点的是手机 Web 浏览器。手机 Web 浏览器市场竞争比较激烈，Opera、Microsoft、UCWEB（优视科技）、Mozilla、ACCESS、Google 等都推出了手机 Web 浏览器。越来越多的用户使用手机 Web 浏览器进行业务访问，但现有的手机 Web 浏览器在终端支持、网络侧适配技术等方面尚未统一规范。

网络基础设施

移动互联网的网络基础设施分为无线接入网、移动核心网（分组域）、互联网的骨干网几大部分，其中无线接入网和移动核心网（分组域）是移动通信网的范畴。以 3GPP R4 版 WCDMA 为例，移动终端发出的分组数据经空中接口到基站（Node B），再到无线网络控制器（RNC），然后经 SGSN 和 GGSN 到达互联网的骨干网。基站（Node B）、无线网络控制器（RNC）处于 WCDMA 无线接入网（UTRAN）的范围；SGSN 和 GGSN 处于移动核心网分组域的范围。在以上的数据传输路径上，从基站到基站控制器的一段通常又被称为移动回程或回传（Back haul）。

移动互联网的迅猛发展对上述网络基础设施提出越来越高的性能要求，因此新的技术和网络架构设计也不断出现在网络基础设施中，目前最现实的发展方向是 3GPP 的 LTE（Long Term Evolution）计划（3GPP R7）。LTE 按照结构划分也可以分为两部分：无线侧（一般所指的 LTE）和网络侧（系统架构演进 SAE）。

移动核心网的发展方向主要是向 EPC（Evolved Packet Core）演进，EPC 主要的特点有网络控制面与用户面的分离、用户面扁平化等。但也有研究者认为，SAE 仍然保持了一个可管理的 IP 核心网。这不能满足面向移动互联网的开放需求，IP 多媒体子系统（IMS）将主要用于为企业大客户服务，而面向消费大众的娱乐化网络新媒体业务将基于智能结点重叠网 / 分布式业务网络（INON/DSN）。面向移动互联网，网络体系结构最简单有效的方法是基站直接接入互联网，不再保留可管理的核心网，将移动性管理等功能放到互联网上去做。

应用基础设施

移动互联网的各种应用正呈现出个性化、差异化、长尾化的特点，由于移动互联网的应用需要运行在应用基础设施上，因此建设应用基础设施的主要目标是有助于通过业务的快速开发部署及时占领市场，通过可靠的认证授权来实现用户和业务的安全管理，通过合理的计费、收费策略来获取最大收益。

基于 OMA 的业务开放框架基础，应用基础设施可以分为业务平台和支撑平台。业务平台从下到上包括三个层次：业务能力层、业务接入层和业务应用层；支撑平台包括业务控制域、业务支撑域、业务展现域。

业务能力层是运营商多种业务能力的集合，移动通信网能提供的业务能力可以分为语音类、视频类、资源类、消息类、信息类、其他类这六类业务能力。

业务接入层实现应用逻辑对业务能力的接入、调用、鉴权。此外，还包括协议转换功能、接入控制功能、流量控制、业务路由功能等。其中，调用是指移动运营商将业务能力直接提供给 SP 调用或将业务能力封装成符合标准的 API（如 OSA/Parlay、Parlay X、JAIN 接口）后提供给 SP 使用以利于实现多厂商环境和快速部署新业务。

应用层是由各种应用组成的集合，实现了特定的业务逻辑。业务支撑域是为业务运营和业务管理提供支撑的功能域，包括产品资费管理、客户管理、业务订购管理、营业支持、计费、账务、结算等方面的功能。业务控制域是在业务使用过程中依据一定的判断策略来进行判断，对业务进行操作决策。业务展现域是直接面向用户提供产品的展现及用户服务功能的人机交互界面的集合，如各类门户。

互联网和移动互联网在旅游信息化的应用

（一）行程计划

作为整个旅行前期阶段，旅行信息的研究和行程的计划对于旅行者的最终购买决策起着决定性的作用。但浩如烟海的旅行信息、攻略、指南经常让旅行者不知所措，无从下手。正如 Google 旅游经理 Tom Mulders 所说，许多旅游网站对这个重要阶段关注甚少，旅行者常常为如何安排好行程而头痛。这从侧面说明了行程计划应用的市场空间之大，因为移动互联网能够让旅行者随时随地上传和分享旅程信息，所以手机行程计划应用更备受看好。

像不久前被 TripAdvisor 收购的手机行程计划公司 Everytrail，就是提供以手机为基础的行程计划服务，使得用户可以使用移动设备来记录在一个特殊城市或地区的旅程，然后通过网络平台分享。

目前，国内还没有出现类似的手机行程应用。但旅游社交网站如随我游、途客圈、在途网已经在互联网平台上推出了类似的行程计划和定制功能，并将逐步进入手机领域。

手机行程计划的应用范围远远不及于此，大至机票和酒店查询，小至景点门票的价格，旅行者都可以通过各类手机应用，提前了解和规划行程。例如去哪儿网、傲天汇金旗下的航班管家都推出了手机查询机票价格趋势图功能。航班管家还在 Android 平台上推出了机舱座位参考图，使得用户在预订前就可以了解各个座位的位置和舒适程度。

作为信奉“Location，location，还是 Location”这一金科玉律的酒店业，基于位置的移动应用可以说派上了大用场。近日 Sabre Travel Network 的报告显示，72% 受访人希望在手机地图上查找酒店。国内的各类手机应用中，酒店管家、酒店达人等新型应用由

附录图 3-6　Everytrail 手机行程计划应用

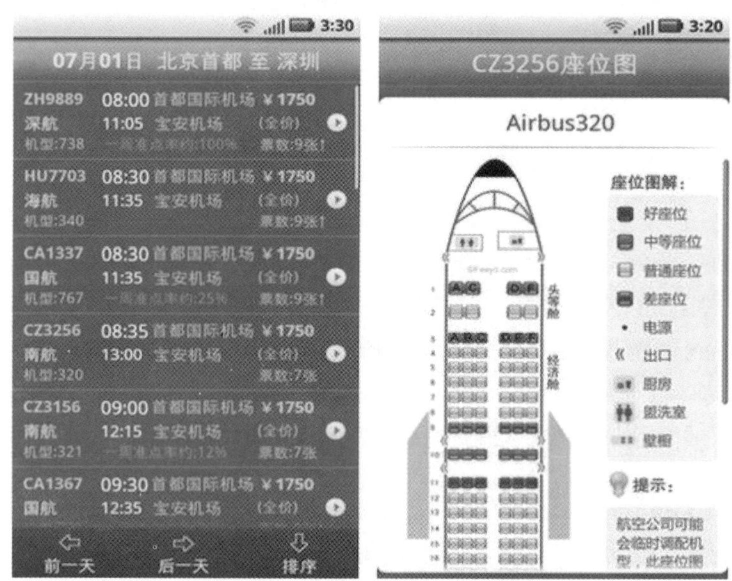

附录图 3-7　航班管家在 Android 平台推出机舱座位参考图

于设计简约、操作方便、用户体验好，从而受到了用户的青睐，并在苹果的 Apps Store 旅游应用程序下载排行中名列前茅。例如酒店管家就与国内多家经济型酒店（如家、7 天、汉庭）建立了系统直连，旅客进行定位查询后，地图将呈现周边酒店名称、位置、价格，同时以不同颜色标注房态，用户可以选择点击通话直接通过酒店集团预订。

（二）旅游预订

用手机进行旅游产品的预订，虽然对于大多数旅行者来说还是新鲜事，但对于旅游企业来说，向在旅途中的旅行者通过手机销售旅游产品，可以说充满了巨大的想象力。美国一项研究表明，61% 的受访者表示会考虑用他们的无线设备预订特定种类的旅游产品，其中近 1/3 的受访者考虑移动预订机票。

航空公司在手机应用领域一直是走在前面的。除了早期的用手机办理登机手续和手机登机牌外，国航、东航、南航、海航、深航、山航等航空公司以及携程、艺龙等 OTA 在过去两年内还都纷纷推出了手机预订服务。国外领先的航空公司，如亚洲航空，已经将手机作为一个重要的预订渠道来发展。

附录图 3–8　Touch China 景点导航系列应用

酒店预订领域的潜力同样不容小视。TripAdvisor 针对 800 位英国酒店业主进行的调查表明，75% 的酒店经营者把手机作为新的预订渠道的首选。无论是国外连锁星级酒店，像喜达屋、洲际酒店、雅高，还是国内经济型连锁酒店，像如家、7 天酒店都推出手机预订房服务。洲际酒店在此方面更是取得了不俗的业绩，2011 年上半年，移动设备产生的间夜预订量同比增约十倍，移动预订量月收入突破千万美元。

借着移动互联网的"春风"，酒店、OTA 在提高传统客房产品销售量之余，更努力开辟出新的酒店产品和模式，例如艺龙最近就推出了"今日特价"酒店预订。"今日特价"采取 last-minute 模式，用户在晚 6 点后可以通过艺龙手机客户端预订当日入住酒店，超过 500 家酒店将在现有艺龙会员价基础上另行提供 5~7 折的特别优惠。去哪儿网目前亦宣布可能在手机客户端推出 last-minute 产品。

相对于以上常规产品，辅助产品和服务的销售更像是一片"处女地"。一项服务收入研究表明，只有 1.4% 的乘客曾用手机从航空公司购买辅助产品。但庞大的智能手机用户数和追求个性化服务的趋势，吸引了更多的旅游供应商进入。像亚航就提供机上座位预订、点餐或增加托运行李服务；全日空甚至推出在手机上玩游戏、获取积分、购物等辅助服务。酒店业也不乏例子，像喜达屋旗下 W 酒店就推出专门策划的音乐供用户在 Tunes 上购买。

附录图 3–9　Touch China 景点导航系列应用

（三）旅行服务

用户在旅途中的过程自然是手机应用大展拳脚的领域。目前移动旅行服务主要分为五大类——信息类、礼宾类、目的地导航、周边服务、娱乐类。在信息类方面，以航空业为例，航班管家提供航站楼与登机口导航、天气预报等帮助信息。去哪儿网、接机大屏幕还推出了航班状态手机查询功能。在酒店业方面，国内外连锁酒店基本都提供了酒店和周边信息、用户注册和信息管理服务。对于礼宾这一项传统服务，洲际酒店更进行了创新改进——利用 iPad2 为即将入住的客人提供服务。

目的地导航由于与移动应用密不可分，在移动互联网上的发展日益受到关注。譬如 Touch China、朋游风景网等发布的旅游导航软件，提供实时位置显示、景点图标和旅游线路，Touch China 同时为某些景点配有语音导游。随着休闲自助游的兴起，对这类目的地导航应用的需求也会随之增长。

（四）互动分享

随着社交媒体和移动互联网的结合，旅行者在旅程前、旅行中、旅行后都可以利用移动设备进行互动和分享。在旅行前阶段，旅客可以在随我游等旅游社交网站，互相交流行程计划，共同组织、发起旅游活动等。

在旅途过程中，旅客与外界的互动也无处不在。针对坐飞机这段原本与外界隔离的时间，汉莎航空创建了一个名为 MySkyStatus 的手机应用程序，旅行者即使在飞机上，也可以通过这个程序与他们的社交网络保持联系。下机后到达目的地景点后，旅客们可以使用目的地导航应用，像朋游风景网等，在景区签到并同步更新到新浪微博。酒店推出签到活动的例子也不在少数。像喜达屋酒店启动 foursquare 签到奖励活动、港中旅酒店和 7 天酒店先后联合街旁网推签到优惠。但旅游业目前的签到应用更多还集中在互动推广和市场营销层面，具体盈利模式尚在探索。当然，在旅行中和旅行后，许多旅客还会通过社交媒体、点评网站，实时分享拍摄的照片、旅游经历、用户体验，并将目的地景点乃至整个行程的图文信息，利用移动设备进行分享。以上社交分享和 UGC（用户产生内容）功能越来越受到移动应用公司关注。

LBS 服务发展情况

定位服务又叫做移动位置服务（Location Based Service，LBS），它是通过电信移动运营商的网络（如 GSM 网、CDMA 网）获取移动终端用户的位置信息（经纬度坐标），在电子地图平台的支持下，为用户提供相应服务的一种增值业务。LBS 服务主要包含两层含义：一层含义是“确定目标的位置”，即用户或移动设备所在的地理位置；另外一层含义就是为目标位置提供有关的各类信息服务，简称“定位服务”。总的来说，LBS 就是利用互联网或无线网络为固定用户或移动用户完成定位服务。

附录图 3-10　LBS 为旅游者指示周边服务

与传统行业融合将是 LBS 业务的重要发展方向。基于位置的服务将会促进与旅游相关的食、住、行、游、购、娱的全方位精确信息化管理，衍生价值无限。

众多旅游信息化技术服务厂商正在全面打造和扶持基于 LBS 的融合性旅游行业应用，促进 LBS 产业价值链的多元化，拓宽行业市场容量。LBS 在为个人提供准确的位置、及时的信息、详细的 POI 点服务，也将影响人们的旅游习惯。高精度定位信息将更加实用化，比如把微博、LBS、SNS 等结合到一起，实现在旅游的同时完成社交活动等。LBS 服务应用将通过 WAP、JAVA/BREW 等形式，提供更加丰富的互动服务。

由于当时移动通信的带宽很窄，GPS 的普及率比较低，最重要的是市场需求并不旺盛，所以，几家大的运营商虽然热情很高，但是整个市场并没有像预期的那样顺利启动，在一个很长的时间内，都是无人问津。

目前制约 LBS 的发展因素是：

第一，基础网络发展相对落后。

现在的通信网络和飞速发展的中国电信业相比还是相对滞后的，基础设施投入不足限制了通信网络的发展，必将影响位置信息的获取和传递。

第二，运营商投入有限，重视不足。

由于移动位置服务本身的特性，在网络、技术、数据、终端等方面对服务提供构筑了较高的进入壁垒。整个产业链构成复杂，不同厂商之间相互依存度高。作为核心的运营商重视不足，投入有限，缺乏极具吸引力的商业模式出台。

第三，POI 信息建设有待提高。

市场需求强度较高的一些高层次位置服务如“紧急救援”业务，对定位精度、数据丰富性、实时性要求很高。海量数据的采集与维护成本高昂，给厂商带来相当可观的固定成本。致使厂商在 POI 信息建设方面投入非常谨慎，一般采用非正规渠道低价获取，造成支持业务的 POI 信息不够丰富。

第四，定位精度不能满足应用需求。

现在最常用的定位是接收美国 24 颗卫星的 GPS 信号定位、通信机站定位、A-GPS 定位。GPS 信号的有效误差是十几米到几十米，机站定位的误差是几十米到 150 米，A-GPS 定位精度和 GPS 精度相同，只是初次定位的时间较短。在个人应用领域，对定位精度可能会要求越来越高。

LBS 关键技术——遥感（RS）

（一）遥感的概念及简介

遥感是以航空摄影技术为基础，在 20 世纪 60 年代初发展起来的一门新兴技术。开始为航空遥感，自 1972 年美国发射了第一颗陆地卫星后，就标志着航天遥感时代的开始。经过几十年的迅速发展，目前遥感技术已广泛应用于资源环境、水文、气象、地质地理等领域，成为一门实用的、先进的空间探测技术。

“遥感”，顾名思义，就是遥远的感知。地球上的每一个物体都在不停地吸收、发射和反射信息和能量。其中的一种形式——电磁波早已被人们所认识和利用。人们发现不同物体的电磁波特性是不同的。遥感就是根据这个原理来探测地表物体对电磁波的反射和其发射的电磁波，从而提取这些物体的信息，完成远距离识别物体。

遥感是利用遥感器从空中来探测地面物体性质的，它利用地面上空的飞机、飞船、

附录图 3-11　遥感过程示意

卫星等飞行物上的遥感器收集地面数据资料，并从中获取信息，经记录、传送、分析和判读来识别地物。

（二）遥感技术主要特点

1. 可获取大范围数据资料

遥感用航摄飞机飞行高度为 10km 左右，陆地卫星的卫星轨道高度达 910km 左右，从而能及时获取大范围的信息。例如，一张陆地卫星图像，其覆盖面积可达 3 万 km^2。这种展示宏观景象的图像，对地球资源和环境分析极为重要。

2. 获取信息的速度快，周期短

由于卫星围绕地球运转，从而能及时获取所经地区的各种自然现象的最新资料，以便更新原有资料，或根据新旧资料变化进行动态监测，这是人工实地测量和航空摄影测量无法比拟的。例如，陆地卫星 45，每 16 天可覆盖地球一遍，NOAA 气象卫星每天能收到两次图像。Meteosat 每 30 分钟获得同一地区的图像。

3. 获取信息受条件限制少

在地球上有很多地方，自然条件极为恶劣，人类难以到达，如沙漠、沼泽、高山峻岭等。采用不受地面条件限制的遥感技术，特别是航天遥感可方便及时地获取各种宝贵资料。

4. 获取信息的手段多，信息量大

根据不同的任务，遥感技术可选用不同波段和遥感仪器来获取信息。例如可采用可见光探测物体，也可采用紫外线、红外线和微波探测物体。利用不同波段对物体不同的穿透性，还可获取地物内部信息，例如地面深层、水的下层、冰层下的水体、沙漠下面的地物特性等，微波波段还可以全天候地工作。

目前，遥感技术已广泛应用于农业、林业、地质、海洋、气象、水文、军事、环保等领域。在未来的十年中，预计遥感技术将步入一个能快速、及时提供多种对地观测数据的新阶段。遥感图像的空间分辨率，光谱分辨率和时间分辨率都会有极大的提高。其应用领域随着空间技术发展，尤其是地理信息系统和全球定位系统技术的发展及相互渗透，将会越来越广泛。

（三）地理信息系统的发展与支持是遥感发展的又一进展和动向

地理信息系统（GIS）是20世纪60年代初发展起来的一种新技术，它是以地理分析和应用为目标，在计算机软、硬件支持下，进行地理空间信息（或数据）的输入存贮，查询检索、分析处理及输出显示的技术系统，地理信息系统（GIS）是一种管理和分析空间数据的有效工具。因此，由遥感手段获取的丰富信息资源有赖于地理信息系统（GIS）加以科学管理，遥感的应用亦有赖于信息系统提供多种信息源（非遥感信息）进行信息复合及其综合分析，以提高遥感识别分类的精度，遥感的定量分析更需信息系统提供应用模型，以及专家系统的支持等。可以说，地理信息系统是遥感的进一步发展和延伸，成为遥感从实验阶段向生产型商品化转化历程中的又一新进展，成为当前遥感发展的又一个新动向。

LBS关键技术——地理信息系统（GIS）

（一）GIS系统简介

地理信息系统（GIS）是采集、存储、管理、检索、分析和描述整个或部分地球表面与空间地理分布数据的空间信息系统。它是一种能把图形管理系统和数据管理系统有机地结合起来的信息技术，既管理对象的位置又管理对象的其他属性，而且位置和其他属性是自动关联的。它最基本的功能是将分散收集到的各种空间、非空间信息输入计算机中，建立起有相互联系的数据库。当外界情况发生变化时，只要更改局部的数据，就可维持数据库的有效性和现实性。GIS是一种空间数据库管理系统，是一个动态系统，所以不能简单地把它同地图数据库混为一谈。目前，GIS带动的产业急剧膨胀，已经深入市政工程、企业决策、资源管理、交通运输、医疗保健、邮电通信、公安急救、市场销售、金融保险、石油化工、水利电力、环境保护、旅游、科研、教育等各个方面。

地理信息系统是一个决策支持系统，它具有信息系统的各种特点。地理信息系统与其他信息系统的主要区别在于其存储和处理的信息是经过地理编码的，地理位置及与该位置有关的地物属性信息成为信息检索的重要部分。在地理信息系统中，现实世界被表达成一系列的地理要素和地理现象，这些地理特征至少由空间位置参考信息和非位置信息两部分组成。

地理信息系统首先是一种计算机系统：该系统通常又由若干相互关联的子系统构成，如地理数据采集子系统、地理数据管理子系统、地理数据处理和分析子系统、地理数据可视化表达与输出子系统等。这些子系统的构成影响着地理信息系统硬件的配置、功能与效率、数据处理的方式和产品输出的类型等。

地理信息系统可分为四部分：计算机系统、GIS软件、智囊（Brainware）、设施。计算机系统包括运行GIS的计算机和操作系统；GIS软件包括用于驱动硬件的程序和用户界面；智囊指的是目的和目标，并为使用GIS提供动机和理由；设施指的是GIS操作必需的物质、组织、管理和文化环境。

信息总量中有 85% 的信息是与地理位置有关的信息。与地理位置有关的信息，就叫地理信息。这样的信息相当广泛，如耕地的分布、林地的分布、城镇的分布、楼房等建筑物的分布、道路、河流、海岸、人口、医院、学校、企事业单位、管线、派出所、商店、井位、门牌、电闸、水表、开关等，只要能用“位置”去描述的东西，都属于“地理信息”，遥感所提取的信息也全部包含在地理信息之中。

地理信息系统就是一个专门管理地理信息的计算机软件系统，它不但能分门别类、分级分层地去管理上述信息，而且能将它们进行各种组合、分析、再组合、再分析等；还能查询、检索、修改、输出、更新等。地理信息系统还有一个特殊的“可视化”功能，就是通过计算机屏幕把所有的信息逼真地再现到地图或遥感相片上，成为信息可视化工具，清晰直观地表现出信息的规律和分析结果，同时能动态地在屏幕上监督“信息”的变化。总之，对于地理信息系统，可以通俗地理解为信息的“大管家”。从上面的叙述中，我们可以看到，整个地理信息系统由计算机、地理信息系统软件、空间数据库、分析应用模型和图形用户界面及系统人员组成。

（二）GIS 市场发展趋势

地理信息系统技术的发展始终同计算机信息技术的发展息息相关，计算机技术领域中面向对象技术、软件集成技术、网络技术的发展对地理信息系统的发展产生了巨大的冲击力。从总的系统角度看，随着技术的发展，地理信息系统将向数据标准化、系统集成化、平台网络化及移动化和应用社会化方向发展。

数据标准化使 GIS 市场从单纯的系统驱动转向数据驱动，意味着支持 GIS 工作的数据结构及数据交换格式的标准化，提供 GIS 工作基础数据接口的标准化。包括建立开放地理信息系统（Open GIS）的互操作标准，寻求驻网地理信息系统数据和空间数据处理服务的标准方法等。

系统集成化意味着 GIS 软件部件的对象化，使 GIS 软件具有不同功能，可实现互操作和自我管理的软件组件。使数据不仅能在应用系统内流动，还能在系统间流动。通过面向对象技术和集成技术利用对象链接和嵌入技术 OLE（Object Linking and Embedding）、开放式数据库互链技术 ODBC（Open Data Base Connectivity）等为用户提供简单、标准、透明的公共编程接口。

平台网络化意味着 GIS 的工作平台将逐步从单机转入网络工作环境。GIS 引入互联网（Internet/Intranet）使 GIS 可实现网上发布、浏览、下载，实现基于 Web 的 GIS 查询和分析。而移动互联网的快速发展又将实现 GIS 网络工作平台的移动化。

应用社会化意味着 GIS 的应用范围将随着上述技术的发展不断拓宽，最终走入千家万户。从系统内部的角度看，地理信息系统技术将逐步走向数据采集自动化，空间数据和属性数据组织的一体化，数据结构的标准化及空间分析功能的多样化。从应用的角度看，GIS 的发展还有待于各种专业应用模型的开发。

虚拟现实（VR）是目前 GIS 系统研究领域的另一重要方向。虚拟现实是对人类真实世界某一部分或某一过程的逼真模拟，给人提供视觉、听觉、触觉、力觉、嗅觉等信息，令人完全置身于虚拟世界中，感受与现实系统一致或接近，从而让人产生一种虽幻犹真的沉浸感。

LBS 关键技术——全球定位系统（GPS）

（一）GPS 简介

全球定位系统（GPS，Global Positioning System）是利用人造地球卫星进行点位测量导航技术的一种。GPS 全称是 NAVSTAR（Navigation Satellite Timing and Ranging）/GPS，由美国军方组织研制建立，从 1973 年开始实施，90 年代初完成。

随着冷战结束和全球经济的蓬勃发展，美国政府宣布 2000~2006 年，在保证美国国家安全不受威胁的前提下，取消 SA 政策，GPS 民用信号精度在全球范围内得到改善，利用 C/A 码进行单点定位的精度由 100 米提高到 10 米，这将进一步推动 GPS 技术的应用，提高生产力、作业效率、科学水平以及人们的生活质量，刺激 GPS 市场的增长。

由于 GPS 技术所具有的全天候、高精度和自动的测量特点，作为先进的测量手段和新的生产力，已经融入了国民经济建设、国防建设和社会发展的各个应用领域。

（二）GPS 系统的特点

全球定位系统主要有六大特点：

一是全天候，不受任何天气的影响；

二是全球覆盖（高达 98%）；

三是七维定点定速定时高精度；

四是快速、省时、高效率；

五是应用广泛、多功能；

六是可移动定位。

（三）GPS 的应用领域

全球定位系统的主要用途：一是陆地应用，主要包括车辆导航、应急反应、大气物理观测、地球物理资源勘探、工程测量、变形监测、地壳运动监测、市政规划控制等；二是海洋应用，包括远洋船最佳航程航线测定、船只实时调度与导航、海洋救援、海洋探宝、水文地质测量以及海洋平台定位、海平面升降监测等；三是航空航天应用，包括飞机导航、航空遥感姿态控制、低轨卫星定轨、导弹制导、航空救援和载人航天器防护探测等。

（四）GPS 技术的未来发展趋势

卫星导航的多系统并存。未来几年内，卫星导航系统将进入一个新的阶段。首先，用户将面临四大系统（GPS/GLONASS/Galileo/ 北斗）近百颗导航卫星同时并存、互相兼容的局面，而它们的民用部分也将呈现彼此补充、共享的态势。其次，用户将面临多系统导航卫星信号的组合、选用和最优化问题。用户要根据各个导航卫星系统的不同特点和优势，针对用户所需的准确度、可靠性和费用，选择如何最佳综合利用多系统导航卫星的信息。再次，在多领域、多层次的导航卫星应用。导航卫星系统将为导航、定位、授时、测速、测向、测形变、降雨和电离层探测等方面提供服务。最后，导航卫星领域必将在硬件、应用技术和数据处理等方面继续不断地改善和提高，价格更便宜、硬件更小型更轻型、应用多功能，使用智能化；它的各类成果在准确度和可靠性方面将大幅度提高，并将在各个相关领域里得到越来越广泛的应用。

第一，中国“北斗”卫星导航系统的广泛应用。“北斗”卫星导航系统是中国独立发展、自主运行的全球卫星导航系统，同时是国家正在建设的重要空间信息基础设施。“北斗”系统的建设，促进了全球卫星导航领域的合作发展与技术进步。“北斗”卫星导航系统已在我国的测绘、渔业、交通运输、电信、水利、森林防火、减灾救灾和国家安全等诸多领域得到应用，产生了显著的经济效益和社会效益。可以说，未来自主知识产权导航系统的应用，将打破国外对我国技术的垄断和限制，尤其在军事领域拥有自主权，将在国家安全防护和国民经济的建设中发挥更重要的作用。

第二，GPS 车载导航系统市场发展潜力巨大。近年来，GPS 车载导航系统通过接收 GPS 卫星信号，可以在市区道路、郊外公路，甚至人迹罕见的沙漠、戈壁、草原等区域为汽车导航，避免司机对道路状况不熟悉带来的麻烦，满足旅游者的需求。可以说汽车业的蓬勃发展，使得 GPS 车载导航市场呈现出迅速增长的趋势。因此，中国 GPS 导航系统市场的发展潜力非常巨大，在未来的数年内，中国将成为全球最大的车载 GPS 市场，2006~2009 年中国汽车 GPS 导航系统市场年增长率均超过 50%。由于导航卫星、车载导航设备商业化应用环境以及卫星导航应用标准的成熟，车载导航系统将被旅游者更加广泛地接受，产品价格也会逐步下降，市场规模将不断扩大。

第三，GPS 卫星导航与无线通信等技术相结合。随着 GPS 技术的不断发展，未来人们对 GPS 导航的需求已从最基本的行车导航、路口转弯提示等基础功能，向实时信息和增值服务等基于用户体验的功能转变。

第四，GPS 卫星导航与无线通信技术相结合，如 GPS 接收机嵌入手机移动电话、便携式 PC、PDA 和手表等通信、安全和消费类电子产品中，从根本上促进了 IT 技术的整体发展已成为未来 GPS 技术发展的一个重要方向。

第五，GPS 手机导航定位适用于有遇劫、遇困、迷路、走失、急性病（心脏、高血压）突发等需紧急报警求助的人群，以及儿童、老人、智障等需监护人群。可以提供给特需人群遇险时一键报警求援、110、120 救护快速确定目标位置、家长对老幼外出行走位置查询、安全监护等，是个人安防、亲情关爱的“随身保姆”。手机等智能设备与 GPS 的融合是未来的一个重要发展方向。目前，国内外手机生产厂商都表现出对手机与 GPS 融合趋势的普遍认同。

第六，蓝牙无线传输技术是当前的一大热点。近年来，蓝牙技术作为一种新的短距离无线通信技术，受到全世界越来越多业界生产厂家和研究机构的广泛关注。蓝牙技术可以取代数据电缆，支持无线通信进行数据和语音传输，传输速率可达到 10M/s。该技术已广泛应用于手机等无线设备、照相机等图像处理设备、MP3 和耳机等消费娱乐设备。目前，蓝牙技术在 GPS 接收机上得到了广泛应用，国内外 GPS 生产厂商的大部分产品中都采用了此技术。蓝牙技术的应用使得一直困扰 GPS 测量人员的连接线问题得到了解决，实现了 GPS 接收机的“无线测量”，工作效率得到了极大提高。当然，在蓝牙的使用过程中也会遇到一些问题，比如大部分用户在设置和蓝牙连接时会面临一些困难，并且蓝牙的稳定性仍需进一步提高。

LBS 关键技术——3S 集成应用

国际上“3S”的研究和应用开始向集成化、一体化的方向发展。在 3S 集成应用中，GPS 主要用于实时、快速地提供目标的空间位置；GIS 则是对多种来源的时空数据进行综合处理、集成管理和动态存取，作为新的集成系统平台，并为智能化数据采集提供地理学知识。现在基于手机应用的自助导览、导游、导购、导航等，都是基于 GPS+GIS 的主流应用。

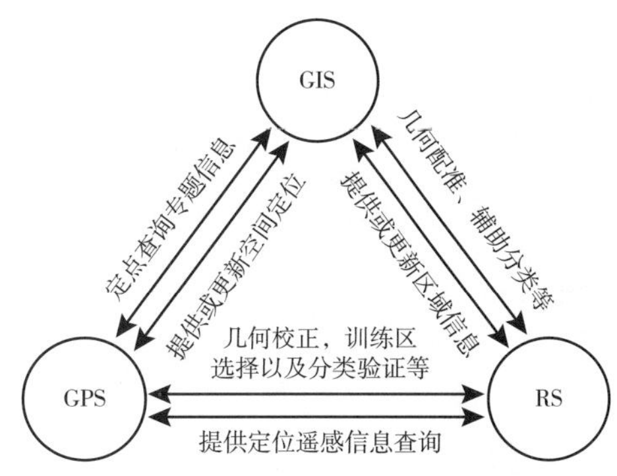

附录图 3-12　3S 的系统集成应用

RS 用于实时或准实时地提供目标及其环境的语义非语义信息，发现地球表面上的各种变化，及时地对 GIS 进行数据更新；另外，目前作为旅游公共安全信息中的景区气象信息、地质灾害信息等，一般都使用了 RS+GIS 技术。二维或三维的虚拟旅游软件，大部分是虚拟现实技术与 RS 和 GIS 的集成。

GIS、RS 和 GPS 三者集成应用，构成为整体的、实时的和动态的对地观测、分析和应用的运行系统，提高了 GIS 的应用效率。

3S 旅游信息化的技术体系主要由感知层、网络层、应用基础层、数据交换平台、软件基础构件层、应用系统层等组成。当前，国内一些景区，比如黄山、九寨沟、青城山已经完成了智慧景区的初步建设，建成了一个空间可视化、网络化、智能化的技术系统，其中就综合运用了 3S、虚拟仿真等技术。通过 3S 技术与互联网、移动互联网、云计算等技术，可以实现旅游资源的信息整合、深度开发和高效利用，为"旅游景区规划、建设、管理及面向旅游者的服务"提供信息化支持。

LBS 服务在旅游信息化中的应用

（一）移动位置服务

旅游者到一个陌生的地方旅游，最大的障碍就是人生地不熟。旅游者可以通过手机获得定位和导航——移动位置服务。移动定位服务也就是基于位置的服务，它是指移动网络通过特定的定位技术来获取移动终端用户的位置信息（经纬度坐标），在电子地图平台的支持下，为终端用户提供相应服务的一种增值业务。例如，旅游者可以在手机上安装名为"Google 地图"的应用软件，通过它查询自己的位置或亲友的位置，查询路线，查询交通状况，查询附近的餐馆、宾馆等。它还有卫星视图的模式，方便不会看地图的旅游者；未来还可以提供街景模式，就更加直观了。另外，还可以给安全救援服务提供准确的位置，争取救援时间。

例如酒店管家就与国内多家经济型酒店建立了系统直连，正如附录图 3-13 所示，旅客进行定位查询后，地图将呈现周边酒店名称、位置、价格，同时以不同颜色标注房态，用户可以选择点击通话直接通过酒店集团预订。

（二）虚拟导游服务

导游服务质量参差不齐，甚至把旅游者拉去购物。旅游者可以通过向移动互联网获取大量的景点的文字资料、语音解说、图像资料等多媒体信息，可以使旅游者在没有导游的陪同下，得到虚拟导游服务，这种服务提供更为逼真的虚拟环境，从而使旅游者能

附录图 3–13　酒店管家手机应用页面

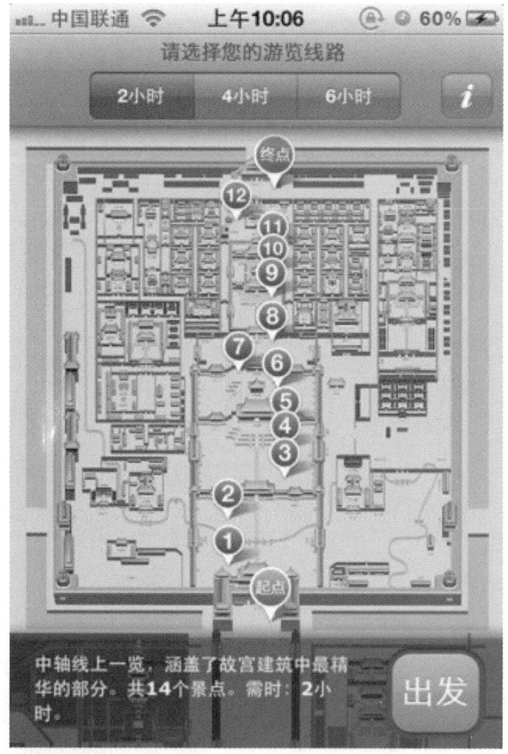

附录图 3–14　Touch China 景点导航系列应用

够享受到更好的导游服务，使整个旅游过程更加丰富生动。例如，利用物联网技术，给景点贴上一个电子标签，旅游者的手机识别后，便自动通过移动互联网连接到该景点的后台。该景点的后台就会通过旅游者的手机，向旅游者作“自我介绍”。旅游者还可以通过手机对该景点写评论，或者跟景点合影上传，也可以查看以前的旅游者的评论和合影。

目的地导航与移动应用密不可分，在移动互联网上的发展日益受到关注。例如 Touch China、朋游风景网等发布的旅游导航软件，提供实时位置显示、景点图标和旅游线路，Touch China 同时为某些景点配有语音导游。随着休闲自助游的兴起，对这类目的地导航应用的需求也会随之增长。

（三）旅游信息查询功能

旅游业和地理有极其密切的关系，如旅游景点的分布、旅游服务设施的位置、道路信息等在地图上都有相应的地理坐标。而 GIS 可以提供非常全面的地理区位信息，采用 GIS 的管理空间数据的功能，能在一张电子地图上集成极其丰富的空间、非空间信息，用信息管理软件统一管理，从宏观上对旅游信息进行检测。

目前，利用 GIS 技术开发旅游信息查询系统具有良好的发展态势，网络上借助信息管理软件进行管理的旅游信息网站不胜枚举，内容包括具体的景区方位、交通最优路径的选择、旅游目的地环境、人口密度等。

将来随着 GIS 技术的进一步发展，旅游信息也将与个人数字手持设备（简称 PDA）相结合，即旅游通掌上电脑，为旅游者提供实时、快速、方便的移动数字旅游概念。旅游通掌上电脑是针对旅游行业，整合旅游资源，采用现代 PDA 技术、GIS 地理信息处理技术和计算机数据处理技术，建立庞大、专业的旅游资源数据库，为用户提供全

附录图 3–15　利用 GIS 获得旅游信息

方位、全时域空间位置信息和旅游资源信息，并能在电子地图上标定显示用户所在的任一旅游景点位置，同时显示所在地相关行业信息及前进方向、交通状况等信息，使用户在最短的时间内了解本地旅游资源的情况，实时确定所处位置，了解周边区域的地理信息，实现电子信息导航。

（四）旅游资源空间分析

目前，GIS 技术在旅游规划中的应用较多集中于旅游资源空间信息分析方面的研究与实践。通过建立旅游资源空间数据库，录入旅游地地理信息数据，设计资源评估模型，应用 GIS 软件在原有地图上直观地对资源进行评估。

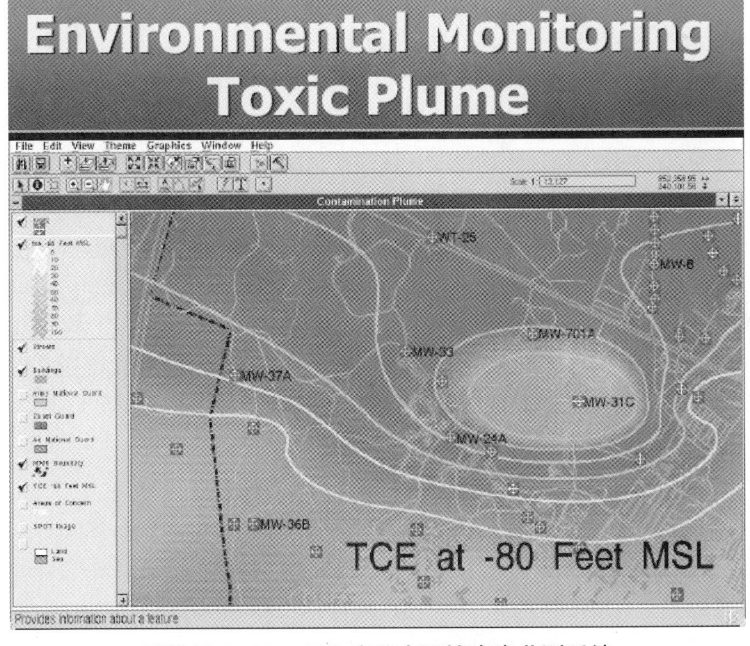

附录图 3–16　GIS 应用在环境毒素监测系统

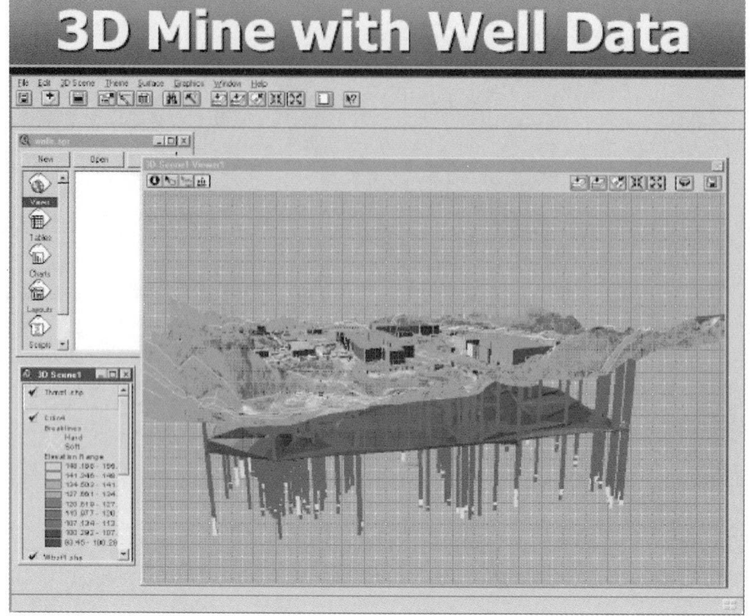

附录图 3-17　GIS 在矿产资源探测中的应用

1. 旅游地发展条件分析

旅游地发展条件分析首要的是可以应用 GIS 技术进行土地适宜性分析，它是景观规划及场地设计中一项重要的前提工程，主要是通过层次分析法选取影响自然、政治、经济、文化等的主要因素，应用 GIS 的软件进行定量的图形数据分析，然后叠加各种数据的图层，从而在了解当地情况、现有政策、经济现状、环境科学的合理性基础上，对土地适用于不同开发利用方案进行评估。其次是旅游地旅游灾害类型和风险分析，主要通过构建旅游地灾害风险指标、效益损失测度指标以及旅游灾害预防体系，再结合检测的变化中的地理环境数据应用 GIS 软件分析、成图，直观地把各类威胁反映到管理部门，以求提早预防与改善旅游地环境，实现可持续发展。

2. 旅游客源市场分析

旅游规划过程中客源市场的分析预测是不可或缺的，旅游地很大一部分设计都是根据目标旅游者的爱好、兴趣、特征等因素进行的，缺少了对目标旅游群体的研究，就会使规划陷入迷茫，脱离实际。应用 GIS 进行市场分析主要是通过对旅游地人口分析、吸引力影响因素及目标群体分布等的地理信息数据进行空间分析，考虑旅游者空间行为规律的因素，分析出目标市场的地域范围，对分析出的不同目标市场进行客源属性分析，最终提供给规划管理者对于实现不同营销策略的参考方案。

3. 旅游环境的空间分析

旅游环境的空间分析主要是旅游廊道的划分，环境廊道概念由美国景观规划大师提出，即将水体湿地、地形坡度、植被分布等环境决定因素分别绘制成图，然后叠加起来，划分出环境廊道，方法如下：第一，建立水体层。使用缓冲区分析功能建立环境廊道，比如可以产生一个距河流 100m 的缓冲区，以控制建筑项目保持水土、保护植被。第二，建立湿地层。使现有的数字化的湿地系统图与其他主题图层相吻合，包括投影方式、坐标系统、单位、精确度等。第三，建立陡坡层。建立该区域的地表模型，并将这一地表模型转化成光栅文件，然后计算出坡度，利用坡度图，可以建立新的栅格网络来表示具有某一坡度范围的区域。第四，建立环境廊道。将三个主题图层叠加到一起，重叠部分就构成了特征多样并且鲜明的线形环境廊道，利用这个环境廊道图，就可以规划优先保护地区。

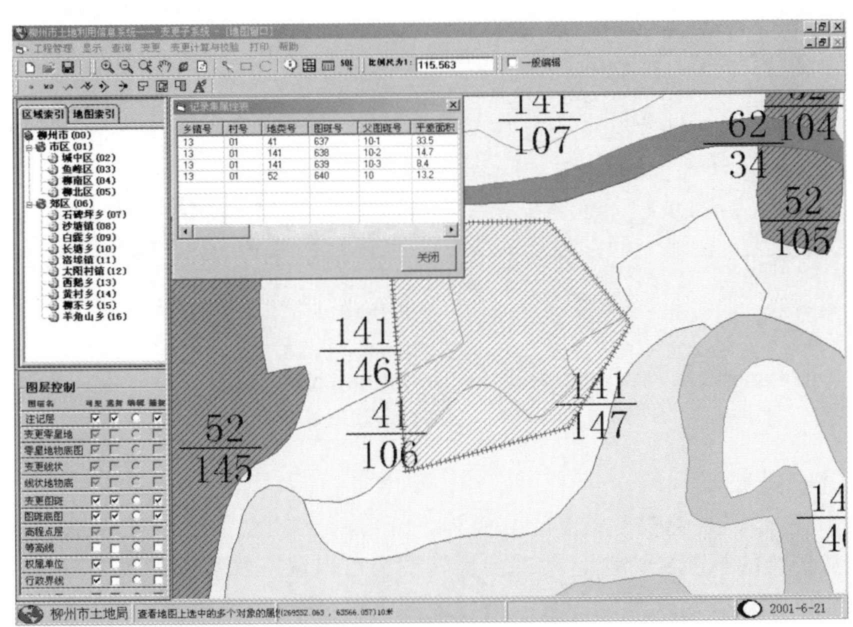

附录图 3–18　地理信息系统在城市规划中的应用

4. 旅游景区经营管理中的静态与动态空间配置分析

应用 GIS 可以进行景观视线、视域分析和景观服务设施配置等的分析。景观视线、视域分析对地理空间信息的准确度要求较高，而 GIS 软件可以依据地图数据的采样精度同等准确地表达出景观区域的地理空间信息，对于各种要求的视域、视线设计分析能达到很高的精度，也同时方便于宏观与微观设计。对于服务设施配置问题的分析主要根据旅游者游览时间与人的生理功能等特征布置园林小品、洗手间、休息亭，在 GIS 上表现为较普遍的简单宏观布置问题。

旅游流量流向分析：GIS 软件提供了很好的动态监测旅游地旅游流向的技术，用时空刻度表达出的旅游地流向流量问题直观体现出来，更易于管理者从宏观角度即时采取应对补救措施。主要通过各个监测点动态获取的数据表达在 GIS 地图上，提供给管理者直观的旅游流量流向管理问题，有益于景区的设施布置与分流，从而更人性化地管理与设计。

旅游业发展对旅游地的经济、社会影响研究：主要应用 GIS 软件对各影响因素在地理空间图层中的体现进行叠加，分析在旅游地空间图层中的体现进行叠加，分析旅游业发展过程中积极与不利的方面，在旅游地空间上所体现出来的特征，以便进行布局管理，优化发展战略的制定。

附录图 3–19　数字城市规划管理系统的界面

5. 旅游专题制图

自从数字地图在 GIS 技术支持下成为可能以后，较之传统的纸质地图有了相当大的突破，从传统的只能二维表达地理信息转变成可以从三维甚至四维来进行地表要素描述，地图的可视化与精度都比传统的纸质地图上了一个大台阶。不过数字地图同样出现了一些新的问题，如对比例尺的淡化，目前数字地图有过多的人工干预痕迹等。

在旅游规划中应用 GIS 软件制图正方兴未艾，因为 GIS 具有很强的图形和文本编辑功能，数据维护也非常便捷，可大大降低出图成本，避免传统制图的烦琐工序。

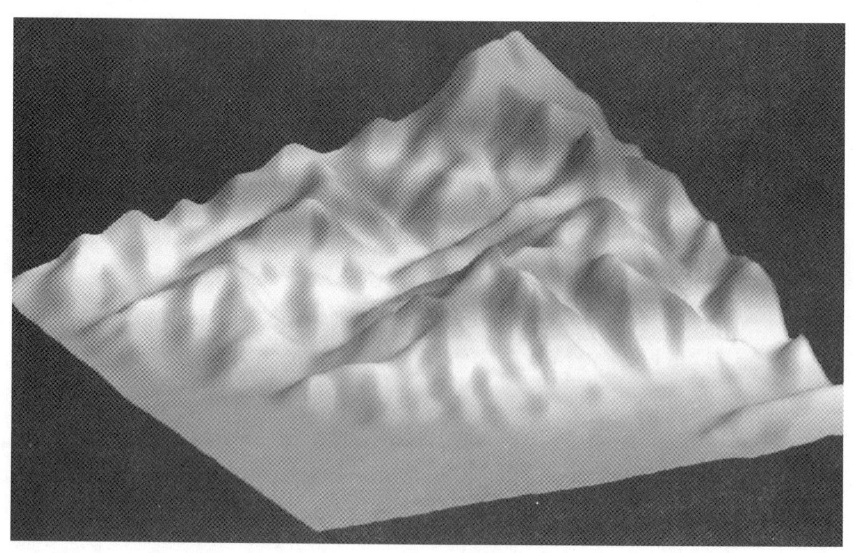

附录图 3–20　GIS 软件制图

GIS 中图形数据库是分层存储的，它不仅可以为用户输出全要素图，而且可以根据用户需要分层或叠加输出各种专题图。如将景点和地形图叠加，可以为旅游者提供一幅详细的导游图。

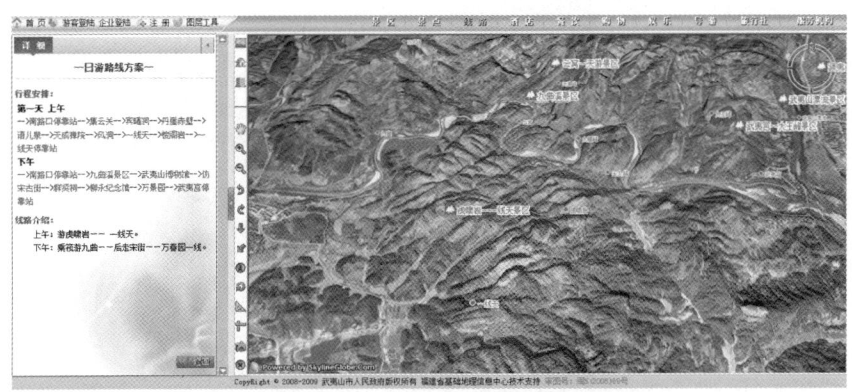

附录图 3–21　GIS 软件规划旅游线路

物联网发展情况

物联网技术

物联网是新一代信息技术的重要组成部分。其英文名称是“The Internet of things”。由此，顾名思义，“物联网就是物物相连的互联网”。这有两层意思：第一，物联网的核心和基础仍然是互联网，是在互联网基础上延伸和扩展的网络；第二，其用户端延伸和扩展到了任何物品与物品之间，进行信息交换和通信。因此，物联网的定义是通过射频识别（RFID）、红外感应器、全球定位系统、激光扫描器等信息传感设备，按约定的协议，把任何物品与互联网相连接，进行信息交换和通信，以实现对物品的智能化识别、定位、跟踪、监控和管理的一种网络。

（一）物联网主要相关技术介绍

1. 射频识别（RFID）

RFID 射频识别是一种非接触式的自动识别技术，它通过射频信号自动识别目标对象并获取相关数据，识别工作无须人工干预，可工作于各种恶劣环境。RFID 技术可识别高速运动物体并可同时识别多个标签，操作快捷方便。

2. 红外感应器

红外感应器是接收信号或刺激并反应的器件，能将待测物理量或化学量转换成另一对应输出的装置。用于自动化控制、安防设备。

3. EPC

EPC 的全称是 Electronic Product Code，中文称为产品电子代码。EPC 的载体是 RFID 电子标签，并借助互联网来实现信息的传递。

4. 传感器与传感网技术

传感器是能感知指定的被测量信息，并能按照一定的规律转换成可用输出信号的器件或装置。无线传感器网络就是由部署在监测区域内大量的廉价微型传感器节点组成，通过无线通信方式形成的一个自组织网络。基于 MEMS 的微传感技术和无线联网技术使无线传感器网络在物联网产业中具有广泛的应用前景。

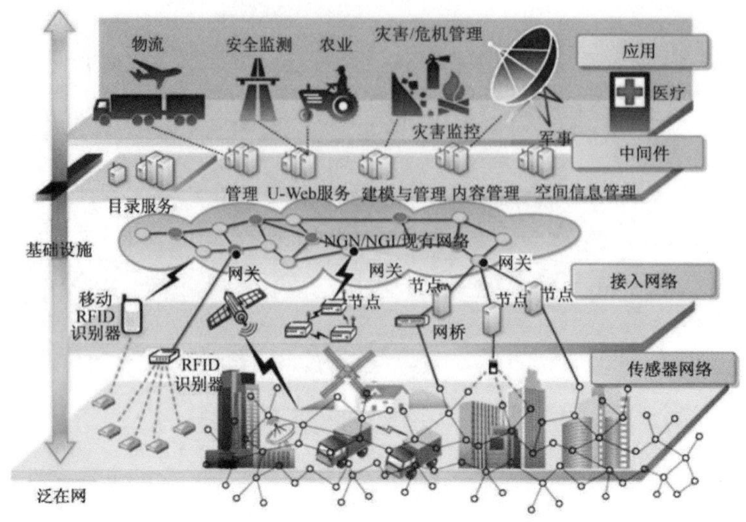

附录图 3-22　物联网的架构

（二）物联网的发展趋势

未来几年是中国物联网相关产业以及应用迅速发展的时期。以物联网为代表的信息网络产业成为新兴战略性产业之一，成为推动产业升级、迈向信息社会的“发动机”。物联网终端将快速发展，在旅游行业中的应用也将呈现多样化、智能化的特点。

一方面，随着物理世界中的物体逐步成为通信对象，必将产生大量的、各式各样的物联网终端，使得物体具有通信能力，实现人与物、物与物之间的通信。另一方面，随着技术的进步，低功耗和小体积的传感器将大量出现，而且其感知能力更加全面，为物联网的规模化发展提供基础。而且随着手机日趋智能、接口更加丰富，手机传感器种类和数量将更加快速增长，旅游行业应用也日趋多样。

物联网时代的网络将是传感器网、通信网和互联网的融合，即无所不在的泛在网络。随着物联网关键技术的不断发展和产业链的不断成熟，物联网的应用将呈现多样化、泛在化的趋势。首先，物联网发展将以行业用户的需求为主要推动力，以需求创造应用，通过应用推动需求，从而促进标准的制定、行业的发展。放眼未来几年，全球物联网终端将会更为广泛地应用于包括旅游在内的各个产业。其次，随着物联网产业的不断发展，物联网应用将逐步从行业应用向个人生活应用拓展，物联网将会使我们的旅游变得“聪明”、“善解人意”。物联网必将极大地改变人们的旅游方式，成为推动旅游经济发展的重要力量。

旅游信息化中物联网的应用

利用物联网技术发展智能旅游的领域十分广泛，主要集中发展智能景区、智能旅店和智能旅行社，包括智能酒店管理系统、景区 RFID 智能票系统、景区智能远程视频监控系统、智能导游系统和智能旅行社系统等。

第一，智能酒店管理系统：通过联网技术随时随地预订酒店，包含无线智能酒店系统，订房信息系统等。景区 RFID 智能门票系统：通过 RFID 技术，对景区的门票的防伪、销售和检票进行处理，包括防伪系统和检票系统等。

第二，智能导游系统：包括显示交互子系统、无线数据传输子系统、GPS 定位子系统和处理器等。

第三，景区智能远程视频监控系统：整合摄像机、视频服务器和联网技术，对景区旅游者进行集体监控，便于安全、适时疏散和信息互动，包含数据采集系统、图像分析系统和智能信息传递系统等。

第四，智能旅行社系统：主要利用现在互联网、无线通信设备以及其他相关技术，建立相应的景点数据库，便于确定旅游线路和查询旅游信息。

云计算发展情况

云计算技术

（一）云计算的概念

云计算（Cloud Computing）是一种新近提出的计算模式。其本质特征包括“分布式计算和存储特性，高扩展性，用户友好性，良好的管理性”。

云计算的属性和特征一直在随时间演变而改变。在当前，云计算是一个提供便捷的通过网络访问一个可定制的 IT 资源共享池能力的按使用量付费的模式（IT 资源包括网络、服务器、存储、应用、服务），这些资源能够快速部署，并只需要很少的管理工作或很少的与服务供应商的交互。

（二）云计算的特点

第一，云计算系统提供的是服务。服务的实现机制对用户透明，用户无须了解云计算的具体机制，就可以获得需要的服务。

第二，用冗余方式提供可靠性。云计算系统由大量商用计算机组成机群向用户提供数据处理服务。随着计算机数量的增加，系统出现错误的概率大大增加。在没有专用的硬件可靠性部件的支持下，采用软件的方式，即数据冗余和分布式存储来保证数据的可靠性。

第三，高可用性。通过集成海量存储和高性能的计算能力，云计算能提供一定满意度的服务质量。云计算系统可以自动检测失效节点，并将失效节点排除，不影响系统的正常运行。

第四，高层次的编程模型。云计算系统提供高级别的编程模型。用户通过简单学习，就可以编写自己的云计算程序，并在“云”系统上执行，满足自己的需求。现在云计算系统主要采用 Map-Reduce 模型。

第五，经济性。组建一个采用大量的商业机组成的机群相对于同样性能的超级计算机花费的资金要少很多。

（三）云计算的架构

目前，基于互联网的云技术应用将逐渐普及，它将计算资源虚拟化为资源池进行统一管理和调度，向用户提供服务。与之相配套的还有云网络、云存储、云安全、云管理等设施。

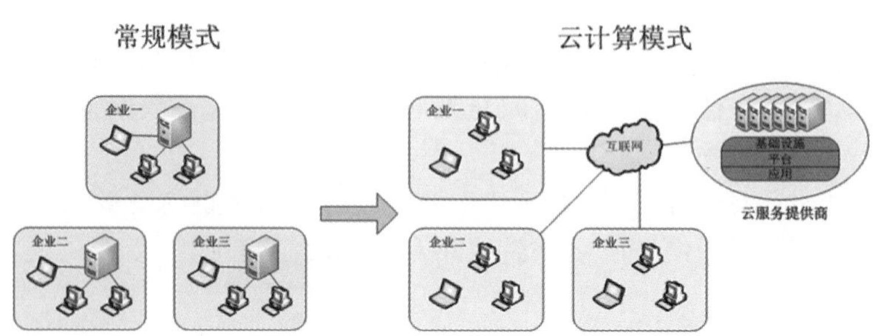

附录图 3–23　云计算的架构

主要架构：服务云 + 消费端。云端通过集中的资源提供各种服务，各种终端通过互联网接入使用，而不是原来各自维护自己的基础架构。

云：服务（资源、平台、软件）。

端：端的计算能力逐渐弱化，通过网络从云端获取。

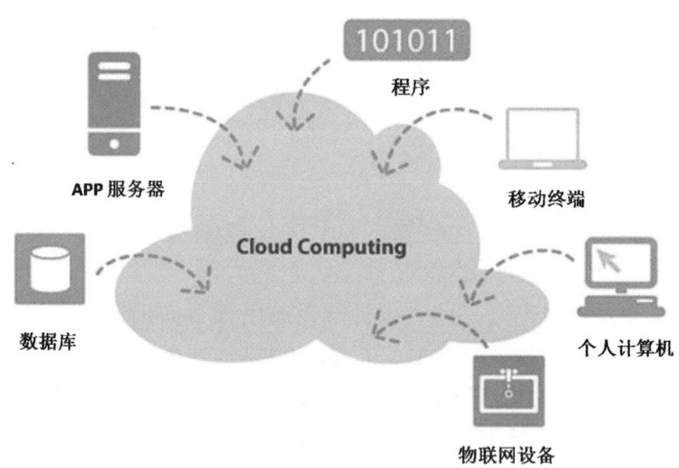

附录图 3–24　云计算的云与端

（四）云计算服务

“云”是对多层级服务的一种抽象概念，在“云”之上，云服务供应商可以在多个层级对个人和企业用户提供云服务。

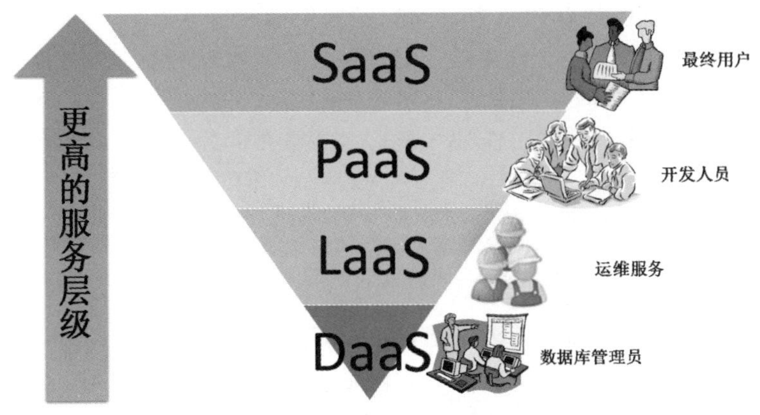

附录图 3–25　云计算不同层级的服务

1. 软件即服务（SaaS）

直接在应用层为客户提供服务。这是一种通过互联网提供软件的模式，厂商将应用软件统一部署在自己的服务器上，客户可以根据自己实际需求，通过互联网向厂商订购所需的应用软件服务，按订购的服务多少和时间长短向厂商支付费用，并通过互联网获得厂商提供的服务。用户不用再购买软件，而改用向提供商租用基于 Web 的软件，来管理企业经营活动，且无须对软件进行维护，服务提供商会全权管理和维护软件，软件厂商在向客户提供互联网应用的同时，也提供软件的离线操作和本地数据存储，让用户随时随地都可以使用其订购的软件和服务。对于许多小型企业来说，SaaS 是采用先进技术的最好途径，它消除了企业购买、构建和维护基础设施和应用程序的需要。这是网络应用最具效益的营运模式，例如 Google Apps、百会在线办公等。在电子政务平台应用中，可以利用这种技术开展应用共享服务（ASS），实现部门共性应用软件统一。

2. 平台即服务（PaaS）

基于互联网提供对应用完整生命周期（包括设计、开发、测试和部署等阶段）的支持，减少了用户在购置和管理应用生命周期内所必需的软硬件以及部署应用和 IT 基础设施的成本，同时简化了以上工作。为了确保高效地交付具备较强灵活性的平台服务，平台服务将应用运行所需的 IT 资源和基础设施以服务的方式提供给用户，包括中间件服务、信息服务、连通性服务、整合服务和消息服务等多种服务形式。

搭建传统 IT 基础平台需要经过硬件购买与运输、硬件安装与配置、软件安装与配置等步骤，有购置成本、维护人员的人力成本、手工配置成本、升级成本等。此外，传统基础平台提供的应用运行能力是静态的。在不同时间，应用负载往往是不一样的。为了确保高负载时应用的正常运行，应用运行平台必须能够提供最高运行能力，这就造成了非高峰时的众多空闲硬件资源。

构建于 IaaS 基础之上，并提供开发及运行环境，使开发人员可以创建由云托管的信息系统，例如 Windows Azure、GAE 等。对于那些非共性的专业应用系统，可以采用这种方式进行建设。一般情况下，平台包括服务器主机、存储、基础软件（操作系统、数据库、中间件等）。这些基础软硬件设施的共享，能够节省大量建设和运行成本。

但要深层次解决信息共享和业务协同问题，仅通过这些基础软硬件的共享还远远不够，因为这个层次的共享并没有实现应用系统之间的互联互通互操作。要解决应用系统之间的互联互通互操作问题，借用王安耕先生的说法，就是平台要尽可能上移。具体做法有二：一是开发应用组件群，作为共享平台的重要部分，为各部门开发业务系统服务，如信息交换、身份认证、表单定制、流程定制、信息管理、诉求受理、短信服务等。二是将统一的共性应用软件也作为平台，通过功能扩展为部门开发专有应用系统。如可以依托旅游资源管理系统，为很多旅游相关部门构建专门的业务管理系统。

3. 基础设施即服务（IaaS）

提供给旅游者的服务是对所有设施的利用，包括处理、存储、网络和其他基本的计算资源，用户能够部署和运行任意软件，包括操作系统和应用程序。旅游者不管理或控制任何云计算基础设施，但能控制操作系统的选择、储存空间、部署的应用，也有可能获得有限制的网络组件（如防火墙、负载均衡器等），根据需要，为客户弹性地提供运算、存储、网络等基础运算资源，使客户可以部署和运行任意的软件（包括操作系统和应用），例如 Amazen 的 EC2/S3 等。

4. 数据即服务（DaaS）

将数据构建成重要的服务平台，为旅游者、景区和政府提供服务。

（五）云计算的优点

通过对云计算及其应用方式的了解，可以看到，对于企业或者用户来说，云计算的优点为：

从技术方面来看：企业无须再配备 IT 方面的专业技术人员，同时能得到最新的技术应用，满足企业对信息管理的需求。

从投资方面来看：企业只以相对低廉的“月费”方式投资，不用一次性投资到位，不占用过多的营运资金；不用考虑成本折旧问题，并能及时获得最新硬件平台及最佳解决方案。

从维护和管理方面来看：企业不需要专门的维护和管理人员，很大程度上缓解了企业在人力、财力上的压力，使其能够集中资金对核心业务进行有效的运营。整体呈现低建设成本、低维护成本、低应用门槛和低投入风险的特点。

旅游信息化中云计算的应用

（一）旅游综合数据中心

建立城市智慧旅游统一的数据规范和数据标准、统一的数据采集标准和数据交换平台、统一的数据管理中心和综合分析中心，实现智慧旅游有关领域和单位之间的信息互联互通，并提供综合的数据服务。目前在 18 个智慧旅游城市都已经建立或筹建旅游综合数据中心，部分城市如北京、扬州等，已经初步规划旅游综合数据中心跟城市数据中心整合。

（二）目的地统一营销平台建设

目的地统一营销平台，是深度结合云计算的系统应用平台，以旅游综合数据中心为基础，通过数据集成、数据交换等手段，实现目的地旅游业态经营、行业监管及公共信息服务的统一，并运用多媒体技术和网络营销技术，把基于互联网的高效旅游宣传营销和本地的旅游咨询服务有机地结合在一起，为旅游者提供全程的周到服务，可以极大地提升目的地城市的形象和旅游业的整体服务水平。目前，扬州在智慧旅游目的地统一营销平台建设方面已经取得了较大进展。

（三）电子政务管理云服务平台

打破传统的组织界限，重组公共管理，实现市、区两级旅游部门办公系统互联互通，共享业务信息。

依据智慧旅游应用标准、数据标准建立健全智能旅行社管理系统、智能饭店管理系统、智能景区管理系统等行业管理系统，并实现与旅游企业的信息协同，保证旅游管理信息上传下达的时效性、准确性和一致性，有效提高旅游政务管理效率。

提高对旅游服务和旅游安全事件的监控，通过云服务平台实现与重点景区、星级酒店、旅游乡村安全与应急管理系统的对接，建立统一的应急安全管理平台。

（四）中小旅游业态的 SaaS 服务

在云服务平台上构建服务于中小旅游从业机构的企业应用服务，为其提供网站快速建设、网上信息发布、微博服务、网上电子商务、企业内部管理等应用支撑，各企业以租用的方式实现信息化应用，比如自助建站、微博发布、电子商务接入、营销管理、计调、客户关系管理和决策分析等。

责任编辑：谭　燕
责任印制：冯冬青
封面设计：北京羽人一方图文设计有限公司

图书在版编目（CIP）数据

2012～2013中国旅游信息化发展报告 / 中华人民共和国国家旅游局信息中心编著. -- 北京：中国旅游出版社, 2013.4
ISBN 978-7-5032-4715-6

Ⅰ. ①2… Ⅱ. ①中… Ⅲ. ①旅游业发展－产业信息化－研究报告－中国－2012～2013 Ⅳ. ①F592.3

中国版本图书馆CIP数据核字（2013）第076388号

书　　名：2012～2013中国旅游信息化发展报告

作　　者：中华人民共和国国家旅游局信息中心
出版发行：中国旅游出版社
（北京建国门内大街甲9号　邮编：100005）
http://www.cttp.net.cn　E-mail:cttp@cnta.gov.cn
发行部电话：010-85166503
排　　版：北京中文天地文化艺术有限公司
经　　销：全国各地新华书店
印　　刷：北京工商事务印刷有限公司
版　　次：2013年4月第1版　2013年4月第1次印刷
开　　本：787毫米×1092毫米　1/16
印　　张：17.75
印　　数：1-4800册
字　　数：420千
定　　价：56.00元
ISBN　978-7-5032-4715-6

版权所有　翻印必究
如发现质量问题，请直接与发行部联系调换